비즈니스
E-mail
트레이닝
1200+

이수용

MENTORS

비즈니스 E-mail 트레이닝 1200+

2024년 12월 02일 인쇄
2024년 12월 10일 개정판 포함 4쇄 발행

지 은 이 Chris Suh
발 행 인 Chris Suh
발 행 처 **MENT❂RS**
　　　　　경기도 성남시 분당구 황새울로 335번길 10 598
　　　　　TEL 031-604-0025 FAX 031-696-5221
　　　　　mentors.co.kr
　　　　　blog.naver.com/mentorsbook
　　　　　* Play 스토어 및 App 스토어에서 '멘토스북' 검색해 어플다운받기!
등록일자 2005년 7월 27일
등록번호 제 2009-000027호
I S B N 979-11-94467-08-9 13740
가　　격 22,000원(MP3 무료다운로드)

PREVIEW  책 머리에

본 교재는 비즈니스 이메일 작성 능력을 길러주기 위한 Training Book 이다. 현장에서 발생하는 다양한 상황들을 세밀한 자료 분석을 통해, 비즈니스 이메일에서 빈번히 사용되는 주제와 표현 구문들을 정리했다. 이 과정에서 장황한 설명이나 불필요한 사족을 최대한 줄이고, compact한 구성과 필수적인 내용으로 압축시켰다.

교재의 내용 분류는 업무 진행 과정에서 발생하는 비즈니스 상황을 42개 Unit과 129개 Practice로 나누었다. 각 Practice는 최소 3개에서 최대 5개까지의 Key Patterns와 함께 7개 또는 8개의 예문이 제공된다. Pattern Practice로 제시되는 문형들은 최대한 효율적이고 간략하게 압축시킨 구성이지만, 전체 545개 문형과 1200개 이상의 예문이 제공된다. 따라서 응용력만 갖춘다면 현실적으로 일어날 수 있는 거의 모든 비즈니스 상황에 적용시킬 수 있는 충분한 분량의 영어 표현들이 수록되어 있다.

본 교재의 학습 방법은 두가지가 있다. 첫번째는, 첫 페이지에서 시작하여 내용 전체를 체계적으로 학습하는 전통적인 방법이다. 두번째는, 본인이 처한 비즈니스 상황에 적합한 주제 Unit에서 적절한 예문을 찾아 이를 필요한 문장으로 응용 표현하는 레퍼런스 북 또는 사전식 이용 방법이다. 이 경우 복수의 Unit들을 참고해서 여러 개의 예문을 복합적으로 조합시킨다면 필요한 상황을 표현할 수 있는 이메일의 Full Text 구성이 가능할 것이다. 사전식 이용을 위해 교재의 마지막에 목차 순서에 따른 Key Patterns List를 수록했으므로 이를 참고해주기 바란다.

필자 개인적으로는 독자들에게 가능한 첫 번째 방법으로 학습할 것을 권한다. 이를 통해 이메일을 쓰기 위한 어휘력과 문장력 뿐만이 아니라, 주제에 따른 체계적인 학습을 통해 메일 작성에 필요한 분석력, 구성력 및 논리력도 함께 배양할 수 있기 때문이다.

그러나 개인적 상황에 따라 규칙적으로 학습 시간을 할애하는 것이 어려운 독자들도 있을 것이다. 이런 경우 사전식과 같은 본인에게 편리한 방법을 선택하는 것이 좋으며, 또는 필요에 따라 두가지 방법 – 순서에 따라 체계적으로 학습하면서 필요할 때 사전식으로 참고하는 방법 – 을 적절히 섞는 것도 효율적인 대안일 것이다. 어떤 방법을 선택하든 중요한 것은 꾸준히, 규칙적으로 반복 학습하는 것이다. 아무쪼록 본 교재를 통해 이 교재를 선택한 독자 모두가 고급스럽고 세련된 이메일 표현 능력을 갖출 수 있게 되기를 희망한다.

지은이

HOW TO STUDY 이 책을 보는 방법

● Unit

본 교재는 크게 18개 Chapter와 42개 Unit으로 분류된다. 각 Unit은 상황의 종류에 따라 복수의 Practice들로 나누어져서, 교재 전체를 통해 129개의 Practice와 545개의 Key Patterns, 그리고 이를 응용한 1200 여개의 Pattern Practices 예문으로 구성되어 있다 (Mini Test 포함). Unit은 교재에서 다루게 될 주제를 개괄적으로 분류한 단위이며, Practice는 상황에 맞는 Email 표현을 세부적이며 구체적으로 학습하기 위한 기본적 구문 유형으로 볼 수 있다.

● Practice

Unit4를 예를 들면, 아래 Box에서 보이는 것처럼 '제품 소개'와 관련된 표현들이 세가지 Practice 유형으로 분류되어 있다. 이를 통해 해당 Unit에서 다루어지는 표현 구문의 유형들을 파악할 수 있다.

UNIT	PRACTICE 1
02 소개	**My name is~** 제 이름은 …입니다 자신을 소개할 때 가장 먼저 해야 할 일은 이름을 밝히는 것이다. 그 후 근무처나 담당 업무에 관해 언급하는 것이 자연스러운 순서이다. My name is~ 대신 I am~ 으로 표현해도 좋다.

● Key Patterns

이 세 가지 유형의 Practice 중 하나를 선택하여 그 내용으로 들어 가면, Practice 처음에 제시되는 Guide 문형과 함께, 아래 4 개의 Key Patterns 문형이 제시되어 있다. 각 Practice는 주제의 유형에 따라 적게는 3개 많게는 5개까지의 key patterns 문형들이 제공된다.

> ### 📧 Key Patterns
>
> ● **My name is~** 저의 이름은 …입니다
>
> ● **I am~** 저는 …입니다
>
> ● **I work for~** 저는 …에서 일하고 있습니다
>
> ● **I am in charge of~** 저는 …업무를 담당하고 있습니다

Key Patterns에서 제시된 문형이 바로 학습자들이 이해하고 익혀야 하는 핵심 문장 유형이다. 같은 상황이지만, 의미나 뉘앙스가 조금씩 다른 문형이 제시되므로 이 패턴들을 잘 익혀두면 상황에 적절한 다양한 유형의 문장들을 표현해낼 수 있는 능력을 기를 수 있게 될 것이다.

● **Pattern Practices**

Pattern Practices는 key Patterns의 문형을 이용하여 표현된 완성된 문장들이다. 실제 비즈니스 이메일에 그대로 사용할 수 있는 모범 예문들이다. 각 Practice 당 7개 또는 8개의 문장들이 제공된다.

🔊 **Patterns** Practices

1 My name is **Oscar Moors.**
제 이름은 오스카 무어입니다.

2 I am **Allen Carter.**
저는 알렌 카터입니다

Pattern Practices의 학습 방법은 먼저 예문을 읽고 이해한 다음 기본 문형을 익힌 후 이를 다시 영어로 표현하는 과정을 반복한다.

⋮

읽고 이해하는 과정에서 문장과 문형이 이해되었다면 이번에는 영어 문장을 가린 다음, 아래 기록된 한글 표현을 보고 다시 영어로 표현해내는 연습을 한다.

⋮

영어 문장 작성 후 원문과 비교하여 잘못된 부분은 교정한 후, 다시 문장을 표현하는 과정을 반복하여 완전한 문장이 만들어질 때까지 계속한다.

● Voca Tips

Voca Tips와 Grammar Tips는 Pattern Practices에서 학습했던 문장들 중 어휘나 관용구에 대한 보충 설명을 하거나 필요한 문법 사항에 관한 설명이 추가되는 난이다. 어휘 보충 학습과 문법 사항에 대한 이해를 주 목적으로 한다. 이해를 돕기 위해 종종 예문이 함께 제시되기도 한다.

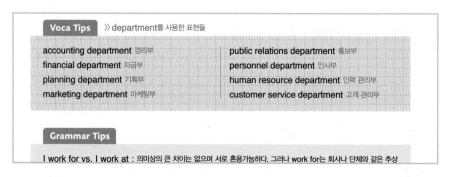

Voca Tips 》 department를 사용한 표현들

accounting department 경리부	public relations department 홍보부
financial department 자금부	personnel department 인사부
planning department 기획부	human resource department 인력 관리부
marketing department 마케팅부	customer service department 고객 관리부

Grammar Tips

I work for vs. I work at : 의미상의 큰 차이는 없으며 서로 혼용가능하다. 그러나 work for는 회사나 단체와 같은 추상

● Mini Test

각 Unit에서 학습한 Practice 문형을 복습하는 자리이다. 지금까지 Unit 내에서 익혔던 표현 구문들을 근거로 하여 email 문장 표현 연습을 한다. 한글 표현에 따른 문장의 일부가 제시되고 빈 칸을 학습자가 채우는 Test 형식이다. 매 Unit 당 5개 문항이 제시되며, Pattern Practices에서와 마찬가지로 완전한 문장을 완성시킬 수 있을 때까지 반복 학습할 것을 권한다.

1 저는 스마트 전자회사의 판매부에서 근무하고 있습니다.

I work in _____.

2 저는 신입 사원입니다. 전에는 라마다 호텔에서 접수계원으로 일했습니다.

I am _____. I previously worked _____
_____.

● Email Example

Unit 주제에 맞는 Email Example이다. 주제와 상황에 따라 짧고 간략한 메시지 형태에서부터 복수의 단락으로 구성된 긴 내용까지 다양한 길이와 형태의 이메일이 제시된다. 실제 상황의 이메일 작성시 참고할 수 있도록 제공되는 Sample Email 이다.

From

To

Subject

Dear Team Members,

Please let me take this opportunity to introduce Jane Jones, who will be joining our team as a graphic designer. We believe that Miss Jones is capable for the position as she has a good educational background and work experience in other companies.

● Supplements 2 – Key Patterns List

교재의 마지막에는 사전식으로 자신에게 필요한 상황과 표현을 찾아서 참고할 수 있도록 Key Patterns List를 수록했다.

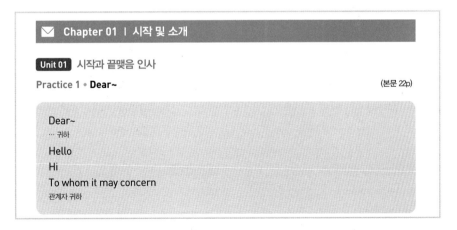

Chapter 01 ┃ 시작 및 소개

Unit 01 시작과 끝맺음 인사

Practice 1 • **Dear~**   (본문 22p)

Dear~
… 귀하
Hello
Hi
To whom it may concern
관계자 귀하

CONTENTS 이 책의 목차

INTRO

영어 Email의 기본 형식과 에티켓

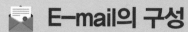 E-mail의 구성

✉ 1. 기본 구성

From	보내는 사람
To	받는 사람
CC	참조
BCC	숨은 참조
Subject	제목
Attachments	첨부 파일

✉ 2. 내용 전개

1. 인사말 (Greetings)
2. 도입부 (Introduction)
3. 본문 (Main Body)
4. 맺음말 (Closing Remarks)
5. 결구 (Complimentary Close)
6. 서명 (Signature – contact details)

✉ 3. 용어 해설

1 CC

carbon copy의 약자이다. 타자기를 사용하던 시절의 개념이 이메일에 그대로 적용되고 있는 것. 과거 기계식 타자기를 쓸 때 사본을 만들기 위해 2장의 종이 사이에 먹지(carbon paper)를 끼웠던 것에서 유래하여 복사한다는 의미로 사용된다. CC란에 이메일 주소를 기록하면 복사본을 그 주소로 발송해준다. 메일을 받는 모든 사람들이 CC란의 이메일 주소를 볼 수 있다.

2 BCC

blind carbon copy의 약자이다. 기능은 CC와 동일하지만 BCC에 기록된 주소는 메일을 받는 사람들에게는 보이지 않는다.

3 Subject

이메일의 제목을 나타낸다. 메일의 내용을 한 두 마디로 간략하게 요약하여 이메일을 받는 사람이 어떤 주제 또는 어떤 내용에 관한 메일인지 짐작할 수 있게 한다. 따라서 subject line은 간단하고 명료하게 기록하는 것이 좋다. 문장 사용을 피하고 의미를 명확하게 나타낼 수 있는 단어 또는 구를 사용하여 수신자가 메일의 주제를 한 눈에 파악할 수 있게 해야 한다.

4 Attachments

파일을 첨부하는 난이다. 업무와 연관된 도표나 자료 등을 보내야 할 필요가 있을 때 첨부 파일을 적절히 활용하는 것은 효율적 업무 처리를 위해 필수적이다. 그리고 수신자가 파일을 보지 못하고 지나치지 않도록 파일이 첨부되었다는 설명을 덧붙이는 것이 안전하다.

예) I have attached~ …을 첨부합니다.
    I herewith enclosed~ 다음과 같이 …을 첨부합니다.

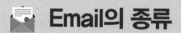

Email의 종류

본문 내용의 양식은 이메일의 종류에 따라 여러 형태로 분류될 수 있다. 그중 가장 빈번히 사용되는 대표적인 예는 다음과 같다.

1 문의 (Making a request)

- I would appreciate it if you could~ …해주시면 감사하겠습니다.
- I would like to know~ …을 알고 싶습니다.
- Please let me know~ …을 알려주시기 바랍니다.
- I was wondering if you could~ …해주실 수 있는지 궁금합니다.

2 도움 또는 정보 제공 (Offering help / Giving information)

- We are willing to~ 기꺼이 …하겠습니다.
- We would be glad to~ 기꺼이 …하겠습니다.
- I am glad to inform you that~ …임을 알려드리는 바입니다.
- We are happy to tell you that~ …을 알려드리게 되어 기쁩니다.

3 유감 또는 사과 (Complaint / Apology)

- I regret to say that~ …을 알려드리게 되어 유감입니다.
- We regret to inform you that~ …을 알려드리게 되어 유감입니다.
- Please accept our apology for~ …에 관해 양해해주시기 바랍니다.
- We would like to apologize for~ …에 대해 사과드립니다.
- I am sorry for~ …에 대해 사과드립니다.

4 제안 (Suggestions)

- I propose~ …을 제안합니다.
- We would like to suggest~ …을 제안하고자 합니다.
- What we recommend is~ 우리는 …을 추천합니다.
- We offer~ 우리는 …을 제공하고 있습니다.

✉ E-mail 작성 요령

✉ 1. 인사말 (Greetings)

이메일을 쓸 때 수신자의 적절하고 정확한 호칭과 이름을 사용하는 것은 매우 중요한 일이다. 이는 상대방에 대한 예의임과 동시에, 메일을 보내는 사람이 상황을 적절히 인식하고 있으며, 상대방을 온당하게 배려하고 있다는 증거가 된다. 인사말로서 상대방에게 좋은 인상을 주는 것은 발신자가 메일을 통해 의도하는 바를 이루는 과정의 첫 단계이다.

격식을 갖춘 이메일의 인사말은 Dear 다음에 Mr. 또는 Ms.와 함께 수신자의 성을 쓴다. 성별이 확실하지 않은 경우는 Dear 다음 바로 이름을 쓸 수도 있다. 수신자의 이름을 모르는 경우 Dear 다음 직책이나 상호를 쓰기도 한다.

Dear Mr. Adams,
Dear Ms. Simpson,
Dear Adrian Wilson,
Dear Mr. President,

친밀한 관계에 있는 사람에게 메일을 보낼 때는 Dear 대신 Hello나 Hi 다음에 이름을 쓰거나, 또는 Hi만을 사용할 수도 있다. 최근 들어 이메일 인사말로 Hi의 사용이 점점 더 일반화되고 있다. 격식을 차려야 하는 경우를 제외하고는 잘 알지 못하는 사람에게 메일을 보낼 때에도 Dear를 대체하고 있는 추세이다.

Hello Fred,
Hi Chris,
Hi,

✉ 2. 도입부 (Introduction 또는 State of purpose)

도입부는 이메일을 쓰는 목적을 밝히는 난이며, 본문 내용을 서술하기 위한 준비 과정이다.
본론을 시작하기 전, 메일을 보내는 이유나 목적을 분명히 밝히는 것은 이메일의 필수적인 부분임을 명심하자.

업무에 관한 메일인 경우 자칫 표현이 사무적이고 딱딱해질 수 있는 소지가 있다. 그러므로 항상 부드럽고 친근감있는 표현을 사용하고, 밝고 긍정적인 어조를 유지하도록 주의한다.

회신이나 문의에 대한 답신인 경우, 수신자에게 메일을 보내 준 것에 감사하는 표현으로 시작하는 것이 좋다. 그렇게 함으로서 상대방으로 하여금 친근감과 우호적인 감정을 갖게 할 수 있다.

1 비격식적표현 (Informal 또는 Less formal)

Thank you for~ ···에 대해 감사드립니다.

Thank you for your enquiry. 문의해주셔서 감사합니다.

Thank you for contacting~ 연락주셔서 감사합니다.

This is to~ ···하기 위한 것입니다.

Just a quick not to tell you ···간단히 몇 자 적습니다.

2 격식을 차린표현 (Formal)

I am writing to inform~ ···을 알리기 위해 메일을 보냅니다.

I am writing to enquire about~ ···에 관해 문의하기 위해 메일을 씁니다.

This is in regard to~ ···에 관한 메일입니다.

I am writing with regard to~ ···에 관해 메일을 씁니다.

This is to let you know~ 이 메일은 ···을 알리기 위한 것입니다.

✉ 3. 본문(Main Body)

전달하고자 하는 메시지의 주 내용을 기록한 이메일의 가장 중요한 부분이다. 본문을 작성할 때는 다음 사항에 주의한다.

1 길이

본문의 길이는 짧을수록 좋다. 가능한 한 컴퓨터 화면에서 scroll bar를 움직이지 않고 한 눈에 내용을 다 볼 수 있는 분량으로 작성할 것을 권한다. 어쩔 수 없이 분량이 길어져야 할 때는 단락을 명확히 나누어 전달하고자 하는 사항들이 분명하게 제시될 수 있도록 한다.

2 주제

한 메일에서는 한 가지 주제만 다루도록 한다. 여러 가지 주제들이 한꺼번에 다루어지면 메일을 읽는 사람의 집중도가 떨어지고 산만해져서 메일을 통해 의도하는 성과를 얻을 수 있는 가능성이 그만큼 줄어들기 때문이다.

3 표현

정확하고 간결한 표현을 사용한다. 간결한 표현은 그만큼 의미를 정확하게 전달할 수 있다. 비문법적이거나 장황하게 늘어진 표현은 내용 전달력이 떨어짐은 물론, 메일을 보낸 사람에 대한 신뢰성도 함께 떨어지게 한다.

✉ 4. 맺음말 (Closing Remarks)

이메일의 본문쓰기를 마친 후, 수신자에게 감사를 표시하거나, 또는 논의가 계속될 수 있는 여지를 남기는 표현이다. 메일의 내용과 상황에 맞는 적절한 표현을 선택해서 사용할 수 있다.

1 감사할 때

Thank you for your patience. 양해해주셔서 감사합니다.

Thank you for your time and consideration. 시간 할애와 배려에 감사합니다.

Thank you for your cooperation and consideration. 협조와 배려에 감사합니다.

Thank you for your kind support and consideration. 친절한 도움과 관심에 감사합니다.

2 회신을 기다릴때

I look forward to hearing from you. 연락을 기다립니다.

I look forward to hearing from you soon. 빠른 회신을 기다리고 있겠습니다.

I look forward to hearing from you on this matter. 이 문제에 관한 답장을 기다립니다.

3 질문이나 우려 사항에 관해 알고자 할 때

If you have any questions or concerns, don't hesitate to let me know.
질문 또는 우려하는 점이 있다면, 주저마시고 저에게 알려주십시오.

If you have any questions about the matter, please do not hesitate to contact me.
이 문제에 관한 질문이 있다면, 주저마시고 저에게 알려주십시오.

If you have any questions or suggestions, or if you would like further information, please don't hesitate to contact us.
질문이나 제안, 또는 원하시는 정보가 더 있다면, 주저마시고 저에게 알려주십시오.

4 Informal 또는 Less formal한 표현

Hope to hear from you soon. 곧 소식을 듣게 되기를 바랍니다.

Hope to see you soon. 곧 만나기를 기대합니다.

✉ 5. 결구 (Complimentary Close)

의례적인 인사말이다. 업무상이나 사적인 메일 모두 반드시 기록해야 한다. 특별한 의미를 나타내지는 않지만 표현에 따라 뉘앙스의 차이가 있으므로 상황에 적절한 어휘를 선택한다.

업무와 관련된 메일에는 Yours sincerely가 가장 일반적인 표현이다. Yours faithfully는 잘 사용하지 않는다. 영국 전통 문법에 의하면 Yours faithfully는 상대방을 잘 모르는 경우, Dear Sir이나 Dear Madam과 같은 표현으로 시작한 메일의 결구로 사용되는 표현이다.

Regards는 격식을 차리지 않고 친밀감을 나타내는 표현이다.
Regards, / Kind regards, / Best regards, / Best wishes,

아주 가까운 친구들 간의 사적인 메일에는 'Take care,' 'Be well,' 'Cheers' 등의 표현도 있으나 업무상의 메일에는 사용하지 않는 것이 좋다.

✉ 6. 서명 (Signature)

결구 다음에 발신인의 이름을 기록한다. 이름 아래에 연락처나 발신인에 관한 정보를 – 전화, 팩스 번호, 회사명 등 – 기록할 수도 있다.

Name 이름
Phone / Fax number 전화 번호 / 팩스 번호
Company 회사명

Email 에티켓

다음은 이메일을 쓸 때 지켜야 할 중요한 사항들이다. 개인별 성향이나 관점에 따라 우선 순위나 세부 항목들에 있어 조금씩 차이가 있을 수 있지만, 기본을 이루는 공통 원칙은 간결함(conciseness), 정확함(correctness), 명쾌함(clearness), 그리고 정중함(politeness)이다.

1 제목은 구체적으로

제목은 신문 기사의 타이틀처럼 짧고, 구체적이며, 명확한 표현을 사용해야 한다. 그렇게 함으로써 수신자가 메일을 열기 전, 그것이 무엇에 관한 내용인지 파악하고, 그 중요성의 우선 순위를 인식할 수 있다. 이메일의 예절은 수신자가 메일 내용과 요점을 쉽게 파악할 수 있게 배려하는 것에서부터 시작한다.

2 내용은 짧고 간결하게

이메일의 내용이 불필요하게 길어지지 않도록 주의한다. 바쁜 업무 중에 두서없이 길고 장황한 글을 읽는 것은 매우 짜증스러운 일이다. 짧고 간결한 이메일은 상대방의 시간에 대한 배려임과 동시에 커뮤니케이션을 원활하게 하여 업무의 효율성을 높일 수 있다.

3 정확한 철자와 어법 사용

항상 바른 철자법과 문법 그리고 어법을 사용하도록 주의를 기울여야 한다. 철자가 틀린 단어나 비문법적인 표현은 전달하고자 하는 메시지를 정확하게 전달할 수 없을 뿐 아니라 상대방으로 하여금 메일을 보내는 사람과 그가 속한 단체에 관해 부정적인 인상을 가지게 한다. 컴퓨터에 저장된 맞춤법 검사 기능은 이 경우에 사용하기 위해 존재하는 것이다.

4 능동형 문장으로

수동형 문장의 사용을 가급적 피한다. 특히 업무상의 이메일일 때는 더욱 그렇다. 수동형의 빈번한 사용은 글을 형식적으로 만들고, 행위에 대한 책임 소재를 모호하게 하는 경향이 있다. 이에 반해 능동형 문장은 행위의 주체를 문장의 맨 앞에 위치시킴으로써 책임 소재가 분명해지며, 메일 내용에 대한 신뢰감을 더 느낄 수 있게 한다.

가령, 'The work will be finished today' (그 일은 오늘 마쳐질 것입니다) 보다는 'I will finish the work today' (저는 그일을 오늘 마칠 것입니다)의 표현이 더 강한 자신감과 신뢰감을 주는 문장이다.

5 기타 주의 사항

기밀 정보를 이메일로 논의해서는 안된다. 또한 타인에 대한 비방이나, 성차별 또는 인종 차별이 될 수 있는 내용을 언급하는 것은 금물이다. 설사 그것이 농담이나 유머로 의도했다고 하더라도 의도치 않은 오해를 불러 일으킬 수 있다. 트위터나 다른 소셜 미디어와 마찬가지로 이메일은 엽서를 보내는 것과 같다. 그것은 쉽게 노출될 수 있으며, copy 될 수 있고, 또 오랜 기간 저장될 수 있다. 무심코 기록한 잘못된 표현은 당신의 현재 업무에 영향을 미칠 뿐 아니라, 이후 중요한 순간에 당신을 곤경에 처하게 할 수 있다.

6 메일 내용의 재확인

전송 버튼을 누르기 전, 제목과 메일을 다시 한 번 읽고 내용을 확인해야 한다. 버튼을 누른 후, 이미 전송되고 있는 메일을 다시 회수할 수 있는 방법은 없다. 거의 빛의 속도로 움직이는 당신의 메시지는 이미 지구 반대편에 도착해 있을 것이다. 그러나 이러한 속도 문제는 차치하더라도, 본인이 보내는 메일을 수신자의 입장에서 다시 한 번 읽어보는 것은 메일 전송 전 반드시 거쳐야 하는 필수 과정이다. 메일의 재확인은 철자법이나 문법상의 오류를 다시 수정할 수 있을 뿐 아니라, 오해를 불러 일으키거나 부적절한 언급을 다시 한 번 걸러내고, 당신의 메시지가 더욱 더 효율적인 구성을 갖게 할 것이다.

7 서명과 연락처

끝으로 서명란에 이메일을 보내는 사람이 누구인지 명확히 밝히는 것을 잊어서는 안된다. 메일 발신인의 연락처, 전화번호 그리고 필요하다면 회사와 담당 업무 및 직책까지 기록하는 것이 좋다. 신원에 관한 정보와 연락처를 기록하는 것은 이메일을 보낼 때 지켜야 하는 마지막 단계의 예의이다.

1

시작 및 소개

UNIT 01 | 시작과 끝맺음 인사

이메일을 쓰기 전, 메일의 수신자가 누구인지, 어떤 직책에 있는지, 그리고 나와 업무상 어떤 관계에 있는지 유념하는 것은 매우 중요한 일이다. 적절한 호칭과 적합한 어조 및 톤으로 메일을 시작하는 것은 상대방에게 우호적인 인상을 심어주며, 이로 인해 업무 진행이 원활해 질 수 있다.

Practice ❶
Dear~

Practice ❷
Sincerely yours,

UNIT 02 | 소개

낯선 사람에게 이메일을 보낼 때는, 먼저 자신에 관한 소개를 하는 것이 우선이다. 잘 표현된 소개말은 수신자로 하여금 나에 관한 호기심과 관심을 불러 일으키게 한다. 이 관심은 곧 부탁이나 요청에 대한 긍정적 답변으로 연결될 수 있다.

Practice ❶
My name is~ 제 이름은 …입니다

Practice ❷
I am(currently)~ 저는 (현재) …입니다

Practice ❸
I got this email address from~
…로부터 이메일 주소를 받았습니다

Practice ❹
I was referred to you by~
~ 로부터 귀하를 소개 받았습니다

Practice ❺
We met at~ …에서 만난 적이 있습니다

Practice ❻
I would like to introduce~
…을 소개하고자 합니다

01

: 시작과 끝맺음 :
인사

PRACTICE 1

Dear

···에게, ···께, ···귀하

사적인 서신에서 뿐 아니라 업무상의 이메일에서도 여전히 'Dear'는 가장 선호되는 표현이다. 영국 영어에서는 이름 다음에 콤마(,)를 사용한다. 미국 영어에서는 세미 콜론(;)이나 콤마 중 어느 것을 선택해도 좋다. 일상 언어와 마찬가지로 이메일 언어 역시 계속 변화하고 진화한다. 격식을 필요로 하지 않는 이메일인 경우 Dear의 사용은 조금씩 줄어들어 Hello 또는 Hi 등에 의해 대체되고 있다.

📧 Key Patterns

- Dear~ ···귀하
- Hello
- Hi
- To whom it may concern 관계자 귀하

📥 Patterns Practices

1 업무상, 단수 또는 복수의 수신자에게 이메일을 보낼 때 가장 일반적으로 사용되는 표현 :

Dear Mr. Adams

Hello Mrs. Adams

Dear Robert *직장 동료 또는 가까운 업무상의 파트너인 경우에 사용할 수 있는 표현이다.

Dear all *복수의 직장 동료 또는 사업 파트너들에게 한꺼번에 메일을 보낼 때 사용하는 표현이다.

2 이메일을 받는 사람의 직책이나 사업상의 관계를 호칭으로 사용 :

Dear Sales Manager

Dear Customers

3 메일을 받는 사람이 누구인지 알지 못할 때 사용하는 표현 :

Dear Sir/ Madam

To Whom It May Concern *자칫 무성의하게 느껴질 수 있으므로 사용에 주의를 요한다.

4 친구 또는 가까운 사람에게 보내는 사적인 이메일에 사용되는 인사말 :

Hello Mike

Hi James

PRACTICE 2

Sincerely yours,

···로 부터 / ···드림 / 안녕히 계십시오

이메일의 끝맺음 말이다. 형식적인 표현이므로 그 의미를 해석할 필요는 없다. 업무상 이메일에서는 Sincerely yours가 가장 일반적이다. 그 다음 space를 둔 다음, 이름 및 연락처를 기록한다.
Sincerely yours,
이름 (Your Name)
근무처 및 직책 (Work and Position)
연락처 – 이메일 및 전화번호 등 (Contact details)

Key Patterns

- Sincerely yours
- Best regards / Kind regards
- Respectfully yours

Patterns Practices

1 업무상 이메일의 끝맺음말로 사용할 수 있는 일반적 표현 :

Sincerely / Sincerely yours

Regards / Best regards / Kind regards

Respectfully / Respectfully yours

2 Dear sir / madam 또는 To whom it may concern과 같이 수신자를 익명으로 시작했거나 한 부서의 직원 전체가 수신인인 경우는 faithfully를 사용한다 :

Yours faithfully

3 격식을 차리지 않은 사적인 이메일에 사용될 수 있는 표현 :

Cheers

See you soon

Your friend

4 직장 동료와 친구 모두를 대상으로 사용할 수 있는 표현 :

Best regards

Kind regards

My name is~

제 이름은 …입니다

자신을 소개할 때 가장 먼저 해야 할 일은 이름을 밝히는 것이다. 그 후 근무처나 담당 업무에 관해 언급하는 것이 자연스러운 순서이다. My name is~ 대신 I am~ 으로 표현해도 좋다.

Key Patterns

- **My name is~** 저의 이름은 …입니다

- **I am~** 저는 …입니다

- **I work for~** 저는 …에서 일하고 있습니다

- **I am in charge of~** 저는 …업무를 담당하고 있습니다

- **My name is~ working at~** 저는 …에 근무하고 있는 … 입니다

Patterns Practices

1 My name is Oscar Moors.
제 이름은 오스카 무어입니다.

2 I am Allen Carter.
저는 알랜 카터입니다.

3 I am Juliet, responsible for the sales team.
저는 줄리엣입니다, 판매부 책임을 맡고 있습니다.
•• **be responsible for~** …에 대한 책임을 지다

4 My name is **Ashley Thomson and** I am working at **the Chicago Office.**

저는 시카고 사무실에서 근무하고 있는 애슐리 톰슨입니다.

5 My name is **Allen Carter.** I work for **the Bank of America.**

제 이름은 알랜 카터입니다. 저는 아메리카 은행에서 근무하고 있습니다.

6 My name is **Grace Park.** I am in charge of **the personnel department.**

제 이름은 그레이스 박입니다. 저는 인사과 책임자입니다.

•• **be in charge of~** …을 담당하다. 책임을 맡다

7 My name is **Ashley Thomson** working at **the Chicago office.** I am responsible for **public relations.**

저는 시카고 사무실에서 근무하고 있는 애슐리 톰슨입니다. 저는 홍보 업무를 책임지고 있습니다.

•• **public relations** 홍보, 광고 (PR)

* ~ **work**은 업무에 관한 표현으로 **Unit 37**에서, **charge**와 **responsible**은 책임 소재에 관한 표현으로 **Unit 39**에서 더 상세하게 다루어진다.

Voca Tips   》 department를 사용한 표현들

accounting department 경리부	public relations department 홍보부
financial department 자금부	personnel department 인사부
planning department 기획부	human resource department 인력 관리부
marketing department 마케팅부	customer service department 고객 관리부

Grammar Tips

I work for vs. I work at : 의미상의 큰 차이는 없으며 서로 혼용가능하다. 그러나 work for는 회사나 단체와 같은 추상 개념을 위해서 일한다는 의미가 있다. 그러므로 어떤 지점이나 장소 또는 그곳에 위치한 회사에서 일한다고 할 때는 work at으로 표현하는 것이 적절하다.

I work for an international company. 저는 다국적 기업에서 일합니다.
I work at the Washington office. 저는 워싱턴 오피스에 근무합니다.
I work at this company. 저는 이 회사에서 일합니다.

I am (currently)~

저는 (현재) …입니다

자신의 현재 직업 또는 직책에 관해 설명할 때 사용할 수 있는 표현이다. be 동사+보어가 가장 기본적인 구문 형태이며 부사나 전치사 또는 전치사구를 사용하여 부가적 설명을 할 수 있다. 학년을 나타내고자 할 때 전치사 in을 학교, 또는 회사나 단체를 표현하고자 할 때는 at을 사용한다.

Key Patterns

● **I am~** 저는 …입니다 (지위 또는 직책)

● **I am currently~** 저는 현재 …입니다 (업무)

● **I am at~** 저는 …에 있습니다 (회사 또는 부서)

● **I am in~** 저는 …입니다 (학교, 학년, 직장)

Patterns Practices

1 I am a new employee.
저는 신입 사원입니다.

2 I am a new research associate.
저는 신임 연구원입니다.
●● associate 동료, 직원 research associate 연구원

3 I am currently a student at Long Beach City College.
저는 현재 롱비치 시티 칼리지의 학생입니다.
●● currently 현재

4 I am a third year law student at the University of Michigan Law School.

저는 미시간 대학 로스쿨의 법학과 3학년 학생입니다.

•• **law school** 로스쿨, 법과 대학

5 I am a new research associate recently hired to join your team.

저는 여러분들의 팀에 합류하기 위해 최근에 채용된 신입 연구원입니다.

•• **hire** 고용하다 **hired to join** 합류하기 위해 고용된

6 I am currently a student at Long Beach City College. I would like to apply for the assistant manager position at your company.

저는 현재 롱비치 시티 칼리지의 학생입니다. 귀 회사의 차장 직에 지원하고 싶습니다.

•• **apply for~** …에 지원하다

7 I am a third year law student at the University of Michigan Law School. I would like to apply for an internship with your firm.

저는 미시간 대학 로스쿨의 3학년 학생입니다. 귀 회사의 인턴사원직에 지원하고 싶습니다.

•• **an internship with a firm** 회사의 인턴직 * 전치사 **with**에 주의!

Grammar Tips

1. 학생인 경우 학년을 표현하고자 할 때 전치사 in을 사용하거나 서수로 나타낼 수 있다.

   I am in year three. / I am a third year. 저는 3학년입니다.

   I am currently a third year student in the computer science program.
   저는 컴퓨터학과 3학년 학생입니다.

   I am in my final year of electrical and engineering. 저는 전자 공학과 마지막 학년에 있습니다.

   How many years have you been with your company? 귀하의 회사에서 몇 년간 근무했습니까?

   * 전치사 with는 근무하고 있는 상황을 나타낸다.

2. 직업, 직책 외에도 자신이 처한 상황이나 의견을 be 동사 구문으로 표현할 수 있다.

   I am in need of your help. 저는 귀하의 도움이 필요합니다.

   I am in favor of your opinion. 저는 귀하의 의견에 공감합니다.

   * I agree with~ 또는 I like~로 표현할 수 있지만, be in favor of~를 사용하면 같은 의미이지만 더욱 세련된 표현이 된다.

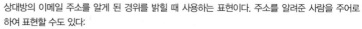

PRACTICE 3

I got this email address from~

…로부터 이메일 주소를 받았습니다

상대방의 이메일 주소를 알게 된 경위를 밝힐 때 사용하는 표현이다. 주소를 알려준 사람을 주어로
하여 표현할 수도 있다:

~gave me this email address /…가 이 이메일 주소를 알려 주었습니다
~directed me towards this email address /…가 이 이메일 주소를 전해 주었습니다
본인이 검색 엔진이나 웹사이트를 통해 직접 알게된 경우는 I found this email address on~ / 이
메일 주소를 …에서 찾았습니다로 표현한다.

🔟 Key Patterns

● I got your email address from~ 저는 귀하의 이메일을 …로부터 알게 되었습니다

● ~ gave me your email address …가 제게 귀하의 이메일 주소를 알려 주었습니다

● ~ directed me towards this email address …가 이 이메일을 제게 알려주었습니다

● I found your email address on~ 저는 귀하의 이메일을 …에서 찾았습니다

📥 Patterns Practices

1 I got your email address from Mr. Jones.
저는 존스 씨로부터 귀하의 이메일 주소를 받았습니다.
•• get an email from~ …로부터 이메일을 받다

2 Your manager gave me your email address.
귀하의 매니저가 제게 귀하의 이메일 주소를 알려 주었습니다.

3 My colleague, Mr. Jones directed me towards this email address.

저의 동료 존스 씨가 제게 이 이메일 주소를 전해 주었습니다.

•• **direct someone towards something~** …에게 …을 전해주다

4 I found this email address on your company's website.

저는 이 이메일 주소를 귀회사의 웹사이트에서 찾았습니다.

•• **on one's website~** …의 웹사이트에서

5 I got this email address from Mr. Jones, who said that I should write to you.

저는 존스 씨로부터 이 이메일 주소를 받았으며, 그분이 귀하에게 메일을 보내라고 했습니다.

6 Your manager gave me your email address and suggested that I (should) contact you.

귀하의 매니저가 제게 귀하의 이메일 주소를 알려 주며, 귀하에게 연락할 것을 제안했습니다.

•• **suggest** 제안하다

7 Your office manager directed me towards this email address and suggested that I (should) get in touch with you.

귀하의 실장이 제게 이 이메일 주소를 전해 주며 귀하에게 연락할 것을 제안했습니다.

Voca Tips 》 '연락하다' 또는 '접촉하다'의 표현들

be in touch 연락하고 지내다
get in touch with~ 연락하다
lose touch with~ 연락이 끊어지다, 연락이 없다
stay in touch with~ 연락을 유지하다

I will get in touch with you soon.
곧 연락드리겠습니다.

Have you contacted your manager?
귀하의 매니저에게 연락했나요?

Grammar Tips 》 제안을 나타내는 동사

제안의 의미를 갖는 suggest, advice, insist 등의 동사와 연결되는 that 관계절의 문장에는 should를 사용한다. 이 should 는 생략할 수 있으며 생략한 경우에도 동사는 원형을 사용해야 한다.

He suggested (that) we should leave early tomorrow morning.
그는 우리가 내일 아침 일찍 떠날 것을 제안했다.

He suggested (that) we leave early tomorrow morning.
그는 우리가 내일 아침 일찍 떠날 것을 제안했다. (should 생략)

PRACTICE 4

I was referred to you by~

···로부터 귀하를 소개 받았습니다

메일의 수신자가 제 3자로부터 소개 또는 추천 받은 사람일 경우 사용할 수 있는 표현이다. 소개한 제 3자를 주어로 한 ~referred me to you의 표현을 쓰거나 또는 'I'를 주어로 한 수동형 문장 I was referred to you by~ 구문을 사용한다.

Key Patterns

● ~referred me to you ···가 제게 귀하를 소개했습니다

● I was referred to you by~ ···로부터 귀하를 소개 받았습니다

● I was referred to you by~ who~
 ···인 ···로부터 귀하를 소개 받았습니다 (소개한 사람에 관한 구체적인 설명이 필요한 경우)

● ~referred me to you for information on~ ···가 귀하에게 ···에 관한 정보를 알아 보라고 했습니다.

Patterns Practices

1 Your manager, Mr. Tim Cook referred me to you.
귀하의 매니저 Tim Cook 씨가 귀하를 제게 소개 했습니다.
●● **refer** 언급하다, 부탁하다

2 I was referred to you by Mr. David of Sunny Electronics.
저는 서니 전자회사의 David 씨로부터 귀하를 소개 받았습니다.

3 I was referred to you by Lyn Johansson, the director of your company.
귀 회사의 이사인 Lyn Johansson으로부터 귀하를 소개 받았습니다.
●● **director** 임원, 중역, 이사

4 I was referred to you by **Mr. Thomson, who** is my business partner.

저의 동업자인 Thomson 씨로부터 귀하를 소개 받았습니다.
- •• business partner 동업자

5 I was referred to you by **Diane Smith, who** I have worked with.

제가 함께 일하고 있는 Diane Smith 씨로부터 귀하를 소개 받았습니다.
- •• work with~ …와 함께 일하다

6 I was referred to you by **Mr. Yao Ming, who** is the head of our office in China.

우리 회사의 중국 지사장인 Yao Ming 씨로부터 귀하를 소개 받았습니다.
- •• branch office 지사, 지점

7 **Mr. Bean** referred me to you for more information on **the current project.**

빈 씨가 귀하에게 현재 진행 중인 프로젝트에 관한 정보를 더 알아 보라고 했습니다.
- •• current project 진행 중인 프로젝트

Voca Tips

director 회사의 중역이나 임원을 의미하는 단어.이 외에도 연출가 또는 감독의 의미도 있다.

manager / director / head of branch office 지사장

managing director 상무 이사 (MD)

executive director 전무 이사

outside director 사외 이사

film director 영화 감독

music director 음악 감독, 지휘자

stage director 연출가, 무대 감독

refer to~ …을 참고하다
Please refer to the attached file for full details.
상세한 세부 사항은 첨부파일을 참고해 주세요.

refer me to someone for~
…에 관해서 …에게 문의하게 하다

My manager referred me to you for more information.
저의 매니저가 귀하에게 정보를 더 알아보라고 했습니다.

PRACTICE 5

We met at~

…에서 만난 적이 있습니다

메일의 수신자에게 과거에 만났던 사실을 상기시키고자 할 때 사용하는 표현이다. 주로 자신의 이름이나 직책을 밝힌 후, 연결시킬 수 있는 구문이다. 서로 대화를 주고 받은 적이 있다면 We spoke~의 표현도 가능하다. 상대방과 전화로 통화했던 사실을 상기시키고자 한다면 We spoke over the phone~ 으로 표현한다.

Key Patterns

- **We met at~** 우리는 …에서 만났던 적이 있습니다

- **We met in~** 우리는 …에서 만났던 적이 있습니다

- **We met on a flight~ while~** 우리는 …하는 중 비행기에서 만났던 적이 있습니다

- **We spoke when~** 우리는 대화를 나눈 적이 있습니다

- **We spoke over (on) the phone about~** 우리는 …에 관해 전화통화를 했었습니다

Patterns Practices

1 We met at the committee meeting last December.
우리는 지난 12월 위원회에서 만났었습니다.

2 We met at the international trade conference last week.
우리는 지난 주 국제 무역 컨퍼런스에서 만났었습니다.
••international trade 국제 무역

3 We met at the banquet at the Paris Motor Show last October.
우리는 지난 10월 파리 모터 쇼의 연회에서 만났었습니다.

•• banquet 연회, 만찬

4 We met on a flight from London to Rome while I was traveling on business.

우리는 제가 출장 중 런던에서 로마로 가는 비행기에서 만났었습니다.

•• on a flight 비행기 안에서   on business 업무상의

5 We met by chance in the lobby of a hotel while attending a forum in Washington.

우리는 워싱턴에서 한 포럼에 참석하던 중 호텔 로비에서 우연히 만났었습니다.

•• by chance 우연히

6 We spoke when you visited Beijing to attend the investment symposium.

우리는 귀하가 투자 토론회에 참석차 베이징을 방문했을 때 대화를 나눈 적이 있습니다.

7 We spoke over the phone about developing new technologies and partnerships.

우리는 지난 주 신기술과 협력관계를 발전시키는 것에 관해 전화로 통화를 했었습니다.

•• over the phone / on the phone 전화로   develop 발전시키다   partnerships 협력 관계
•• new technologies and partnerships 신기술과 협력관계

Voca Tips

I was one of~ 의 구문을 사용해서 만났던 상황을 더 구체적으로 설명할 수 있다.

We met at the banquet last Friday.
우리는 지난 금요일 연회에서 만났습니다.

I was one of the people who sat at the same table at the banquet last Friday.
저는 지난 금요일 연회에서 같은 테이블에 앉았던 이들 중의 한 사람입니다.

travel on business 출장을 가다
I travel on business to Eastern Europe once a year.
나는 일 년에 한 번 동유럽으로 출장을 갑니다.

talk (speak) over (on) the phone
전화로 이야기하다
We spoke on the phone a couple of days ago about job vacancies. 우리는 결원인 일자리에 관해 며칠 전 전화로 대화를 나누었습니다.

02

소개

PRACTICE 6

I would like to introduce~

···을 소개하고자 합니다

메일의 수신자에게 제 3자를 소개하는 표현이다. 'I would like to~'가 가장 일반적인 표현이며, 그외 'I want to introduce~,' 'Let me introduce~' 또는 'Allow me to introduce~'의 구문도 사용가능하다. Let~은 직설적인 표현이며 Allow~는 formal한 표현으로 사용된다.

Key Patterns

- I want to introduce you to~ 저는 귀하에게 ···를 소개하고 싶습니다

- I would like to introduce you to~ 저는 귀하에게 ···를 소개하고자 합니다

- Let me introduce you to~ 귀하에게 ···를 소개하겠습니다

- Allow me to introduce you to~ 귀하에게 ···를 소개하고자 합니다

Patterns Practices

1 I want to introduce you to **our new member, Mr. Collin.**
귀하에게 우리 신입 직원 콜린 씨를 소개하고자 합니다.

2 I would like to introduce you to **my coworker, Michelle Jones.**
귀하에게 제 동료 미쉘 존스를 소개하고자 합니다.
•• coworker 동료 (colleague)

3 Let me introduce you to **Mr. Allen Richard. He is a managing director of an investment firm.**
귀하에게 앨런 리차드 씨를 소개하고자 합니다. 그는 한 투자 회사의 상무입니다.
•• managing director 상무, 상무 이사   investment firm 투자 회사

4 Allow me to introduce you to **Mr. John Watson. He is the representative for a major enterprise.**

귀하에게 존 왓슨 씨를 소개하고자 합니다. 그는 대기업의 대표입니다.

•• **a major enterprise** 대기업

5 I want to introduce you to **Mr. Collin, who is our new member on the marketing team.**

귀하에게 콜린 씨를 소개하고 싶습니다. 그는 마케팅 팀의 신입 직원입니다.

6 I would like to introduce you to **Michelle Jones, who I have worked with for the last five months on a media campaign.**

귀하에게 미쉘 존스를 소개하고자 합니다. 그녀는 미디어 캠페인을 지난 5개월 동안 저와 함께 일해왔습니다.

•• **for the last five months** 지난 5 개월 동안   **media campaign** 미디어 캠페인, 언론 홍보

7 Please let me introduce you to **Mr. Allen Richard. He has worked as a director in an advertising agency for the last two years.**

귀하에게 알랜 리차드 씨를 소개하고자 합니다. 그는 지난 2년 동안 한 광고 회사에서 디렉터로 일해왔습니다.

•• **advertising agency** 광고 회사

Voca Tips   **》 Let을 사용한 유용한 표현들**

Let me introduce myself to you.
귀하에게 제 소개를 하겠습니다.

Please let me know when it will be
convenient for you. 언제가 편리하실지 알려주십시오.

Let us imagine that everyone here has only
one chance to apply for a job.
여기 있는 모든 사람들이 단 한 번의 직업 지원 기회가 있다
고 상상해봅시다.

Mini Test >> Translate into English.

1 저는 스마트 전자회사의 판매부에서 근무하고 있습니다.

I work in _____.

2 저는 신입 사원입니다. 전에는 라마다 호텔에서 접수계원으로 일했습니다.

I am _____. I previously worked _____

_____.

3 제 이름은 John Wales입니다. 저는 워싱턴출신으로 현재 무역업에 종사하고 있습니다.

My name is _____. I am from _____

_____.

4 저는 Ronald Smith 씨로 부터 귀하를 소개 받았습니다, 그 분이 귀하께서 신규 직원을 채용한다고 알려주었습니다.

I was referred _____ who

informed me that _____.

5 우리는 2주일 전 무역 센터에서 열렸던 국제 컨퍼런스에서 만났었습니다.

We met _____ which was

held _____.

HINT

work at~ … 에서 일하다. 근무하다 (직장, 회사)
work as~ … 로서 일하다 (직위, 직책)
work in~ … 에서 일하다 (분야)
be from~ … 출신이다

ANSWERS

1 I work in the sales department at Smart Electronics.
2 I am a new employee. I previously worked at the Ramada Hotel as a receptionist.
3 My name is John Wales. I am from Washington and currently work in international trade.
4 I was referred to you by Mr. Ronald Smith, who informed me that you are hiring a new staff.
5 We met at the international conference which was held in the trade center two weeks ago.

Email Example

From	
To	
Subject	

Dear Team Members,

Please let me take this opportunity to introduce Jane Jones, who will be joining our team as a graphic designer. We believe that Miss Jones is capable for the position as she has a good educational background and work experience in other companies for almost 10 years. Jane's appointment will commence on 7 September. I am very happy to have her as a part of our team and hope that we can share our knowledge and make the upcoming project a success.

With best wishes,

Selena Keating
Human Resources Manager

●● educational background 학력 appointment 임명, 지명, 직책 commence 시작하다

팀 멤버 귀하,

이 기회를 빌어 그래픽 디자이너로서 우리 팀에 합류하게 될 제인 존스 양을 소개하고자 합니다.
우리는 제인 양이 그 직책을 잘 수행할 수 있다고 믿습니다. 그녀는 뛰어난 학력과 타 회사에서 10년 간의 경력을 갖고 있기 때문입니다. 제인 양의 업무는 9월 7일부터 시작될 것입니다. 저는 그녀가 우리 팀의 일원이 된 것을 기쁘게 생각하며 우리의 지식을 공유하고 향후 진행될 프로젝트를 성공적으로 달성할 수 있기를 바랍니다.

안녕히 계십시오

시에나 키팅
인사 부장

2

회사 및 제품 소개

UNIT 03 | 회사 소개

고객에게 회사에 관해 소개하는 표현이다. 회사의
상호명, 연혁 또는 전문 분야 등에 관해 설명할 때
사용하는 표현들을 다룬다.

Practice ❶
We are taking this chance to introduce~
이 기회를 빌어 …을 소개합니다

Practice ❷
We specialize in~
…을 전문으로 하고 있습니다

Practice ❸
We have been in the business for~
…동안 사업을 해왔습니다

UNIT 04 | 제품 소개

고객에게 제품에 관해 소개하는 표현이다. 제
품의 종류, 구입 장소나 방법 등에 관한 설명이
필요할 때 사용할 수 있는 표현들을 다룬다.

Practice ❶
We are introducing~
…제품을 소개합니다

Practice ❷
We can supply~
…을 공급할 수 있습니다

Our product range includes~
제품의 범위는 …이 포함됩니다

Practice ❸
This product is available~
이 제품은 …에서 구입하실 수 있습니다

PRACTICE 1

We are taking this opportunity to introduce~

이 기회를 빌어 …을 소개합니다

자신이 속한 회사나 단체를 소개하는 표현이다. 개인에 대한 소개보다는 좀 더 격식을 갖춘 표현이다. 물론 개인을 소개할 때 사용했던 'I would like to introduce~'의 구문도 사용할 수 있다. 또한 '…하게 되어 기쁩니다'라는 의미의 표현인 'We are pleased to~' 또는 'We are happy to~' 구문을 사용해도 좋다.

Key Patterns

● We are taking this opportunity to introduce~ 이기회를 빌어 …을 소개합니다

● We are pleased to introduce you to~ 귀하께 …을 소개하게 되어 기쁩니다

● The purpose of this email is to introduce~ 이 메일의 목적은 …을 소개하기 위한 것입니다

● We are pleased to have this opportunity to introduce~
이 기회를 빌어 …을 소개할 수 있어 기쁩니다

Patterns Practices

1 We are taking this opportunity to introduce our company, Boston Apparel.

이 기회를 빌어 귀하에게 저희 회사, Boston Apparel을 소개하고자 합니다.
•• take the opportunity to~ …할 기회를 갖다 **apparel** 의복, 의류

2 We are pleased to introduce you to our company, Oryx Transport Service.

귀하에게 저희 회사인 Oryx Transport Service를 소개하게 되어 기쁩니다.

3 We are taking this opportunity to briefly introduce our company, New Computer Bay.

이 기회를 빌어 귀하에게 저희회사, New Computer Bay를 간략하게 소개하고자합니다.

•• **briefly** 간략하게

4 The purpose of this email is to introduce our organization, Olympus Adventure Camps.

이 이메일의 목적은 저희 회사, Olympus Adventure Camps를 귀하에게 소개하기 위한 것입니다.

•• **organization** 회사, 조직, 단체

5 We are pleased to announce the grand opening of our new restaurant in Boston.

우리는 보스톤에 새 식당의 개점을 발표하게 되어 기쁩니다.

•• **announce** 발표하다 **grand opening** 개장, 개점

6 We are happy to introduce our organization, Broad Adventure Camps, which is a camping and training center.

우리는 캠핑 및 트레이닝 센터인 우리 회사, Broad Adventure Camps를 소개하게 되어 기쁩니다.

7 We are pleased to have this opportunity to introduce our company, which will offer a full set of catering services in the Washington area.

워싱턴 지역에서 모든 출장 부페 서비스를 제공하는 저희 회사를 소개할 기회를 갖게 되어 기쁩니다.

•• **catering services** 음식 제공 서비스, 출장 부페

Voca Tips

운송 회사 shipping company, transport company	**~be pleased to have the opportunity to~**
무역 회사 trading company, trade company	…할 기회를 갖게 되어 기쁩니다
통신 회사 communication company	개인이나 회사소개 외에 다양한 상황에 사용할 수 있는 표현
합작 회사 joint company	이다. 전체를 한 묶음으로 기억해두면 유용하다.
신탁 회사 trust company	I am very pleased to have the opportunity to work with your company.
컨설팅 회사 consulting company	귀 회사와 함께 일할 수 있는 기회를 갖게 되어 기쁩니다.
	We are pleased to have the opportunity to participate in this training program.
	우리는 이 훈련 프로그램에 참여할 수 있는 기회를 갖게 되어 기쁩니다.

We specialize in~

…을 전문으로 하고 있습니다

상품 제조 또는 서비스 용역 등 어떤 특정 분야를 전문으로 하고 있음을 밝히는 표현이다. '…을 전문으로 하고있다' 또는 '…을 전문으로 하는 기업이다'로 해석하는 것이 무난하다. 또는 동사 produce 또는 manufacture를 사용해서 …을 제조하는 기업임을 나타낼 수 있다.

Key Patterns

- **We produce~** …을 생산합니다
- **We manufacture~** …을 제조합니다
- **We specialize in~** …을 전문으로 합니다
- **We are specialists in~** …전문 회사입니다
- **We are a company that specializes in~** …을 전문으로 하는 회사입니다

Patterns Practices

1 We produce all kinds of soft toys and gifts.
우리는 모든 종류의 봉제 완구와 선물 용품들을 생산합니다.
- • soft toy 봉제 완구

2 We specialize in manufacturing automobile glass.
우리는 자동차 유리를 전문으로 만드는 회사입니다.
- • automobile glass 자동차 유리

3 We specialize in international trade in textiles and clothing.
우리는 섬유 및 의류의 국제 무역을 전문으로 하는 회사입니다.

•• **textile** 직물, 섬유

4 We are specialists in antique furniture repair and restoration.
우리는 골동품 가구의 수리 및 복원을 전문으로 합니다. (전문가 입니다)
•• **antique furniture** 골동품 가구   **repair and restoration** 수리 및 복원

5 We manufacture a variety of software products used in the telecom industry.
우리는 전기 통신 산업에 사용되는 다양한 소프트웨어 제품을 제조합니다.
•• **telecom industry** 전기 통신 산업

6 Our company specializes in selling computer equipment as well as providing repair services.
우리 회사는 컴퓨터 장비 판매와 수리 서비스 제공을 전문으로 합니다.

7 We are a wholesale company that specializes in supplying high quality handbags and accessories.
우리는 고급 핸드백과 악세사리 공급을 전문으로 하는 도매 회사입니다.
•• **wholesale** 도매   **high quality** 고품질의, 고급의

Voca Tips

a variety of~ 다양한, 여러 가지의
a variety of factors 다양한 요인
a variety of opinions 다양한 의견
a variety of restrictions 여러 가지 제약
a wide variety of information 다양한 정보
a wide variety of consumer goods
다양한 소비재 상품

specialize in~ …을 전문으로 하다
'생산하다,'제조하다'를 '생산을 전문으로 하다' 또는 '제조를
전문으로 하다' 의 표현으로 바꾸어 표현해도 좋다:

produce~ → **specialize in producing~**
…의 생산을 전문으로 하다

manufacture~ → **specialize in manufacturing~**
…의 제조를 전문으로 하다

예를 들면 패턴 문장 5를 We specialize in~ 또는 We are specialists in~으로 바꾸어 표현할 수 있다:

We specialize in manufacturing a variety of software products used in the telecom industry.
→
We are specialists in manufacturing a variety of software products used in the telecom industry.

We have been in the business for~

…동안 사업을 해왔습니다

회사의 연혁에 관해 설명할 때 사용하는 표현이다. 완료형 문장이므로 일정 기간 동안 꾸준히 사업을 지속해오고 있다는 의미가 포함된다. 전치사 with 또는 ~ing 등을 사용하여 생산 제품이나 고객 만족도 등에 관한 설명을 덧 붙일 수 있다.

* We have been in+사업 분야+for+기간+making (manufacturing)+제품

Key Patterns

- **We have been in~** 우리는 …분야에 종사해왔습니다

- **We have been in~ for~** 우리는 …동안 …분야에 종사해 왔습니다

- **We have been~ brand for~** 우리는 …를 하는 회사입니다

- **We have been a company with~** 우리는 …의 업적을 가진 회사입니다 (…한 업적을 보유한)

Patterns Practices

1 We have been in this business for **more than 10 years.**
우리는 10년 이상 이 사업에 종사해 왔습니다.

2 We have been in the restaurant business for **the past 5 years.**
우리는 지난 5년 동안 요식업 사업에 종사해 왔습니다
- • **restaurant business** 식당 사업, 요식업

3 We have been in business for 25 years, making dairy products.

우리는 지난 25년 동안 유제품을 만드는 사업에 종사해왔습니다.

• • dairy product 유제품

4 We have been the fastest growing outdoor clothing brand for the past 3 years.

우리는 지난 3년 동안 가장 빠르게 성장하는 아웃도어 의류 회사가 되었습니다.

• • outdoor clothing 야외용, 아웃도어 의류 fast growing 빠르게 성장하는 brand 상표, 브랜드

5 We have been in the business for two decades, manufacturing memory products for computer users.

우리는 20년 동안 컴퓨터 사용자들을 위한 메모리 제품 생산 사업을 해왔습니다.

• • decade 10년

6 We have been an established and reputable company with a remarkable record of customer satisfaction.

우리는 뛰어난 고객 만족도를 보유한 건실하고 평판이 좋은 회사로 자리 잡았습니다.

• • established 건실한 reputable 신망 높은, 평판이 좋은 customer satisfaction 고객 만족

7 We have been in the business for 25 years, producing and distributing dairy products in LA and surrounding areas.

우리는 LA 그리고 인접 지역에 유제품을 제조하고 유통시키는 사업을 25년 동안 해오고 있습니다.

• • distribute 분배하다, 유통시키다

Voca Tips

outdoor 옥외의, 야외의	reputable 평판이 좋은(repute / reputation 평판, 명성)
outdoor spots 실외 스포츠	a reputable company
outdoor café 노천 카페	평판이 좋은 회사 (a company with a good reputation)
outdoor concert 야외 콘서트	a reputable occupation
outdoor advertisement 옥외 광고	제대로 된 직업, 평판이 좋은 직업
	a reputable source 확실한 출처
indoor 실내의, 실내용의	a reputable family 명문가
indoor sports 실내 스포츠	
indoor stadium 실내 경기장	
indoor humidity 실내 습도	

1 귀하에게 저의 회사, AAA Electronics를 소개할 수 있는 기회를 갖게 되어 기쁩니다.

We are pleased to _____

_____.

2 우리는 알맞은 가격의 고급 가정용 가구를 전문으로 취급합니다.

We specialize in _____

_____.

3 우리는 농기구를 전문적으로 공급하는 회사입니다.

We are a company _____

_____.

4 우리는 휴가나 비즈니스 여행자들을 위한 호텔 예약을 전문으로 하는 여행사입니다.

We are a travel agency that _____

_____.

5 우리는 수 십년 동안 화장품을 제조하는 건실하고 신뢰할 수 있는 회사로 자리 잡아 왔습니다.

We have been _____

_____.

HINT
at affordable prices 적당한 가격에
agricultural equipment 농기구
leisure and business travelers 휴가나 비지니스 여행자들
cosmetic product 화장품

ANSWERS
1 We are pleased to have the opportunity to introduce you to our company, AAA Electronics.
2 We specialize in quality home furniture at affordable prices.
3 We are a company specializing in supplying agricultural equipment.
4 We are a travel agency that specializes in hotel bookings for leisure and business travelers.
5 We have been an established and reliable company for decades, manufacturing cosmetic products.

Email Example

From	
To	
Subject	

Dear Mr. Taylor,

I am taking this opportunity to introduce you to Tech Smart Ltd. We specialize in selling computer equipment, as well as providing repair services for private and corporate customers. We have been a reputable company with an excellent record of customer satisfaction for the past three years. We would really appreciate it if you would try our products and services, and I assure you that you will receive our full attention and any services you might need at any time. Please feel free to ask us whatever questions you may have.
We are looking forward to meeting you and working with you in the near future.

Sincerely yours,
Peter Jones
General Manager
Tech Smart Ltd.

테일러 씨 귀하,

저는 이 기회에 귀하에게 Tech Smart 회사를 소개하고자 합니다. 우리는 컴퓨터 장비 판매와 개인 및 기업 고객들에게 수리 서비스 제공을 전문으로 하는 회사입니다. 우리는 지난 3년 동안 뛰어난 고객 만족도를 가진 명성있는 회사로 자리 잡았습니다. 우리는 귀하께서 우리 제품과 서비스를 이용해주시기를 바라며 항상 최고의 관심과 서비스를 제공할 것을 약속드립니다. 의문 사항이 있으시면 언제라도 저희에게 문의해주시기 바랍니다.
가까운 시일 내에 귀하를 만나 함께 일할 수 있기를 기대합니다.

안녕히 계십시오,
피터 존스
제너럴 매니저
Tech Smart Ltd.

We are introducing~

…제품을 소개합니다

개인 또는 회사 뿐만 아니라 상품이나 용역에 관해서 소개할 때에도 동사 introduce를 사용할 수 있다. 그 외에 '출시하다'는 의미인 launch나 release, '제공하다'는 의미인 offer나 present 등의 단어도 사용 가능하다.

🔊 Key Patterns

- We are now introducing~ 우리는 이제 …(제품)을 소개합니다

- Our company is launching~ 우리 회사는 …(제품)을 출시합니다

- We are pleased to introduce~ 우리는 …(제품)을 소개하게 되어 기쁩니다

- It is with pride and pleasure we present~
  우리는 자랑스럽게 그리고 기쁜 마음으로 …(제품)을 소개합니다.

📥 Patterns Practices

1 We are now introducing a new product.
우리는 이제 신제품을 소개합니다.

2 Our company is launching a new line of perfumes.
저희 회사는 향수 신제품을 출시합니다.
•• launch 시작하다, 출시하다   perfume 향수

3 We are pleased to introduce our new line of healthy drinks.
우리는 새로운 건강 음료를 소개하게 되어 기쁩니다.
•• healthy drinks 건강 음료

We are pleased to~ 대신 It is my pleasure to introduce~ 구문을 사용할 수 있다.
It is my pleasure to introduce our new line of healthy drinks.

4 We are excited to introduce **the new generation of cell phones.**
우리는 최신식 휴대폰을 소개하게 되어 대단히 기쁩니다.
•• **the new generation of** 차세대의, 최신식의

5 We are introducing **our new product with pride and pleasure.**
우리는 자신감을 가지고 기꺼이 우리의 신제품을 소개합니다.

6 It is with great pride and pleasure we present **our latest software product.**
우리는 강한 자부심과 즐거운 마음으로 우리의 최신 소프트웨어 제품을 소개합니다.
•• **with pride** 자부심 또는 긍지로

7 We are excited to introduce **to you a new line of products which will be released to the market next month.**
다음 달 시장에 출시하게 될 신제품을 귀하에게 소개하게 되어 대단히 기쁩니다.
•• **a new line of products** 신제품   **release to the market** 시장에 출시하다

Voca Tips

launch / release a new product 신제품을 출시하다
주어는 we나 our company 대신 회사명을 사용할 수도 있다.
Sun Electronics is launching a new product this month. 선전자는 이번 달 신제품을 출시합니다.

with pride 긍지를 갖고, 자랑스럽게
Some years from now, you will look back at these days with pride.
지금부터 몇 년 후, 여러분은 이날들을 자랑스럽게 회상할 것입니다.

with pride and pleasure 긍지와 기쁜 마음으로
We are introducing our new product with great pride and pleasure.
우리는 자랑스럽게 그리고 기쁜 마음으로 신제품을 소개합니다.

It is with great pride and pleasure we present our latest products to you.
우리는 신제품을 귀하에게 소개하는 것을 자랑스럽고 기쁘게 생각합니다.

PRACTICE 2

We can supply~ ...을 공급할 수 있습니다
Our product range includes~ 제품의 범위는 ...이 포함됩니다

공급할 수 있는 제품에 관해 소개하는 표현이다. 가능성을 나타내는 의미로 can 또는 be able to~를 사용한다. 일련의 제품 범위를 구체적으로 나타내고자 할 때는 from~ to~ 구문을 연결시킨다.

Key Patterns

- We can supply~ 우리는 ...을 공급할 수 있습니다
- We are able to source~ 우리는 ...을 구할 수 있습니다 (공급자를 찾아서)
- Our product range includes~ 우리 제품의 범위는 ...이 포함됩니다

Patterns Practices

1 We can supply almost any computer components.
우리는 거의 모든 컴퓨터 부품을 공급할 수 있습니다.

2 We are able to supply products from various manufacturers.
우리는 다양한 제조사들의 제품을 공급할 수 있습니다.
●● **various manufacturers** 다양한 제조사들

3 We can supply all types of foods, from meat and poultry to fruit and vegetables.
우리는 육류나 가금류에서부터 과일과 채소에 이르기까지 모든 유형의 음식물을 공급할 수 있습니다.
●● **poultry** 가금류, 가금류의 고기

4 We are able to source **most items by the next day, if you request a product we don't have in stock.**

우리는 우리가 보유하고 있지 않은 물품을 요청하시는 경우, 다음 날 대부분의 물품을 공급할 수 있습니다.

•• **source** 얻다, 구하다   **have in stock** 보유하다, 재고가 있다

5 Our product range includes **all kinds of foods and drinks.**

우리 제품의 범위는 모든 종류의 음식과 음료입니다.

6 Our product range includes **pretty much everything plumbers and builders may need.**

우리 제품의 범위는 배관공이나 건축업자들이 필요로 하는 거의 모든 제품이 포함됩니다.

•• **plumber** 배관공   **builder** 건축업자   **pretty much** 꽤 많이, 대부분, 거의

7 Our product range includes **everything you may need in your kitchen, from spoons to saucepans.**

우리 제품의 범위는 스푼에서 소스팬에 이르기까지 부엌에서 필요한 모든 것이 포함됩니다.

•• **saucepan** 냄비(pot)

Voca Tips

source n. 근원, 원천 / v.얻다, (특정한 곳에서) 공급자를 찾다

outsource (회사가 작업이나 생산을) 외부에 위탁하다

insource 상품 또는 서비스를 국내나 사내 납품업체와 계약하는 것으로 outsource의 반대말

The board will decide about what to insource and what to outsource at the next meeting.
이사회는 다음 회의에서 사내 작업을 할 것과 외부에 위탁할 것에 관한 결정을 내릴 것이다.

The decision to insource or outsource has not been made yet since both methods have advantages and disadvantages.
사내 작업을 할 것인지 외부에 위탁할 것인지에 관한 결정은 아직 내려지지 않았다, 왜냐하면 둘 다 장점과 단점이 있기 때문이다.

pretty much 꽤 많이, 대부분, 거의 (almost / nearly)

It is pretty much worthless. 그것은 거의 쓸모가 없어요.

School lives are pretty much the same everywhere. 학교 생활이란 어디나 대부분 비슷합니다.

PRACTICE 3

This product is available~

이 제품은 …에서 구입하실 수 있습니다

. . . .

상품의 구입 방법, 구입 장소에 관해 설명할 때 사용하는 표현이다. 일정 기간 동안 상품의 재고가 없거나 구입할 수 없는 경우는 not available~ until~의 표현을 사용한다.

Key Patterns

- This product is available in~ 이 제품은 …에서 구하실 수 있습니다

- Our products are available to buy~ 우리 제품은 …로 구매 가능합니다

- Some items will not be available until~
  일부 제품들은 …까지 구하실 수 없습니다 (…이후에 구입 가능합니다)

- Our products are available for purchase over the Internet
  우리 제품들은 인터넷으로 구매 가능합니다

Patterns Practices

1 Our products are now available in all department stores.
저희 제품은 현재 모든 백화점에서 구입하실 수 있습니다.
• department store 백화점

2 Most of the items on our website are available by mail order.
저희 웹사이트의 거의 모든 제품은 우편 주문이 가능합니다.

3 Our natural skin care products are now available to buy online and offline.
저희 천연 피부 미용 제품은 현재 온라인과 오프라인으로 구매 가능합니다.

•• **buy online** 온라인으로 구입하다

4 Some of our office supplies will not be available until **the end of the month.**

저희 사무용품들 중 일부는 이달 말까지 구입하실 수 없습니다.

•• **office supplies** 사무용품

5 A fuller description of our products and services is available **on our website.**

저희 제품과 서비스에 대한 더 상세한 설명은 저희 웹사이트에서 보실 수 있습니다.

•• **a fuller description** 더 상세한 설명

6 A good proportion of our products are available for purchase **now over the Internet.**

저희 제품의 대부분은 현재 인터넷을 통해 구입하실 수 있습니다.

•• **a good proportion** 상당 부분   **available for purchase** 구입할 수 있는

7 Gift bags, in a wide selection of styles and sizes, are available for shipping **from our online store.**

다양한 스타일과 크기의 선물용 상자들이 저희 온라인 상점으로 부터 배송될 수 있습니다.

•• **in a wide selection of** 다양한 종류의…

Voca Tips

a full~ / a wide~ 상세한, 많은, 다양한
a full description 상세한 설명 또는 묘사
a fuller description 더 자세한 설명
a wide selection 다양한 종류
a wide variety 다양한, 광범위한 종류

be available 구문은 상품, 용역, 정보, 데이터 등, 모든 분야의 표현에 사용할 수 있다.

Data prior to 1995 is not available.
1995년 이전의 자료는 구할 수 없습니다.

Our catering service will not be available until the end of the month.
출장 연회 서비스는 이번 달 말까지 제공되지 않습니다.

1 우리는 귀하께 우리의 공기 청정제 신제품을 소개합니다.

We are introducing _____.

2 우리는 생산되는 거의 모든 타이어를 공급할 수 있습니다.

We are able _____.

3 우리 제품의 범위는 소스에서부터 양념류에 이르기까지 모두 포함됩니다.

Our product range includes _____

_____.

4 저희 가게에서는 다양한 크기와 맛의 초콜릿을 구입하실 수 있습니다.

Chocolates in _____ are _____

_____.

5 일부 제품들은 다음 달까지 우편 주문을 이용할 수 없을지도 모릅니다.

Certain products may not be _____ until

_____.

HINT
air freshener 공기 청정제, 방향제
spice products 양념류
flavor 풍미, 맛, 운치

ANSWERS
1 We are introducing to you our new line of air fresheners.
2 We are able to supply pretty much any tires in production.
3 Our product range includes everything from sauces to spice products.
4 Chocolates in a variety of sizes and flavors are available in our shop.
5 Certain products may not be available via mail order until next month.

Email Example

From	
To	
Subject	

Dear Customers,

I am pleased to introduce you to our latest skin care product, AES lotion. This product has won great reviews from all of our customers and earned a good reputation domestically and abroad. It is one of the best products available on the market at present. You will find it in most department stores and shopping malls. We are now offering it to you free of charge on a trial basis and we are keen to hear your feedback. A member of our customer service team will contact you soon.

Sincerely,
Philip Albert
Director of Sales and Marketing

•• win great reviews from~ …로부터 호평을 받다   earn a good reputation domestically and abroad 국내외에서 좋은 평판을 얻다   on a trial basis 시험삼아, 시험용으로   keen 열망하는, 간절히 원하는

고객 여러분께,

저는 여러분들께 우리 회사의 최신 피부 미용 제품인 AES 로션을 소개하게 되어 기쁩니다. 저희 제품은 모든 고객들로부터 호평을 받았으며 국내외에서 좋은 평판을 얻었습니다. 이 제품은 현재 시중에서 구입할 수 있는 최고의 제품들 중의 하나입니다.
여러분들은 이 제품을 대부분의 백화점이나 쇼핑몰에서 보실 수 있을 것입니다. 이제 우리는 이 제품을 시험용으로 여러분들께 무료로 제공하여 여러분들의 의견을 구하고자 합니다. 저희 고객 서비스 팀에서 곧 여러분께 연락드릴 것입니다.

안녕히 계십시오.
필립 알버트
판매 및 마케팅 부장

3

초대

UNIT 05 | 초대

업무상 또는 개인적인 행사를 계획할 때, 그 행사에 참석할 사람들을 초대하는 것은 필수적인 과정이다. 상대방을 초대할 때 사용할 수 있는 formal 또는 informal 한 표현들에 관해 학습해보자.

Practice ❶

I would like to invite you~
···에 초대하려 합니다

Practice ❷

We are pleased to invite you to~
···에 초대하게 되어서 기쁩니다

Practice ❸

Please confirm your attendance by~
···까지 참석여부를 알려주시기 바랍니다

UNIT 06 | 초대 승낙 및 거절

초대에 대한 승낙 또는 거절할 때 사용하는 표현들을 학습해보자. 초대에 승낙할 때는 '초대해줘서 감사하다' 또는 '참석할 수 있게 되어 기쁘다' 등의 감사 표현을 함께 사용한다. 거절할 때는 정중하게 미안함이나 애석함의 표현을 곁들이는 것이 좋다.

Practice ❶

I accept your invitation to~
···초대에 응하겠습니다

Practice ❷

I will not be able to attend~
···에 참석할 수 없습니다

PRACTICE 1

I would like to invite you~

…에 초대하려 합니다

초대는 동사 invite를 사용한다. 표현의 변화를 주고 싶다면 ask someone to attend로 나타낼 수도 있다. 기본적으로 'would like to~' 구문이 가장 많이 사용된다. 그 외 want to, be going to, 또는 be writing to도 유용한 표현이다. 초대하는 장소나 행사와 연결되는 전치사는 to가 적절하다: to a party (파티에) / to a dinner (만찬에) / to an exhibition (전시회에) 등.

Key Patterns

- I want to invite you~ 귀하를 …에 초대하기를 원합니다
- We would like to invite you~ 귀하를 …에 초대하고 싶습니다
- I would like to ask you to attend~ 귀하께서 …에 참석해주실 것을 요청합니다
- I am writing to invite you to attend~ 귀하께서 …에 참석하시도록 초대하기 위해 메일을 보냅니다

Patterns Practices

1 I want to invite you **to a meeting.**
저는 귀하를 회의에 초대하고 싶습니다.
•• invite~ to~ …를 …에 초대하다

2 We would like to invite you **to a dinner party.**
우리는 귀하를 디너 파티에 초대하고 싶습니다.

3 I would like to ask you to attend **an interview.**
저는 귀하가 인터뷰에 참석할 것을 요청합니다.
•• ask~ to attend …에게 참석을 요청하다

4 I would like to invite you **to a meeting scheduled on Tuesday.**
저는 귀하를 화요일로 예정된 회의에 초대하고 싶습니다.

•• **scheduled on~** …날짜에 예정된

5 I would like to ask you to attend **an interview at 11 a.m. on Monday, March 9th.**
저는 귀하께서 3월 9일 월요일 오전 11시의 인터뷰에 참석할 것을 요청합니다.

6 I am writing to invite you to attend **this year's conference.**
저는 귀하가 금년 컨퍼런스에 참석하도록 초대하기 위해 메일을 씁니다.

7 I am writing to invite you to attend **the international conference, which will take place in Tokyo, Japan on 29 November.**
저는 귀하께서 11월 29일 일본 동경에서 열리는 국제 컨퍼런스에 참가할 것을 초대하기 위해 메일을 씁니다.

•• **take place** 개최되다, 열리다

Voca Tips 》 회의와 관련된 표현들

…에 참석하다 – **attend / be present**	She was not present at the meeting. 그녀는 회의에 참석하지 않았다.
회의를 열다 – **hold a meeting**	We are going to hold a meeting to talk about our ongoing project.
회의를 소집하다 – **call a meeting**	현재 진행중인 프로젝트에 관해 토론하기 위해 회의를 열고자 합니다.

Grammar Tips 》 시간 및 날짜 표현

시간은 at, 요일이나 날짜는 on, 그리고 달 및 년도는 in으로 표현한다.

시간 – **at 10 AM**

요일 및 날짜 – **on Saturday / on January 21st**

달 및 년도 – **in May / in 2015**

PRACTICE 2

We are pleased to invite you to~

…에 초대하게 되어서 기쁩니다

would like to~ 보다 더 격식을 차린 표현이다. 동사 pleased 대신 명사 pleasure를 사용할 수도 있으며 부정사 to 대신, 조건절 if를 사용할 수도 있다. 그러나 용건을 간략히 전하는 이메일의 특성상 지나치게 긴 표현은 피하는 것이 좋다.

* be pleased to~ / be happy to~ / It is my pleasure~ 등의 구문은 초대에 대한 승락 뿐 아니라 정보 제공, 요청에 대한 승락과 같이 호의를 베풀거나 희소식을 전하고자 할 때 함께 사용할 수 있는 표현들이다.

Key Patterns

- **We are pleased to invite~** …에 초대하게 되어서 기쁩니다

- **It will be my pleasure to have~** …하게 된다면 기쁘겠습니다

- **We are pleased to invite you to speak at~** …에 연사로 초대할 수 있어 기쁩니다

- **We are pleased to invite you to participate in~**
  …에 참여하도록 초대할 수 있게 되어 기쁩니다

- **It would give me great pleasure if you would join~**
  …을 함께 할 수 있다면 매우 기쁠 것입니다

Patterns Practices

1 We are pleased to invite you to the conference.
귀하를 컨퍼런스에 초대하게 되어서 기쁩니다.
• • **be pleased to~** …하게 되어 기쁘다

2 It will be my pleasure to have **dinner with you.**

귀하와 함께 만찬을 하게 된다면 기쁘겠습니다.

•• have a dinner with~ …와 함께 식사를 하다

3 We are pleased to invite you to speak at **the upcoming symposium.**

다가오는 심포지움의 연사로 초대할 수 있어 기쁩니다.

•• speak at~ 에서 연설하다 → give a talk at
upcoming 곧 있을, 다가오는   symposium 심포지움, 학술 도론회

4 We are pleased to invite you to participate in **the forum.**

귀하가 포럼에 참여하도록 초대할 수 있게 되어 기쁩니다.

•• forum 포럼, 토론회 (an organized event or meeting for open discussion)

5 It would give me great pleasure if you would join **us for dinner.**

귀하께서 우리와 만찬을 할 수 있게 된다면 대단히 기쁠 것입니다.

6 We are pleased to invite you to **the 15th Annual Convention in Boston.**

보스톤에서 열리는 15차 연례 회의에 귀하를 초대하게 되어서 기쁩니다.

•• annual convention 연례 회의

7 We are very pleased to invite you to take part in **the international investment forum.**

귀하께서 국제 투자 포럼에 참여하도록 초대할 수 있게 되어 매우 기쁩니다.

•• investment forum 투자 포럼

Voca Tips

It gives me great pleasure~ "…하게 되어 기쁩니다"의 표현으로 소개를 할 수 있다.

It gives me great pleasure to introduce to you our new marketing manager, Mr. Hwang.
신임 마케팅 매니저 미스터 황을 여러분들에게 소개하게 되어 대단히 기쁩니다.

It is my pleasure~ 구문을 이용한 표현 예문

It is my pleasure to work with you.
함께 일하게 되어 기쁩니다.

It is my pleasure to submit my resume for consideration.
고려하실 수 있게 이력서를 제출하게 되어 기쁩니다.

Please confirm your attendance by~

…까지 참석여부를 알려주시기 바랍니다

상대방을 초대한 후 수락 여부를 기다리는 표현이다; confirm 외에도 let~ 또는 I would like to~ 등의 표현을 사용할 수 있다:
I would like to receive your reply by (no later than)~ …까지 답장을 받고 싶습니다
Please let us know if~ …인지 알려주시기 바랍니다

Key Patterns

● **Please confirm your attendance by~** …까지 참석 여부를 알려주시기 바랍니다

● **Please let us know if you will be attending~** …참석하실 것인지 알려주시기 바랍니다

● **I would like to receive your reply no later than~** …전까지 답을 해주시기 바랍니다

● **I would be grateful to receive your reply before~**
…전까지 답을 해주시면 감사하겠습니다

● **Should you accept our invitation, please let us know~**
저희의 초대를 수락하신다면, …을 알려주시기 바랍니다

Patterns Practices

1 Please confirm your attendance by **replying to this email.**
이메일로 참석여부를 알려주시기 바랍니다.
•• attend v. 참석하다 → attendance n. 참석
confirm one's attendance 참석할 것을 확약하다

2 Please confirm your attendance by **Monday, October 24th.**

10월 24일 월요일까지 참석 여부를 알려주시기 바랍니다.
  • • by~ ···까지 (시간, 날짜)

3 I would like to receive your reply no later than Tuesday, April 5th.
4월 5일 화요일 전까지 답장을 받고 싶습니다.
  • • receive one's reply~ ···의 답장을 받다   no later than~ ···전까지, ···보다 늦지 않게

4 Please let us know if you will be attending the Boston convention.
보스톤 컨벤션에 참석하실지 여부를 알려주시기 바랍니다.
  • • let us know if~ ···여부를 알려주세요

5 If you would like to attend, please confirm your attendance by Wednesday.
참석하고 싶으시다면 수요일까지 참석을 확약해주시기 바랍니다.

6 I would be grateful to receive your reply before the end of the month.
이달 말 전까지 답장해주시면 감사하겠습니다.

7 Should you accept our invitation, please let us know at your earliest convenience.
초대를 수락하신다면 가급적 빨리 저희에게 알려주시기 바랍니다.
  • • accept one's invitation 초대를 수락하다   at your earliest convenience 가급적 빨리

Voca Tips

no later than~ 늦어도 ···까지는
I have to get back to my office no later than three.
늦어도 세 시 전까지는 저의 사무실로 돌아 가야 합니다.

Applications are due no later than 5:00 pm on July 15th. 지원서는 7월 15일 전까지 제출되어야 합니다.

before the end of the month 이달 말이 되기 전에
cf. by the end of the month 이달 말까지
* 전치사 및 부사를 이용한 시간 또는 기간을 나타내는 표현 참조
(Unit 25, Practice 1)

at your earliest convenience - as soon as possible 가능한 빨리
Please come to my office at your earliest convenience. 가능한 빨리 저의 사무실로 방문해주십시오.
I should be grateful if you could contact me at your earliest convenience.
가능한 빨리 제게 연락해주시면 감사하겠습니다.

cf. at your convenience - at a time suitable to you 편리한 시간에

* convenience를 이용한 다양한 표현 참조 (Unit 22, Practice 3)

Mini Test >> Translate into English.

1 다가오는 우리 행사에 귀하를 연사로 초대하게 되어 매우 기쁩니다.

We are very pleased to _____.

2 저는 귀하께 주주총회 참석을 초청하기 위해 메일을 씁니다.

I am writing to _____.

3 저는 귀하께서 화요일 오전 10시에 예정된 직원회의에 참석하실 것을 요청하기 위해 메일을 씁니다.

I am writing to _____
_____ scheduled _____.

4 저녁 식사하러 와주시면 기쁘겠습니다.

It would be _____ if you would _____.

5 저의 개업식에 와주시면 정말 기쁘겠습니다.

It would make me _____ if you could _____
_____.

HINT

give a talk 강연하다
stockholders' meeting 주주 총회
come over (누구의 집에) 들르다
opening ceremony 개업식, 개회식

ANSWERS

1 We are very pleased to invite you to give a talk at our upcoming event.
2 I am writing to invite you to attend the stockholders' meeting.
3 I am writing to ask you to attend the staff meeting scheduled at 10 AM on Tuesday.
4 It would be my pleasure if you would come over for dinner.
5 It would make me really happy if you could come to my opening ceremony.

'연사로 초대하다'는 직역을 해서 'invite someone 또는 have someone as a guest speaker'로도 표현할 수 있다.
It would be my pleasure to have you as a guest speaker at our event.
우리 행사에 초청 연사가 되어주시면 기쁘겠습니다.

Email Example

From	
To	
Subject	

Dear Mr. Robinson,

We are pleased to invite you to the seminar on safety at work, which will be held at the Prince Conference Center from March 12th to March 14th. We hope you are able to take part in this event. The detailed information is in the attachment. Please confirm your attendance at your earliest convenience.
I look forward to hearing from you.

Yours sincerely,

Gordon Brown
Co-chair of organizing committee

로빈슨 씨 귀하,

우리는 귀하를 노동 안전에 관한 세미나에 귀하를 초대하게 되어 기쁩니다. 이 행사는 프린스 컨퍼런스 센터에서 3월 12일 부터 3 월 14일까지 개최될 것입니다. 우리는 귀하께서 이 행사에 참석하실 수 있기를 바랍니다. 자세한 사항은 첨부 파일에 있습니다. 가능한 빨리 참석 여부를 알려주시기 바랍니다. 연락을 기다리겠습니다.

안녕히 계십시오,

고든 브라운
조직 위원회 공동 회장

PRACTICE 1

I accept your invitation to~

…초대에 응하겠습니다

상대방의 초대를 수락하는 표현이다. 감사와 정중함을 나타내기 위해 with pleasure 또는 kind 등의 어구를 넣어 표현할 수 있다. Thank you for inviting me~ 또는 I appreciate your invitation의 구문으로 먼저 감사 표현을 한 후 초대 수락을 하는 것이 추천하는 응답의 예이다.

Key Patterns

- **I accept with pleasure your invitation to~** 귀하의 …초대를 기꺼이 받아들입니다

- **It will be my pleasure to come to~** …에 참석할 수 있어 기쁩니다

- **I am very pleased to accept your invitation to~**
  귀하의 …초대에 응할 수 있어 매우 기쁩니다

- **I appreciate your invitation to~ and~** 귀하의 …초대에 감사드리며 …하겠습니다

Patterns Practices

1 I accept with pleasure your invitation to the dinner party.
귀하의 디너 파티 초대에 기꺼이 응하겠습니다.
- **accept with pleasure** 기꺼이 승락하다

2 It will be my pleasure to come to the business luncheon.
비즈니스 오찬에 기꺼이 참석하겠습니다.
- **luncheon** 오찬

3 I am very pleased to accept your invitation to the annual conference.

귀하의 연례 회의 초대에 응할 수 있어 매우 기쁩니다.

4 Thank you for inviting me to the business meeting and I accept your invitation with pleasure.

업무 회의에 초대해주셔서 감사합니다 그리고 기꺼이 귀하의 초대에 응하겠습니다.

5 I gratefully accept your kind invitation to the dinner party on Wednesday, June 1st.

6월 1일 수요일에 열리는 귀하의 디너 파티 초대에 기꺼이 응하겠습니다.

6 I am very pleased to accept your invitation to the annual conference on international trade.

귀하의 국제 무역에 관한 연례 회의 초대에 응할 수 있어 매우 기쁩니다.

•• conference on~ …에 관한 컨퍼런스

7 I appreciate your invitation to the business meeting and it will be a big honor for me to join you.

업무 회의에 초대해주셔서 감사합니다 그리고 귀하와 함께 하게 된 것을 영광으로 생각합니다.

•• appreciate 감사하다   it is a big honor for me 제게 큰 영광입니다

Voca Tips

luncheon 오찬 – an afternoon party at which a light meal is served

business luncheon 사업상의 오찬

charity luncheon 자선 행사 오찬

farewell luncheon 고별 오찬

hold a luncheon 오찬회를 열다

thank you for~ / It is kind of you~ 초대에 대한 감사 표현

Thank you for your invitation. 초대에 감사합니다.

Thank you for inviting me to the special event. 이 특별한 행사에 저를 초대해주셔서 감사합니다.

It is very kind of you to invite me to the special event. 이 특별한 행사에 저를 초대해주셔서 감사합니다.

PRACTICE 2

I will not be able to attend~

···에 참석할 수 없습니다

거절은 먼저 초대에 대한 감사 표현으로 시작한다. 또한 because나 due to 구문을 사용하여 참석하지 못하는 이유를 설명하는 것이 좋다. 참석할 수 없어 미안함 또는 서운함을 나타내는 표현들은 다음과 같다. I am sorry / I am afraid / I regret to inform you / unfortunately / regretfully.

Key Patterns

- **I will not be able to attend~** ···에 참석할 수 없을 것 같습니다

- **I regret to inform you that I will not be able to attend~**
  애석하지만 ···참석할 수 없음을 알립니다

- **I appreciate your kind invitation~ but~** ···초대에 감사드립니다 그러나···

Patterns Practices

1 Regretfully, I will not be able to attend the event.
애석하게도, 저는 그 행사에 참석할 수 없습니다.

2 I will not be able to attend the party due to a prior engagement.
사전 약속이 있어 그 파티에 참석할 수 없습니다.
•• due to~ ···로 인해 a prior engagement 사전 약속, 선약

3 Unfortunately I have other engagements on the same day and will not be able to make it.
유감스럽게도 같은 날 다른 약속이 있어 참석할 수 없습니다.

•• **make it**은 (모임에) 참석하다, (어떤 분야에서) 성공하다, 살아 남다, 버티어 내다 등의 의미로도 사용된다.

4 I regret to inform you that I will not be able to attend due to **a prior commitment that day.**

당일 사전 약속 때문에 참석할 수 없음을 알려드리게 되어 유감입니다.

•• **prior commitment** 선약

5 I very much regret to say that I will not be able to attend **the event.**

행사에 참석할 수 없음을 알리게 되어 유감입니다.

•• **regret to say that~** …을 알리게 되어 유감이다

6 Thank you for **your kind invitation,** but I'm afraid I will not be able to attend due to **a previous appointment that day.**

친절하신 초대에 감사드립니다. 그러나 같은 날 사전 약속이 있어 참석할 수가 없습니다.

7 I appreciate **your kind invitation to the luncheon,** but I'm afraid I will not be able to attend due to **a previous engagement on the same day.**

오찬 초대에 감사드립니다. 그러나 죄송하게도 같은 날 사전 약속이 있어 참석할 수 없습니다.

•• **I'm afraid~** 애석하지만, 유감스럽지만…

Voca Tips 〉〉 초대를 거절할 때 서두에 사용할 수 있는 다른 표현들

I would like to~ 와 같은 의미로 I would love to~ 를 사용할 수 있다.

I would love to attend the meeting, but~
저도 참석하고 싶습니다, 하지만…

I would love to attend the meeting, but unfortunately I have other engagements on the same day.
회의에 참석하고 싶지만, 유감스럽게도 같은 날 다른 약속이 있습니다.

I'm afraid~에 서운한 감정이 들어있다. I'm afraid I will not be able to~를 공식처럼 암기해 두면 이와 유사한 상황에서 유용하게 사용할 수 있다. 같은 의미로 I am sorry but~ 을 사용할 수 있다.

I am afraid I won't be able to make it to the meeting tomorrow.
애석하지만 내일 회의에는 참석할 수 없겠습니다.

I am sorry, but I won't be able to make it that day.
죄송하지만 그날은 안되겠습니다.

Mini Test >> Translate into English.

1 귀하의 친절한 초대에 기쁘게 응합니다.

It is a great pleasure to _____.

2 초대에 감사합니다. 저는 그 특별한 행사에 기꺼이 참석하겠습니다.

Thank you for _____. It will be _____

_____.

3 개업식에 초대해주셔서 감사합니다. 기꺼이 그 특별한 행사에 참것할 것입니다.

Thank you for _____. It will be _____

_____.

4 같은 날 사전 약속이 있어 그 행사에 참석할 수 없습니다.

I have _____ and will not _____

_____.

5 애석하게도 다른 약속이 있기 때문에 귀하의 친절한 초대에 응할 수 없습니다.

I regret to _____ that _____

_____.

HINT
come to the special event / attend the special event 특별한 행사에 참석하다
on the same day 같은 날
I regret to inform you that~ …을 알리게 되어 애석합니다

ANSWERS
1 It is a great pleasure to accept your kind invitation.
2 Thank you for your invitation. It will be my pleasure to come to the special event
3 Thank you for inviting me to the opening ceremony. It will be my pleasure to attend the special event.
4 I have a prior engagement on the same day and will not be able to attend the event.
5 I regret to inform you that, due to other commitments, I am unable to accept your kind invitation.

Email Example

From	
To	
Subject	

Dear Mr. Denzel,

Thank you for inviting me to the 23rd Global CEO Conference on 15th October. I am more than happy to attend and be part of this special occasion. Therefore, I would like to confirm my acceptance and I will be there at the specified date and time.
I look forward to seeing you soon.

Yours sincerely,
Helen Sondra

덴젤 씨 귀하.

10월 15일에 예정된 제 23회 국제 CEO 컨퍼런스에 초대해주셔서 감사합니다.
저는 기꺼이 참석하여 이 특별한 행사의 일부가 되고자 합니다. 따라서 제가 참석할 것을 확약드리며 정해진 날짜와 시간에 그곳에 도착할 것입니다.
곧 뵙게 되기를 바랍니다.

안녕히 계십시오,
헬렌 손드라

4

출장 및 방문일정

UNIT 07 | 출장 및 방문

방문 일정에 관해 알리거나 방문을 약속할 때 사용할 수 있는 표현들이다. 방문 날짜나 시간을 메일 수신자와 논의하거나 방문 목적을 상대방에게 알려주고자 하는 표현들도 포함된다.

Practice ❶
We are scheduled to visit~
…에 방문할 예정입니다 (방문 통지)

Practice ❷
~arrange a meeting during my visit to~ ? 저의 방문 기간 동안 만남을 주선해주시겠습니까? (방문 약속)

Practice ❸
Please let me know when it is convenient for~
…편리한 시간을 알려주시기 바랍니다 (방문 일시)

Practice ❹
The purpose of my visit is to~
저의 방문 목적은 …입니다 (방문 목적)

UNIT 08 | 방문 일정 문의 및 마중

방문하는 사람의 도착 시간이나 여행 일정에 관해 질문하는 표현이다. 공항 또는 역까지 마중을 나가거나 pick up 서비스 또는 교통편을 제공하고자 할 때 사용할 수 있는 표현도 여기서 다룬다.

Practice ❶
I will come to meet you at~
…로 마중가겠습니다

Practice ❷
When are you arriving~?
언제 …에 도착하십니까?

We are scheduled to visit~

…에 방문할 예정입니다

출장 또는 방문 계획을 이메일의 수신자에게 알려주는 표현이다. 주로 사용되는 동사는 plan / shedule / come / visit 등이다. 방문 장소, 일시 그리고 목적 등의 표현들이 함께 사용된다.

Key Patterns

- I will be coming to~ …에 갈 것입니다

- I am scheduled to visit~ …에 방문할 계획입니다

- We are planning a trip to~ …로 여행할 계획입니다

- I am planning to make a trip to~ in (on)~
  …(시간 및 날짜)에 …(장소) 로 여행할 계획입니다

Patterns Practices

1 I will be coming to Washington on business next week.
저는 다음 주 업무차 워싱턴에 갈 것입니다.

2 I am scheduled to go on a business trip to the Philippines next month.
저는 다음 달 필리핀으로 출장을 갈 계획입니다.
** be scheduled to~ …할 계획이다 go on a business trip 출장가다, 업무상의 일로 여행하다
*cf. be away on business 업무로 자리를 비우다, 출장가다 (Unit 34, Practice 4 참조)

3 I am scheduled to visit Tokyo on business at the end of this month.
저는 이달 말에 업무차 동경을 방문할 계획입니다.

4 We are scheduled to visit Tel Aviv on Tuesday to examine investment opportunities.

우리는 투자 기회를 조사하기 위해 화요일에 텔 아비브를 방문할 계획입니다.

5 We are planning a business trip to Beijing in early November to meet our business partners.

우리는 사업상의 파트너들을 만나기 위해 11월 초 베이징으로 출장을 갈 계획입니다.

•• to Beijing 베이징으로 (전치사 to) to meet~ …를 만나기 위해 (부정사 to)

6 We are planning to make a business trip to Tokyo in July to discuss a joint venture with a Japanese company.

우리는 일본의 한 회사와 합작 투자를 논의하기 위해 7월에 동경으로 출장을 갈 계획에 있습니다.

•• joint venture 합작 투자

7 We are planning for a business trip to Dubai next month to investigate the possibility of increasing trade and investment.

우리는 무역 및 투자 확대 가능성을 조사하기 위해 다음 달 두바이로 출장을 계획하고 있습니다

•• investigate the possibility of~ …의 가능성을 조사하다

Voca Tips 》 방문를 나타내는 표현들

pay a visit / make a visit 방문하다	**sojourn** 머무르다, 체제하다 (stay temporarily)
be on a visit to~ …에 방문중이다	**sojourning employee** 주재원
call on 방문하다 (visit)	**foreign correspondent** 해외 특파원
make a business call 업무차 방문하다	

~arrange a meeting during my visit to~ (?)

저의 방문 기간 동안 회의를 준비해주시겠습니까?

방문 약속 잡기: 특정 장소를 방문할 계획이 있는 메일의 발신자가 자신의 일정에 맞추어 회의나 상담 시간이나 날짜를 정해달라고 부탁하는 표현이다. 출장 또는 방문 계획 통지와 함께 연결해서 사용할 수 있다. to 부정사를 사용하여 방문한 목적에 관해 간략하게 표현할 수 있다. 방문 목적과 체류 기간에 관한 표현과 함께 사용할 수 있다.

Key Patterns

- **Would it be possible to see you during my visit to~?**
  제가 …에 방문하는 동안 귀하를 만나는 것이 가능할까요?

- **~arrange a meeting with me during my stay in~**
  제가 …에 머무르는 동안 만남을 주선해주시기 (바랍니다)

- **~schedule an appointment with me when I visit~**
  제가 …를 방문하는 동안 약속을 계획하여 주시기 (바랍니다)

- **~make an appointment with me during my visit to~**
  제가 …에 방문하는 동안 약속을 정해주시기 (바랍니다)

Patterns Practices

1 Would it be possible to see you during my visit to Washington on April 3rd?

제가 4월 3일 워싱턴을 방문하는 동안 귀하를 만나는 것이 가능할까요?

- • **Would it be possible to~?** …하는 것이 가능할까요? 만남 외에도 다양한 상황에 대해 상대방에게 정중히 의향을 묻는 질문으로 유용한 표현이다 **during one's visit to~** …에 방문하는 동안

2 I would be grateful if you could arrange a meeting with me during my stay in Chicago.

제가 시카고에 머무는 동안 저와의 회의를 준비해주시면 감사하겠습니다.

•• arrange a meeting with~ …와의 만남을 (회의를) 준비하다

3 Would you arrange to meet with me either on June 15th or 16th, whichever is convenient for you?

6월 15일이나 16일 중 귀하에게 편리한 날로 저와의 약속을 정해주시겠습니까?

•• ~whichever is convenient for you 어느 쪽이든 귀하에게 편리한

4 Would you like to schedule an appointment with me when I am visiting Sidney in early May?

제가 5월 초 시드니를 방문할 때 저와의 약속을 정해주시겠습니까?

5 Would you like to arrange a meeting with me when I am visiting Tokyo next Wednesday to discuss our new joint business?

우리의 새로운 합작 사업에 관해 논의하기 위해 다음 주 수요일 도쿄를 방문할 때 저와의 회의를 준비해주시겠습니까?

6 It would be very much appreciated if you could make an appointment with me during my visit to Seoul next week.

다음 주 제가 서울을 방문할 때 저와의 약속을 정해주시면 대단히 감사하겠습니다.

7 I will be arriving in Manila on May 12th and staying there for five days. I would appreciate it if you could arrange to meet with me either on May 13th or 14th, whichever is convenient for you.

저는 5월 12일 마닐라에 도착하여 그곳에서 5일 동안 지낼 것입니다. 5월 13일 또는 14일 중 귀하에게 편리한 날에 저와의 회의를 준비해주시면 감사하겠습니다.

•• I would be appreciate it if~ → It would be very much appreciated if~ …해주시면 감사하겠습니다

Grammar Tips 》》 복합 관계사

관계사 + ever의 형태로 선행사를 포함한 관계사로 양보의 의미를 갖는다:~ 하더라도.

whichever 어느 쪽이든지
Whichever decision you make, I will be on your side. 네가 어느 결정을 내리더라도 나는 네편이다.

whatever 무엇이든지
Whatever happens, I will not be surprised. 무슨 일이 일어나더라도 나는 놀라지 않을 것이다.

PRACTICE 3

Please let me know when it is convenient for~

…에 편리한 시간을 알려주시기 바랍니다

상대방에게 적합한 방문 또는 약속 시간을 문의하는 표현이다. be convenient 외에도 be suitable, work best, work for you 등과 같은 다양한 응용 문형들을 익혀두면 표현력을 넓힐 수 있다. 방문이나 약속 시간 외에도 회의나 행사 등 다른 일정에 대한 시간과 날짜를 정하고자할 때도 응용해서 사용할 수 있는 표현들이다.

Key Patterns

- Please let me know when it is convenient for~
  …에 편리한 때가 언제인지 알려주시기 바랍니다

- Please let me know your most convenient time for~
  …에 귀하의 가장 편리한 시간을 알려주시기 바랍니다

- Please tell me what time would be suitable for~
  …에 가장 적합한 시간이 언제인지 말씀해주시기 바랍니다

- Could you tell me what day and time works best for~?
  …에 가장 적합한 날짜와 시간을 말씀해주시겠습니까?

Patterns Practices

1 Please let me know when it is convenient for you.
귀하에게 편리한 때가 언제인지 알려주시기 바랍니다.

2 Please let me know your most convenient time for the meeting.
귀하께서 회의를 하시기에 가장 편리한 시간을 알려주시기 바랍니다.

3 Please let me know what time would be suitable for you to meet with me.

귀하께서 저를 만나기에 적합한 시간을 알려주시기 바랍니다.
- **be suitable for~** …하기에 적합한

4 Please tell me what day and time works best for you to schedule a meeting.

회의 일정을 잡기에 귀하에게 가장 좋은 날짜와 시간을 말씀해주시기 바랍니다.
- **works best for~** …에게 가장 좋은

5 Could you please tell me when would be a convenient time for me to contact you?

제가 귀하에게 연락할 수 있는 편리한 시간이 언제인지 말씀해주시겠습니까?

6 I would like to visit your headquarters next week. Please let me know when will be most convenient for you to meet with me.

저는 다음 주 귀하의 본사를 방문하고 싶습니다. 제가 귀하를 만날 수 있는 가장 편리한 시간이 언제인지 알려주시기 바랍니다.
- **headquarters** 본사, 본부

7 I will be arriving at the JFK airport at 1 P.M. on March 21th. Please let me know if there's a time after 3 P.M. that works for you.

저는 3월 21일 오후 1시에 JFK 공항에 도착할 것입니다. 오후 3시 이후에 귀하에게 가능한 시간이 있는지 알려주시기 바랍니다.
- **if there's a time after~** …이후에 시간이 있는지

Voca Tips 》》 편리함 또는 적절함을 나타내는 형용사들

convenient 편리한 – suitable for purposes
When is a convenient time for you to meet with me? 언제 저를 만나는 것이 편리한가요?

The house is conveniently located near a supermarket. 그집은 슈퍼마켓 근처에 위치해 편리하다.
*convenience를 이용한 표현 참조 (Unit 22, Practice 3)

suitable 적합한 – right for a particular purpose
The program is not suitable for children under 5.
그 프로그램은 5세 이하의 아이들에게는 적합하지 않습니다.

expedient 편리한, 편의주의적인 – appropriate for a purpose; practical
It is expedient to use a computer when you write a report. 서를 작성할 때는 컴퓨터를 사용하는 것이 편리합니다.

opportune (시간상으로) 적절한 – at a convenient or suitable time
I don't think it is an opportune moment to talk about the pay raise. 월급 인상을 논의할 적절한 시기는 아니라고 생각합니다.

The purpose of my visit is to~

저의 방문 목적은 …입니다

방문목적을 밝히는 표현이다. 기본 문형은 The purpose of one's visit is to~ 으로 부정사 to와 동사 원형을 이용하여 여러 가지 상황을 묘사할 수 있다.

Key Patterns

● **The purpose of my visit is to~** 저의 방문 목적은 …입니다

● **The purpose of my visit to~ is to~**
제가 …를 방문한 목적은 …입니다 (전치사 to 장소 / 부정사 to 동사)

● **The main purpose of our visit to the city is to~** 제가 이 도시를 방문한 주 목적은 …입니다

● **The main purpose of the event here is to~** 이 행사의 주 목적은 …입니다

Patterns Practices

1 The purpose of my visit is to **attend the shareholders' meeting.**
저의 방문의 목적은 주주 총회에 참석하기 위해서입니다.
●● the shareholders' meeting 주주 총회 = stockholders' meeting (Unit 5 Exercise)

2 The purpose of our visit is to **discuss possible treaty amendments.**
우리 방문의 목적은 조약 개정의 가능성을 논의하기 위한 것입니다.
●● treaty 조약, 협약   amendment 개정, 수정 *amend 개정하다

3 The purpose of my visit was to **attend the wedding of a close friend.**
저의 방문의 목적은 가까운 친구의 결혼식에 참석하기 위해서였습니다.

4 The purpose of my visit to Washington is to **attend a business conference.**

제가 워싱턴을 방문한 목적은 비즈니스 컨퍼런스에 참석하기 위해서입니다.

5 The main purpose of our visit to the city is to **set up a charity foundation to help third world children.**

우리가 이 도시를 방문한 주 목적은 제 3 세계 어린이들을 돕기 위한 자선 재단을 설립하기 위한 것입니다.

•• **set up a charity foundation** 자선 재단을 설립하다

6 The primary purpose of our visit to the factory is to **review health and safety procedures in the workplace.**

우리가 공장을 방문한 주 목적은 업무 현장의 건강과 안전 절차를 검토하기 위해서입니다.

•• **in the workplace** 업무 현장에서

7 The main purpose of the event here is to **provide customers with information about the products and services we offer.**

이 곳 행사의 주 목적은 우리가 제공하는 상품과 서비스에 관한 정보를 고객들에게 알리기 위한 것입니다.

Voca Tips

foundation 토대, 기초	foundation 재단, 설립, 창립
foundation work 기초 공사	non-profit foundation 공익 재단
foundation structure 기초 구조	charitable foundation 자선 단체
without foundation 근거 없는	educational foundation 교육 재단
	cultural foundation 문화 재단
	welfare foundation 복지 재단
	foundation corporation 재단 법인
	on the foundation 기금 (장학금)을 받아

Mini Test >> Translate into English.

1 우리가 만나기에 적합한 시간이 언제인지 알려주시기 바랍니다.

Please let me know when _____

_____.

2 어느 날이 귀하께서 저를 만나기에 가장 편리한지 제게 말씀해주시겠습니까?

Could you tell me which day _____

_____?

3 6월 15일이나 16일 중 귀하에게 편리한 날로 저와의 약속을 정해주시겠습니까?

Would you arrange a meeting with me _____

_____?

4 우리가 방콕을 방문한 목적은 귀회사와 양자 투자 가능성을 논의하기 위해서입니다.

The purpose of our visit to Bangkok is to _____

_____ with _____.

5 저는 11월 초에 텔 아비브를 방문할 계획입니다. 가능하다면, 저는 귀사의 본사를 방문하고 싶습니다.

I am scheduled to _____. If it

is possible, I would _____.

Email Example

From	
To	
Subject	

Dear Mr. Robinson

I am scheduled to visit L.A. at the end of this month. If it is possible, I would like to visit your office to discuss our investment program in detail. It would be very much appreciated if you would arrange to meet with me either on the 26th or 27th, whichever is convenient for you.
I'm looking forward to meeting you soon.

Yours sincerely,
Steve Martin

로빈슨 씨 귀하

저는 이달 말 LA를 방문할 계획입니다. 가능하다면 저는 귀하의 사무실을 방문하여 우리 투자 프로그램에 관해 상세히 논의하고 싶습니다. 3월 26일이나 27일 중 귀하께서 편리한 날에 저와 만나는 약속을 정해주시면 대단히 감사하겠습니다.
곧 만나게 되기를 기대합니다.

안녕히 계십시오,
스티브 마틴

08

: 방문일정문의 :
및 마중

I will come to meet you at~

…로 마중가겠습니다

··

방문객을 맞이하는 상황에 사용할 수 있는 표현이다. 공항 마중 또는 pick up 서비스나 교통편을 제공하고자 할 때 필요한 표현들이다.

🔲 Key Patterns

● Let me give you a ride to~   …까지 태워 드리겠습니다

● I will come to meet you at~   …으로 귀하를 마중나가겠습니다

● Let me arrange for a car to pick you up~   …차로 귀하를 모시러 가겠습니다

● I will arrange to have someone meet you at~
  사람을 시켜 …로 귀하를 마중나가게 하겠습니다

🔲 Patterns Practices

1 Let me give you a ride to **your hotel.**
호텔까지 태워 드리겠습니다.
●● give someone a ride to~ …를 …까지 태워주다

2 I will come to meet you at **the railway station.**
기차역으로 귀하를 마중나가겠습니다.
●● come to meet someone at~ …를 …에서 만나다, 마중 나가다

3 I will arrange for a car to pick you up **at the airport.**
차를 준비해서 공항까지 귀하를 마중나가겠습니다.

•• **pick someone up at~** …에 차로 마중나가다

4 If you let me know when you are arriving, I will come to meet you at the airport.
도착 시간을 알려주시면 공항으로 마중나가겠습니다.

5 I will arrange to have someone meet you at the airport and take you to the hotel.
사람을 시켜 귀하를 공항으로 마중나가게 하고 또 호텔까지 모시도록 하겠습니다.
•• **have someone meet you at~** …가 …에서 귀하를 맞이하게 하다 *여기서 **have**는 사역동사로 …하도록 시키다는 의미.

6 I will pick you up at the airport. Please let me know as early as possible what your plans are.
귀하를 공항으로 마중 나가겠습니다. 귀하의 계획을 가능한 빨리 제게 알려주십시오.

7 One of my staff will meet you at the airport. Please let me know when your plane is arriving.
저희 직원 중 한사람이 공항에서 귀하를 맞이할 것입니다. 귀하의 비행기가 공항에 언제 도착하는지 알려 주십시오.

Voca Tips

meet at / pick up at 마중 나가다
come to meet someone at~ …를 공항으로 마중나가다
arrange for one of my staff to meet someone at~
직원 중 한사람이 …로 …를 마중 나가다
pick someone up at~ …까지 마중나가다
will be at~ …에 있을 것이다 (방문하는 사람을 어떤 장소에서 기다리고 있겠다는 의미)
meet someone halfway~ …를 중간에서 만나다
I will be at the airport when you arrive.
귀하가 도착할 때 공항에 있겠습니다 (공항에서 기다리겠습니다)
I will pick you up at the airport at five p.m.
5 시에 공항으로 마중나가겠습니다.

see off / see out 배웅하다
see someone off at~ …에서 배웅하다
see someone to~ …까지 배웅하다
see someone out~ …배웅하다
I will see you out. 제가 배웅하겠습니다.
I have been at the airport to see my friend off.
친구를 배웅하러 공항에 다녀왔습니다.

When are you arriving~?

…에 언제 도착하십니까?

상대방에게 여행 일정을 묻는 표현이다. 도착 시간 외에도 머무는 장소 또는 머무는 기간 등에 관해 질문할 수 있다:

Where do you plan to stay~? …어디에서 머물 계획이십니까?

How long are you staying~? …얼마나 지낼 예정이십니까?

Could you tell me~,Please let me know~, 또는 I'd like to know~ 등을 사용하여 간접 의문문의 형태로 나타내면 더 정중한 표현이 된다.

Key Patterns

- **Please tell me when you are arriving~** 언제 도착하는지 알려 주시기 바랍니다

- **Can you tell me where you are going to stay~?**
  …어디에서 지낼 것인지 말씀해 주시겠습니까?

- **I would like to know how long you are planning to stay~**
  …에는 얼마 동안 지낼 계획이신지 알고 싶습니다

Patterns Practices

1 Please tell me when you are arriving at **the airport.**

언제 공항에 도착하는지 알려주시기 바랍니다.

2 Can you please tell me **your flight number and arrival time at the airport?**

귀하의 항공편 번호와 공항 도착 시간을 알려주시겠습니까?

3 Please let us know **your flight schedule, including flight number and arrival time.**

항공편 번호와 도착 시간을 포함한 귀하의 여행 일정을 알려주시기 바랍니다.

4 Could you tell me where you are going to stay **when you come to Seoul?**

서울에 오시면 어디에서 지낼 것인지 말씀해주시겠습니까?

5 Where are you thinking of staying at **when you visit here?**

이곳을 방문하시면 어디에서 지내실 생각입니까?

6 I would like to know how long you will be staying **in Tokyo.**

도쿄에는 얼마나 오래 지내실 것인지 알고 싶습니다.

7 Please let me know when you are arriving and how long you are going to stay **in London.**

런던에 언제 도착하시는지 그리고 얼마나 오래 지내실 것인지 알려주시기 바랍니다.

Grammar Tips

be going to~

미래를 나타내는 표현으로 will 보다 더 가까운 그리고 변경될 가능성이 거의 없는 미래 행위나 사건에 대한 표현이다.

I will travel to Africa someday. 나는 언젠가는 아프리카로 여행할 것이다.

I am going to travel to Africa this summer. 나는 이번 여름에 아프리카로 여행할 것이다.

* 여행에 관한 구체적인 계획이 끝났으며 출발 날짜를 기다리고 있는 상황이다.

지금 하고자 하는 일이나 행위 또는 곧 일어날 것 같은 상황을 be going to로 표현할 수 있다.

I am going to go out and grab a bite to eat. Do you want to come along?
나가서 뭐 좀 먹으려는데 함께 가지 않겠어?

Hurry! We are going to miss our plane. 서둘러! 비행기 놓치겠어.

be about to~

지금 또는 곧 일어나는 상황에 대해서는 be about to~ 가 be going to~ 를 대신 사용될 수 있다.

The plane is about to take off. 비행기가 이제 막 이륙하려 한다.

The plane is going to take off.

The plane is taking off.

*be~ ing 진행형도 가까운 미래 표현으로 사용된다. (Unit 19, Practice 1참조)

Mini Test >> Translate into English.

1 언제 공항에 도착하시는지 말씀해주시겠습니까?

Could you please tell me _____

_____?

2 뉴욕에 오시면 어디서 지내실 것인지 말씀해주시겠습니까?

Could you tell me where _____ when

_____?

3 귀하의 항공기 번호와 공항 도착 시간을 말씀해주시면 감사하겠습니다.

I would appreciate it if _____

_____.

4 파리에는 언제 도착하시는지 또 얼마나 오래 머무르실 것인지 알고 싶습니다.

I would like to know when _____ and how long

_____.

5 귀하의 도착시간을 알려주시면 사람을 시켜 공항으로 마중 나가게 하겠습니다.

Please let me know _____, I will arrange to ___

_____.

ANSWERS

Could you please tell me when you are arriving at the airport?

Could you tell me where you are going to stay when you come to New York?

I would appreciate it if you let me know your flight number and arrival time at the airport.

I would like to know when you are arriving and how long you are going to stay in Paris.

Please let me know your arrival time, and I will arrange to have someone meet you at the airport.

Email Example

From	
To	
Subject	

Dear Mr. Pauline Thomas,

I am writing to let you know how happy we are to learn that you are planning to visit our office.
When the schedule of your visit is settled, please let us know the time of your arrival here.
I will arrange for one of our staff to meet you at the airport and drive you to your hotel.
We are looking forward to seeing you soon.

With Best Regards,

Jimmy Preston

폴린 토마스 씨 귀하.

귀하께서 저희 사무실을 방문하실 계획이라는 것을 듣고 정말 반가웠습니다. 귀하의 방문 계획이 결정된다면, 저희에게 도착 시간을 알려주시기 바랍니다. 우리 직원 중의 한 사람이 공항에서 귀하를 만나 호텔까지 안내해드릴 것입니다.
곧 만나 뵙기를 기대합니다.

안녕히 계십시오,
지미 프래스톤

Job (직업) / product price or availability (제품 가격 및 구입가능 여부) / travel itinerary (여행 일정) / interview result (면접 결과) / hotel room vacancy (호텔 객실) 등, 정보나 궁금사항을 문의하고자 할 때 사용하는 표현들이다. 의문사항은 간결하고, 구체적이며, 직설적으로 나타내는 것이 좋다.

Practice ❶

Please let me know if~
···인지 알려 주십시오

Could you please tell me~?
···을 말씀해주시겠습니까?

Practice ❷

I am writing to inquire about~
···에 관해 문의합니다

Practice ❸

Can you~? ···해 주실 수 있는지요?
I wonder if you can~
···해 주실 수 있는지 알고싶습니다

5

문의 및 회신

UNIT 10 | 문의에 대한 회신

문의에 대한 답신을 보낼 때 사용할 수 있는 표현들이다. 먼저 문의나 관심에 대한 감사 표현을 한 후, 필요한 정보나 자료를 제공해주는 형식을 취하는 것이 일반적이다.

Practice ❶
Thank you for your enquiry of~
…을 문의해주셔서 감사합니다

Practice ❷
I am responding to~
…에 대한 답장입니다.

Practice ❸
With regard to your request~
요청하신 내용과 관련하여…

UNIT 11 | 추후 연락

문의에 대한 답변을 즉시 해줄 수 없는 경우, 또는 필요한 정보를 제공하기 위해서는 시간이 필요한 경우에 사용할 수 있는 표현들이다. 가능하다면 소요되는 기간을 명확하게 제시해 주는 것도 비즈니스 메일의 특성상 바람직한 방법이다.

Practice ❶
We will get back to you~
답신을 드리겠습니다

Practice ❷
I will be in touch~
연락 드리겠습니다

Practice ❸
This is to confirm that we have received~
…을 받은 것에 대한 확인 메일입니다

UNIT

09

문의

Please let me know if~

…인지 알려 주십시오

Would you please tell me~?

…을 말씀해주시겠습니까?

알고자 하는 사항에 관한 질문은 let me know, want to know 또는 could (would) you tell me~? 와 같은 의문문으로 표현할 수 있다. If 외에 전치사 about이나 의문사를 사용해서 구체적인 사항에 관해 문의한다.

* Please let me know~ 대신 I'd like to know~ 구문을 사용해도 의미의 차이는 없다.

📧 Key Patterns

- Please let me know if~ …인지 알려 주십시오

- Would you please tell me~? 제게 …을 말씀주시겠습니까?

- Would you please tell me how much / many~? (수가) 얼마나 많은지 말씀주시겠습니까?

- I'd like to know how much / many~ (양이) 얼마나 많은지 알고 싶습니다

- I'd like to know what qualification~ 어떤 자격인지 (어떤 자격이 필요한지) 알고 싶습니다

👤 Patterns Practices

1 Please let me know if you have any rooms available.
빈 방이 있는지 알고 싶습니다.

2 Would you please give me a rough estimate of the costs?
비용의 대략적 견적을 알려 주시겠습니까?
•• rough estimate 대략적 견적

3 Would you please tell me how many people will attend the banquet?

그 연회에 몇 명이 참석하는지 말씀해주시겠습니까?

•• attend the banquet 연회에 참석하다   cf. hold a banquet 연회를 열다

4 Please let me know how much the airfare to Chicago is.

시카고행 항공료가 얼마인지 알려 주시기 바랍니다.

••airfare to~ …까지의 항공 요금 (운임)

5 Please let me know what qualifications the advertised job requires.

광고에 난 직업이 요구하는 자격이 무엇인지 알려 주시기 바랍니다.

•• qualifications 자격   require 요구하다, 필요로 하다

6 I'd like to know what qualifications are required for the position.

그 직위는 어떤 자격을 필요로 하는지 알고 싶습니다.

7 I'd like to know how many people will be working in the project.

그 프로젝트는 몇 사람이 작업을 하게 될 것인지 알고 싶습니다.

Voca Tips

》 비용에 관한 표현들

cost (값, 비용) expense (경비, 비용)
expenditure (지출, 경비)
charge (상품, 서비스에 대한 요금) rate (요금,~ 률,~ 료)

》 자격에 관한 표현들:

qualification (자격, 자질) eligibility (적임, 적격성)
requirement (요건, 필요조건)
capacity (수용 능력, 용량) license (면허, 자격)

The projects will require heavy expenditure.
그 프로젝트들은 많은 비용을 필요로 한다.

Rates will vary depending on what service you require
요금은 귀하가 어떤 서비스를 필요로 하는가에 따라 다릅니다.

He is a professionally qualified computer programmer.
그는 전문 자격을 갖춘 컴퓨터 프로그래머입니다.

If you meet all the eligibility requirements, you can apply to participate in the project.
만약 귀하가 모든 자격 요건을 갖추고 있다면, 그 프로젝트에 참가 신청을 할 수 있습니다.

I am writing to enquire about~

…에 관해 문의합니다

공식적인 업무에 관한 문의는 know 보다는 enquire(inquire)를 사용하는 것이 더 적절하다. 문의하다는 의미의 enquire는 know 보다 더 격식을 차린 표현이다. 또는 would like to enquire~ 대신 I am writing to enquire about~ 의 문장을 사용하면 보다 더 직설적인 표현이 된다. '… 에 관해 문의하기 위해 메일을 보냅니다'는 의미를 나타낸다.

Key Patterns

- I would like to enquire if~ …인지 문의하고자 합니다

- I would like to enquire about~ …에 관해서 문의하고 싶습니다

- I am writing to enquire if~ …인지 문의하고자 메일을 보냅니다

- I am writing to enquire whether~ …인지 아닌지 문의하고자 메일을 보냅니다

Patterns Practices

1 I am writing to enquire if you currently have any job vacancies.
현재 결원인 일자리가 있는지 문의합니다.
- • job vacancy 결원인 일자리

2 I would like to enquire about the meeting facilities in your hotel.
귀하의 호텔 회의 시설에 관해 문의합니다.
- • meeting facilities 회의 시설

3 I am writing to enquire about the tuition fees for your online classes.

귀하의 온라인 수업 과정의 수업료에 관한 문의 메일을 보냅니다.

•• tuition fee 수업료

4 I am writing to enquire about my recent application for an IT manager position.

제가 최근에 지원한 IT 매니저 직에 관해 문의 메일을 보냅니다.

5 I would like to enquire if the secretary position you advertised has been filled.

귀하께서 광고에 낸 비서직이 충원되었는지 문의드립니다.

•• fill 채우다, 충원하다

6 I am writing to enquire about prices and availability of the cosmetic products listed on your website.

귀하의 웹사이트에 있는 화장품들의 가격과 재고에 관해 문의하기 위해 메일을 보냅니다.

7 I am writing to enquire whether your company could offer management training courses for our staff.

귀 회사에서 우리 직원들을 위한 관리 교육 과정을 제공할 수 있는지 문의하기 위해 메일을 보냅니다.

•• offer 제공하다   management 관리, 경영   training courses 교육 과정

Voca Tips   》》 결원과 연관된 단어들

vacancy (결원) opening (빈자리, 공석) position (일자리) role (역할, 배역) space (공간) room (여지, 공간) opportunity (기회) vacancy (vacant room) 빈방 vacancy (vacant position) 공석 have a vacancy 결원이 있다 fill a vacancy 결원을 보충하다 leave a position vacant 공석인 채로 두다	fill 을 사용해서 나타낼 수 있는 다양한 표현들 Smoke filled the room. 연기가 방을 가득 메웠다. The news filled us with despair. / We were filled with despair at the news. 우리는 그 소식에 절망했다. Please fill out this registration form. 등록 양식을 기록하시오. We expect the product will fill a gap in the market. 우리는 그 제품이 틈새시장을 메울 것으로 기대한다. The position has already been filled. (The position is not available any more.) 그 자리는 이미 채워졌습니다. *Unit 27 Practice 1 계약 관련 표현 참조.

UNIT

09

: 문의 :

Can you~? …해주실 수 있는지요?

I wonder if you can~

…해주실 수 있는지 알고 싶습니다

의문 사항에 관해 직설적으로 묻는 표현으로 can you~ 문형을 사용할 수 있다. Could 또는 please 를 사용하여 정중함을 나타낼 수 있으며, 직설적인 어법을 피하고 싶을 때는 I wonder if~ 를 사용한 간접 의문문으로 표현한다.

Key Patterns

- Can you explain~ ? …을 설명해 주실 수 있습니까?
- Could you tell me~ ? 제게 …을 말씀해주실 수 있습니까?
- Could you provide me with~ ? 제게 …을 제공해주실 수 있습니까?
- I wonder if you could offer~ …을 제공해주실 수 있는지 궁금합니다
- I wonder where I can have~ …을 어디서 구할 수 있는지 궁금합니다

Patterns Practices

1 Can you explain why the accident happened?
왜 사고가 발생했는지 설명해주시겠습니까?

2 Could you tell me what skills and qualifications I need for the job?
그 직업을 위해 제가 어떤 기술과 자격을 갖추어야 하는지 알려주시겠습니까?

3 Could you provide me with some information about your products?

귀하의 제품에 관한 정보를 제공해주실 수 있는지요?

•• **provide~ with~** …에게 …를 제공하다

4 I wonder if your company could offer a training course for our staff.

귀 회사에서 우리 직원들을 위한 연수과정을 제공할 수 있는지 알고 싶습니다.

5 I wonder if you could confirm the cost and dates of the city tours I saw in your brochure.

제가 귀하의 책자에서 본 도시 관광의 비용과 날짜를 확인해주실 수 있는지 알고 싶습니다.

•• **city tour** 도시 관광

6 I wonder where I can find a complete list of your products and their respective prices.

귀하의 제품과 개별 가격의 전체 목록을 어디서 구할 수 있는지 알고 싶습니다.

•• **complete list** 전체 목록 **respective** 각자의, 각각의

7 I saw the latest brochures on your climbing club and I wonder if you can send me some more information.

저는 귀하의 등산 클럽의 최근 책자를 보았습니다 그리고 귀하께서 정보를 좀 더 보내 주실 수 있는지 알고 싶습니다.

Voca Tips

provide~ with~ …에게 …을 제공하다

Internet provides us with a lot of valuable information.
인터넷은 우리에게 많은 귀중한 정보를 제공해준다.

Our company provides all employees with medical insurance.
우리 회사는 전 직원들에게 의료보험을 제공한다.

》 문의 사항에 관한 직접적 표현

질문사항을 간략하고 직접적으로 문의하고자 할 때 can 대신 be나 do 동사 의문문으로 표현할 수 있다. 또는 can과 같은 의미로서 Is it possible~의 구문을 사용할 수 있다. 간략한 표현이 요구되는 이메일 특성상 유용한 표현들이다.

Is lunch included in the price?
그 가격에 점심 식사가 포함됩니까?

Do you offer catering services?
출장 부페 서비스를 제공합니까?

Do you provide airport transfers?
공항간의 교통편을 제공하나요?

Is it possible to have a room with a sea view?
바다가 보이는 객실 예약이 가능할까요?

Is it possible to put off the meeting until next week? 회의를 다음 주로 연기하는 것이 가능할까요?

Mini Test >> Translate into English.

1 이번 주말에 1인용 객실을 하나 쓸 수 있는지 알고 싶습니다.

I would like to know if _____

_____.

2 귀 회사에 아직 웹 디자이너직의 결원이 있는지 문의하기 위해 메일을 보냅니다.

I am writing to inquire about whether _____

_____.

3 지난 금요일 저희가 받았던 귀하의 메일에 대해 답변을 드립니다.

I am responding _____

_____.

4 이 연수 과정의 세부 일정에 관한 정보를 알 수 있을까요?

Can I have _____

_____?

5 제가 뉴욕을 방문할 때 머물 수 있는 호텔 숙소를 마련해 주실 수 있겠습니까?

Can you organize _____

_____?

HINT

have a vacancy for~ …의 결원이 있다
detailed schedule 세부 일정
organize an accommodation 숙소를 마련하다

ANSWERS

1 I would like to know if a single room is available for this weekend.
2 I am writing to inquire about whether your company still has a vacancy for a web designer.
3 I am responding to your email which I received last Friday.
4 Can I have some information about the detailed schedule for this training course?
5 Can you organize a hotel accommodation for me to stay in when I visit New York?

Email Example

From	
To	
Subject	

Dear Sales Manager,

With reference to your advertisement in today's newspaper, I wonder if you could provide me with some more information about your products, including a complete list of your office furniture and their respective prices. I would also like to know if it is possible to make purchases online.

Best Regards,
David Cook

•• with reference to~ …와 관련하여

세일즈 매니저 귀하,

오늘 신문에 실린 귀하의 광고와 관련하여, 사무실 가구의 전체 목록과 개별 가격을 포함한 귀하의 제품에 관한 정보를 좀 더 제공해주실 수 있는지 문의드립니다. 또한 온라인으로 구매하는 것이 가능한지도 알고 싶습니다.

안녕히 계십시오.
데이비드 쿡

PRACTICE 1

Thank you for your enquiry of~

…을 문의해주셔서 감사합니다

문의를 받았을 때는 먼저 문의에 대한 감사 표현을 한 후, 필요한 정보를 제공해준다. 만약 즉시 답변을 해줄 수 없는 상황이라면 감사 표현과 함께 다시 연락을 하겠다는 회신을 보낸다. 시급하거나 중요한 업무에 관한 사항이라면 기다리는 기간을 명확하게 알려주는 것이 좋다.

😊 Key Patterns

- **Thank you for your enquiry of~** …을 문의해주셔서 감사합니다
- **Thank you for your enquiry about~** …에 관한 문의에 감사드립니다
- **Thank you for your enquiry regarding~** …와 관련된 문의에 감사드립니다
- **Your enquiry has been passed to~** 귀하의 문의는 …에게 전달되었습니다

📥 Patterns Practices

1 Thank you for your enquiry of **16 July.**
귀하의 7월 16일자 문의에 감사드립니다.

2 Thank you for your recent enquiry regarding **employment in our factory.**
최근 우리 공장의 직원 채용에 관해 문의해주셔서 감사합니다.

3 Thank you for your interest in **our products. We are sending you a copy of our latest catalogues.**
저희 제품에 관해 관심을 가져 주셔서 감사합니다. 최신 제품 목록 사본을 귀하에게 보내드립니다.

4 Thank you for your enquiry about **our services. We will soon respond via e-mail with a list of our prices.**

저희 서비스에 관해 문의해 주셔서 감사합니다. 곧 견적서를 이메일로 보내 드리겠습니다.

•• **respond** 응답하다. 답장을 보내다

5 Thank you for your enquiry. **We are pleased to hear that you are interested in our products.**

귀하의 문의에 감사드립니다. 저희 제품에 관심을 가져주셔서 기쁩니다.

6 Thank you for your recent enquiry regarding **our training courses. I am herewith enclosing a copy of the available courses.**

우리의 수련 과정에 관해 문의해주셔서 감사합니다. 참석 가능한 과정의 사본을 첨부합니다.

•• **available courses** 참석 가능한 과정 **enclose herewith** 동봉하다. 첨부하다

7 Thank you for contacting us. Your enquiry has been passed to **one of our advisors, who will be in contact within five working days.**

연락해 주셔서 감사합니다. 귀하의 문의사항은 저희 상담원 중 한 사람에게 전달되었으며, 5일 이내 연락이 갈 것입니다.

•• **pass to~** …에게 전달하다
five working days 공휴일을 제외한 5일
* 공휴일을 제외한 날은 **working day** 또는 **business day**로 표현함

Voca Tips

latest 관련 어휘
latest fashions / latest vogue 최신 유행
latest report 최근 보고서
latest technology 첨단 기술
at the latest 늦어도 – You have to be here at 9 am at the latest. 늦어도 오전 9시까지는 도착해야 합니다.

allow~ days for~ …하는데 …일을 예상하다
Please allow three working days for its arrival.
도착하는 데 공휴일 제외 3일 걸린다는 점을 감안하세요.

Please allow two weeks for delivery.
배달 기간은 2주로 예상해주십시오.

You should allow four working days for your order to arrive. 귀하의 주문이 도착할 때까지 4일이 걸리는 것을 예상하셔야 합니다.

takes~ days to~ …하는데 …일이 걸리다
It normally takes 5 working days to clear a check.
수표 교환은 보통 공휴일 제외 5일 걸립니다.

It will take about three days to look around the whole house. 그 집을 전부 돌아보려면 약 3일 정도 걸립니다.

10

PRACTICE 2

I am responding to~

…에 대한 답장입니다.

··

문의에 대한 사무적이고 직접적인 회신이다. Practice 1에서 연습한 thank you for~ 구문과 연결해서 사용할 수 있다:

Key Patterns

● **I am responding to your email of~** 귀하의 …이메일에 대한 답장입니다

● **I am responding to your request for~** 귀하의 …요청에 대한 답장입니다

● **I am writing in response to~** …에 대한 답장으로 메일을 씁니다

● **I am emailing you in response to~** …에 대한 답장으로 귀하께 이메일을 보냅니다

Patterns Practices

1 I am responding to your email of October 12th.
귀하의 10월 2일자 메일에 대해 답변을 드립니다.
● ● 12 October (영국식 표현) / October 12th (미국식 표현) * Supplements 날짜 표현 참고

2 I am responding to your enquiry dated September 23rd.
귀하의 9월 23일자 문의에 대한 답장입니다.

3 I am responding to your request for detailed information about our services.
귀하의 저희 서비스 세부 정보 문의에 대한 답장입니다.

4 I am emailing you in response to your request for the marketing courses we offer.

저희가 제공하는 마케팅 과정에 관한 귀하의 문의에 대한 회신으로 이메일을 보냅니다.

5 I am responding to your email dated August 25th, inquiring about the status of your application.

저는 8월 25일자 지원 상황에 대한 귀하의 문의 이메일에 대해 답장 드립니다.

6 I am writing in response to your recent email requesting information about the products available.

귀하께서 최근 보내셨던 구입 가능한 제품의 정보 요청 메일에 대한 답장입니다.

7 I am writing in response to your email of March 17th in which you requested detailed information on our services.

저희가 제공하는 서비스에 관한 세부 정보를 요청하셨던 3월 17일자 메일에 대한 답장입니다.

•• request information 정보를 요청하다

Voca Tips

on 또는 about~ …에 관한
report on food safety 식품 안전에 대한 보고서
report about air pollution 대기 오염에 관한 보고서
information on new products 신제품에 대한 정보
information about race and ethnicity 인종과 민족에 관한 정보

전치사 on은 토론, 연구, 또는 회의의 주제를 나타내고자 할 때 사용된다.

a study on energy efficiency 에너지 효율에 관한 연구
a conference on environment 환경(을 주제로 한) 컨퍼런스
a symposium on politics 정치 문제 심포지움 (좌담회)
a public hearing on tax increase 세금 인상에 대한 공청회

PRACTICE 3

With regard to your request~

요청하신 내용과 관련하여…

요청한 내용에 대한 답신이라는 의미로 with regard to~ / in reply to~ 또는 in answer to~ 등의
구문을 사용할 수 있다.
* regard v. 여기다, 평가하다 – look upon, consider / n. 관심, 고려 – attention, look

Key Patterns

- **With regard to your enquiry, we are glad to~** 귀하의 요청과 관련하여, 저는 기쁘게…

- **With regard to your query, I regret that~** 귀하의 요청과 관련하여, 애석하게도…

- **In reply to your enquiry, we are pleased to~**
  귀하의 문의에 대한 답장으로, 우리는 기쁜 마음으로 …합니다

- **In answer to your enquiry, I enclose~** 귀하의 문의에 대한 답으로, …을 첨부합니다

- **With regard to your inquiry about~ we would like to~**
  …에 관한 귀하의 문의와 관련하여, 우리는 …하고자 합니다

Patterns Practices

1 With regard to your enquiry, we are glad to **inform you that your**
proposal has been accepted.
귀하의 문의와 관련하여, 귀하의 제안이 승인되었음을 기쁘게 알려 드립니다.

2 In reply to your enquiry, we are pleased to **inform you that you have**
been selected for the post.

귀하의 문의에 대한 답으로, 귀하께서 그 직위에 선정되었음을 기쁘게 알려 드립니다.
•• be selected for~ …에 선발되다 *승인 또는 채용에 관한 표현은 Unit 35 에서 더 상세하게 다루어진다.

3 In reply to your enquiry, I have attached a description of the services we provide for your perusal.

귀하의 문의에 대한 답으로, 귀하께서 검토하실 수 있게 저희가 제공할 수 있는 서비스 내역을 첨부합니다.
•• for your perusal 검토할 수 있도록 *perusal 정독, 음미

4 With regard to your query on our job openings, I regret that we have no vacancies within our company at present.

구인에 관한 귀하의 문의와 관련하여, 애석하게도 현재 저희 회사에 공석이 없음을 알려드립니다.
•• at present (at the moment) 현재

5 With regard to your enquiry dated July 12th, I am enclosing detailed information which I hope will be useful.

7월 12일자 귀하의 문의에 대한 답변으로, 세부 정보를 보내드리니 도움이 되기를 바랍니다.

6 In answer to your enquiry, I enclose our catalog which shows details of the office equipment we can supply.

귀하의 문의에 대한 답변으로, 저희가 공급할 수 있는 사무 장비의 세부 항목이 수록된 카탈로그를 첨부합니다.
•• show details of~ …의 세부 사항을 알려주다

7 With regard to your inquiry about our hotel rates, we would like to inform you that we have five different rate levels according to the types of beds.

저희 호텔 객실 요금에 대한 귀하의 문의와 관련하여, 저희 호텔은 객실 유형에 따라 다섯 가지 다른 요금을 갖고 있다는 것을 알려 드립니다.
•• hotel rates 호텔 객실 요금 according to the types of beds 객실 유형에 따라

Voca Tips

with (in) regard to~ …에 관해서
about / in relation to / concerning
We have a few questions with regard to these proposals.
이 제안들에 관해서 몇 가지 질문이 있습니다.

This e-mail is in regards to your inquiry about our new service
이 이메일은 우리의 새로운 서비스에 관한 귀하의 문의와 관련된 것입니다.

The accident has raised a number of concerns with regard to workplace safety.
그 사고는 작업장의 안전과 관련된 여러 우려 사항을 제기시켰습니다.

in this regard 이 문제와 관련하여
We will not take any further action in this regard.
우리는 이 문제에 관해서 더 이상의 행동을 취하지 않을 것입니다

We have to do something in that regard.
우리는 그점과 관련하여 어떤 조치를 취해야 합니다.

1 저희 프로그램에 관해 문의해 주셔서 감사합니다.

Thank you for _____.

2 문의해주셔서 감사합니다. 저희는 귀사와 함께 일하는데 많은 관심이 있습니다.

Thank you for _____. We are _____
_____.

3 저희 제품에 관한 정보를 요청하셨던 메일에 대한 답장입니다.

I am writing in _____ requesting _____
_____.

4 저희 신상품 문의에 대한 회신으로, 최신 카탈로그를 기꺼이 첨부합니다.

In answer to _____ we are pleased to
_____.

5 귀하의 호텔 예약 문의와 관련하여, 애석하게도 귀하께서 언급하신 날짜에 빈 객실이 없음을 알려드립니다.

With regard to _____ I regret to tell you
that _____.

HINT
new collection 신상품
hotel reservation 호텔 예약
on the dates you mentioned 언급하신 날짜에

Email Example

From	
To	
Subject	

Dear Mr. Robinson,

Thank you for your enquiry about our new collections. I am enclosing an illustrated catalogue of our entire stock with current price listings. I hope that this meets your expectations. If you need further information, don't hesitate to contact us.

Yours Sincerely,
Tim Raymond
Sales Manger
Eliot Apparel Ltd.

로빈스 씨 귀하,

신제품에 관해 문의해주셔서 감사합니다. 현재 가격과 함께 전 품목이 수록된 사진 카탈로그를 첨부합니다. 이 정보가 귀하의 기대에 부응하는 것이길 바랍니다. 더 필요한 정보가 있으시면, 지체없이 연락주시기 바랍니다.

안녕히 계십시오,
팀 레이몬드
세일즈 매니저
엘리엇 어페럴

PRACTICE 1

We will get back to you~

답신을 드리겠습니다

....

지금 당장 문의에 대한 답변을 해줄 수 없거나, 업무 과정상 답변이나 정보 제공을 위해 준비할 시간
이 필요할 때 사용하는 표현이다. get back to someone 또는 contact again은 곧 다시 연락하겠
다는 의미로 이런 경우 사용할 수 있는 전형적인 구문이다.

Key Patterns

- We will get back to you~ 답신을 드리겠습니다

- I will find out~ and get back to you~ 알아본 후 답장을 드리겠습니다

- We will contact you~ 연락드리겠습니다

- We will contact you again if~ …한다면 다시 연락드리겠습니다

- We will look into~ and get back to you~ 조사한 후 답장을 드리겠습니다

Patterns Practices

1 We will get back to you shortly.
곧 답신을 드리겠습니다.

2 I will get back to you as soon as I can.
가능한 빨리 답신을 드리겠습니다.

3 I will find out when he is available and get back to you shortly.
그가 언제 시간이 나는지 확인 후, 즉시 답신을 드리겠습니다.

4 Your application is currently under review. We will contact you as soon as possible.

귀하의 지원서는 현재 검토 중에 있습니다. 가능한 빨리 연락을 드리겠습니다.

•• **be under review** 검토 중에 있다

5 We will contact you again if there is an update.

새로운 정보가 있으면 다시 연락드리겠습니다.

•• **update** n. 최신 정보 v. 갱신하다

6 We will contact you via email with details on your application's status.

귀하의 지원 진행 과정에 대한 상세 상황을 이메일로 연락드리겠습니다.

•• **via~** 통해서, 경유하여 **status** (현재의) 상황

7 We will look into the matter in more detail and get back to you as soon as possible.

우리는 그 문제를 더 상세히 조사한 후 가능한 빨리 연락 드리겠습니다.

•• **look into** 조사하다 **in more detail** 더 상세히

Voca Tips

shortly - before long, as soon as possible 즉시, 곧

concisely, briefly, in brief, in short 간단히, 간결하게

I will get back to you shortly. 곧 다시 연락드리겠습니다.

He answered all questions briefly and to the point. 그는 모든 질문에 간단명료하게 대답했다.

give an update on~ …에 대한 최신 정보를 제공하다
I am writing to give you an update on the progress of the project.
프로젝트의 최근 진행 상황을 알려드리기 위해 메일을 보냅니다.

traffic update 교통 속보

a weather update 최근 날씨 정보

11

추후연락

I will be in touch~

연락드리겠습니다

....

연락을 취하겠다는 의미로 contact~ 외에 be in touch with~ 도 빈번히 사용되는 구문이다. 연락을 받는 사람을 주어로 표현하고 싶다면 You will be hearing from~ 의 구문을 사용해도 좋다. 기간을 나타내고자 할 때는 by, until (…까지) 또는 in, within (…이내) 등의 전치사를 사용한다.

Key Patterns

- **I will be in touch~** 연락드리겠습니다

- **I will be in touch with you again~** 다시 귀하에게 연락드리겠습니다

- **You will be hearing from us~** 우리로부터 연락이 갈 것입니다

- **One of our staff will be in touch with you within~**
  우리 직원들 중 한 사람이 …이내로 연락을 드릴 것입니다

Patterns Practices

1 I will be in touch in due course.
적절한 시기에 연락을 드리겠습니다.
- • in due course 적절한 시기에

2 I will be in touch with you again in the near future.
조만간 다시 연락을 드리겠습니다.
- • in the near future 가까운 미래에, 조만간

3 You will be hearing from us by next Wednesday.
다음 주 수요일까지 저희로부터 연락을 받을 것입니다.
- • hear from~ …로 부터 연락을 받다 by next Wednesday 다음 주 수요일까지

4 You will be hearing from one of our **advisers very soon.**

저희 상담원 중의 한 사람으로 부터 곧 연락을 받을 것입니다.

• • **adviser** 상담원, 조언자

5 One of our staff will be in touch with you within **the next two weeks.**

저희 직원중 한 사람이 2주일 이내로 귀하께 연락을 드릴 것입니다.

6 Since you are currently on our waiting list, you will be hearing from us shortly.

귀하는 대기자 명단에 올려져 있으므로, 곧 우리로부터 연락을 받을 것입니다.

• • **waiting list** 대기자 명단

7 If a position becomes available at that time, our personnel manager will be in touch with you.

만약 그때 빈자리가 생긴다면 저희 인사 담당 매니저가 연락을 드릴 것입니다.

• • **personnel manager** 인사 담당 매니저

Voca Tips

waiting list 대기자 명단

be on the waiting list
대기자 명단에 올려져 있다 (상태)

be placed on the waiting list
대기자 명단에 올려지다 (동작)

You will be placed on the waiting list until a space for you becomes available.

귀하는 빈 자리가 날 때까지 대기자 명단에 올려질 것입니다.

PRACTICE 3

This is to confirm that we have received~

…을 받은 것에 대한 확인 메일입니다

문의 메일을 받았음을 확인해주는 표현이다. 문의에 대한 결과를 얻기 위해 일정한 시간이 필요한 경우 메일의 상대방에게 문의 또는 신청 메일을 받았다는 것을 알려줄 필요가 있을 때 사용한다. 동사는 confirm 외에도 inform을 사용할 수 있으며, 또는 앞부분을 생략하고 간략하게 We have received~ 으로만 표현해도 무방하다.

Key Patterns

- **This is to confirm that we have received~** 우리가 …을 받은 것에 대한 확인 메일입니다

- **We confirm that we have received~** 우리가 …을 받았다는 것을 확인드립니다

- **We have now received your mail and~** 우리는 귀하의 메일을 받았으며…

- **This e-mail confirms our receipt of~** 이 이메일은 우리가 …을 받았다는 것을 확증하는 것입니다

Patterns Practices

1 This is to confirm that we have received **your e-mail.**
우리가 귀하의 이메일을 받았다는 것을 확인하는 메일입니다.

2 This email confirms our receipt of **your application.**
이 이메일은 귀하의 신청서를 수령했다는 것을 확인드리는 것입니다.
•• **receipt** 수령, 받기, 인수

3 We hereby confirm that we have received **your request.**
우리는 이로써 귀하의 문의를 받았음을 확인드립니다.

4 This is to inform you that we have received your registration form.

이 이메일은 우리가 귀하의 신청서를 받았음을 확인드리는 것입니다.

•• registration form 신청서

5 We have now received your mail and will get back to you as soon as possible.

우리는 귀하의 이메일을 받았으며 가능한 빨리 답장을 보내겠습니다.

6 We hereby confirm that we have received your enquiry. Our customer service team will be responding to you soon.

우리는 이로써 귀하의 문의를 받았음을 확인드립니다. 우리 고객 서비스 팀이 곧 귀하에게 연락드릴 것입니다.

7 This is to confirm our receipt of your application. We will carefully assess your resume and will contact you if you are selected in the recruitment process.

이것은 귀하의 지원서를 받았음을 확인드리는 메일입니다. 우리는 귀하의 이력서를 세심하게 평가할 것이며 만약 채용과정에서 귀하께서 선정된다면 연락을 드릴 것입니다.

•• assess one's resume 이력서를 평가하다   recruitment process 채용 과정

Voca Tips

recruitment 신규 모집, 신규 채용
recruit 모집하다, 채용하다, 뽑다
recruitment process 채용 과정
recruiting agency 채용 대행 회사
application 지원, 신청
application form 신청서, 지원서
registration 등록, 신청
registration form 등록서, 신청서
registration fee 등록비
subscription 가입, 서비스의 이용
regular subscription 정기 구독

문의에 대한 확인 표현은 get back, be in touch 또는 respond 등의 구문과 연결시켜 사용할 수 있다.

This is to confirm that we have received your enquiry. We will get back to you by e-mail or phone within five working days.
귀하의 문의를 받았음에 대한 확인 메일입니다. 우리는 귀하께 5일 이내에 이메일이나 전화로 연락드리겠습니다.

1 서비스를 제공할 수 있을 때 다시 연락드리겠습니다.

We will _____ when _____.

2 현재 어떤 자리가 비어있는지 알아본 다음, 즉시 연락드리겠습니다.

I will find out about _____ and get _____

_____.

3 그 직책에 관해 앞으로 3주 내에 우리로부터 다시 연락을 받을 것입니다.

You will be _____ within _____

_____.

4 지원서를 보내주셔서 감사합니다. 우리는 3월 12일 이전까지 우리의 결정을 귀하께 알려드리겠습니다.

Thank you for _____. We will notify you of

_____.

5 귀하의 이메일을 받았다는 것을 확인드리는 메일입니다. 저희는 2주일 이내에 귀하의 문의에 대해 답해드리겠습니다.

This is to confirm that _____.
We will respond to _____.

HINT

currently 현재
be hearing back from~ …로 부터 다시 연락을 받다
notify~ of~ …에게 …을 알리다

ANSWERS

1 We will contact you again when our services are available.

2 I will find out about what jobs are currently available and get back to you shortly.

3 You will be hearing back from us within next three weeks about the position.

4 Thank you for sending us your application.We will notify you of our decision no later than March 12th.

5 This is to confirm that we have received your email. We will respond to your inquiry within two weeks.

Email Example

From

To

Subject

Dear Ms. Carlson,

Thank you for applying for the sales assistant position at Topshop Limited. This is to confirm our receipt of your application. We will carefully consider your application along with the others that we have received in the next couple of days. If you are selected in the recruitment process, we will contact you for an interview. We wish you every success.

Sincerely,

Timothy Jones
Director of Human Resources
Topshop Limited

칼슨 씨 귀하,

Topshop 회사의 점원직에 지원해주셔서 감사합니다. 이 이메일은 귀하의 지원서를 받았다는 확인 메일입니다. 우리는 앞으로 며칠 동안 귀하의 지원서를 우리가 받은 다른 지원서들과 함께 신중하게 고려할 것입니다. 만약 귀하가 채용 과정에서 선발된다면, 우리는 인터뷰를 위해 귀하에게 연락할 것입니다. 귀하의 성공을 기원합니다.

안녕히 계십시오,

티모시 존스
인사 부장
Topshop Limited

6

정보 및 자료

UNIT 12 | 정보 제공

소식 또는 정보를 제공하는 표현이다. 사실을 객관적으로 전달하는 표현, 희소식을 전하는 표현, 그리고 부정적이거나 슬픈 소식을 전할 때의 표현 등으로 분류할 수 있다.

Practice ❶
I'd like to inform you~
…을 알려드립니다

Practice ❷
I am pleased to inform you~
…을 알리게 되어 기쁩니다

Practice ❸
We regret to inform you~
…을 알리게 되어 유감입니다

Practice ❹
Please note that~
…을 유의하시기 바랍니다

UNIT 13 | 자료 첨부

자료나 사진 파일을 첨부할 때 사용하는 표현들이다. 이메일에 파일이 첨부되었을 때는 별도의 언급이 없더라도 파일이 있다는 것을 알 수 있다. 그러므로 상황에 맞는 적절한 표현을 사용하되, 어떤 내용의 파일이라는 것을 구체적으로 알리는 것이 좋다. 파일을 첨부했음을 알리는 formal, informal 한 표현들을 알아보자.

Practice ❶
Please find the file attached
파일을 보냅니다 (informal)

Practice ❷
I am herewith enclosing~
파일을 첨부합니다 (formal)

12

: 정보제공 :

I'd like to inform you of~

…을 알려드립니다

소식을 전한다는 의미로 가장 빈번히 쓰이는 단어는 inform이다. I am to~, I would like to~, 또는 I am writing to~ 와 함께 객관적 사실을 중립적인 태도로 전할 수 있다. 기쁜 소식과 나쁜 소식에 모두 공통적으로 사용한다.

Key Patterns

● **I'd like to inform you of~** …을 알려드립니다

● **I would like to notify you of~** …을 통지하고자 합니다

● **I am writing to inform you that~** …을 알려드리기 위해 메일을 보냅니다

Patterns Practices

1 I would like to inform you of **the details of the expenditures.**
지출 내역을 알려드립니다.
•• inform~ of~ …에게 …을 전하다   expenditures 지출

2 I would like to notify you of **my office's change of address.**
저희 사무실의 주소가 변경되었음을 알려드립니다.

3 I am writing to inform you that **your appointment with us has been cancelled.**
우리와의 약속이 취소되었음을 알려드리기 위해 이 메일을 씁니다.

4 I am writing to inform you that **Mr. Peter Johnson has been appointed to the committee.**

피터 존슨 씨가 위원회에 임명되었음을 알리기 위해 이 메일을 씁니다.

•• **be appointed to~** …에 임명되다

5 I would like to inform you that **property prices are expected to rise even higher next year.**

부동산 가격은 내년에는 더 많이 오를 것으로 예상됨을 알려드립니다.

•• **property prices** 부동산 가격 **be expected to~** …일 것으로 예상되다

6 I am writing to inform you that **Ms. Debra Pierson has been appointed president.**

데브라 피어슨 씨가 사장으로 임명되었음을 알리기 위해 메일을 씁니다.

•• **appoint** 임명하다, 지명하다 **effective** 효력이 발생하는

*Unit 36 Practice 2 참조

7 I am writing to inform you that **the board decided to freeze the wages of the entire staff.**

이사회에서 전 직원들의 임금을 동결시키기로 결정했음을 알리기 위해 메일을 씁니다.

•• **the board** 이사회 **freeze wages** 임금을 동결하다

Voca Tips

freeze wages 임금을 동결하다
recommend wage freeze 임금 인상을 권고하다
wage freeze 임금 동결 (wage pause / pay pause)

The company decided to freeze their employees' wages next year for their employees for the first time in five years.
그 회사는 5년 만에 처음으로 종업원들의 내년 임금을 동결시키기로 결정했다.

After long negotiations, the management and the union have failed to agree on the wage freeze.
오랜 협상 끝에, 경영진과 노동 조합은 임금 동결에 합의하는데 실패했다.

PRACTICE 2

I am pleased to inform you~

…을 알리게 되어 기쁩니다

희소식을 알릴 때 사용하는 구문이다. pleased외에 glad, happy, delighted 등의 표현도 사용할 수 있다.

I am pleased to tell you~ / We are happy to report~ / We are delighted to announce~ 등이 일반적으로 많이 사용되는 표현 구문이다.

Key Patterns

- **We are pleased to inform you~** …을 알려드리게 되어 기쁩니다
- **We are pleased to report that~** …을 보고하게 되어 기쁩니다
- **We are delighted to announce that~** 우리는 기쁘게 …을 발표합니다
- **We are proud to announce that~** 우리는 …을 발표하게 된 것을 자랑스럽게 여깁니다

Patterns Practices

1 We are pleased to inform you **that your application has been accepted.**
귀하의 지원이 받아들여졌음을 알리게 되어 기쁩니다.

2 We are pleased to report that **our company is under new management.**
우리 회사가 새 경영진에 관리하에 들어갔음을 알리게 되어 기쁩니다.

- **under new management** 새 경영진의 관리하에

3 We are delighted to announce that we have built our new factory in Poland.

우리가 폴란드에 새 공장을 설립했다는 것을 발표하게 되어 기쁩니다.

4 We are proud to announce that we have successfully launched our first consumer product.

우리의 첫 소비재 상품을 성공적으로 시장에 출시하였음을 알려드리게 되어 자랑스럽습니다.
- • consumer product 소비재 상품

5 We are delighted to announce our new office opening this week in New York.

우리의 새 사무실이 이번 주 뉴욕에서 개장됨을 발표하게 되어 기쁩니다.
- • new opening 개업

6 We are pleased to report that our company's 45th birthday party will be held this Friday.

우리 회사 창립 45주년 기념 파티가 이번 금요일에 열리게 됨을 알리게 되어 기쁩니다.
- • hold a party 파티를 열다 → a party is held 파티가 열리다

7 We are proud to announce that the sales profits have increased by 14 % for the first half of the year.

매출액이 올해 상반기에 14% 증가했음을 알려드리게 되어 자랑스럽습니다.
- • sales turnover 매출액 the first half of the year 상반기

Voca Tips

under way 일이 진행중인

The negotiation talks between the union and the management have been under way for several weeks.
노사간의 교섭이 몇 째 주 진행중이다.

under suspicion 혐의를 받고 있는

under the influence 음주 상태에서

under the management of~ …의 경영 또는 관리 하에 있는

under the care of~ …의 보호를 받고 있는

celebrate an anniversary 기념일을 축하하다, 창간 또는 창립 기념 행사를 하다

Our company is celebrating its 25th anniversary at the end of June.
우리 회사는 6월 말 25회 창립 기념 행사를 할 예정입니다.

anniversary 창립 기념일 (birthday, founding day)

We regret to inform you~

…을 알리게 되어 유감입니다

정보를 제공해줄 수 없거나, 좋지 못한 소식을 알리게 되어 유감이라는 의미이다. We regret to~ 또는 We are sorry to~ 의 구문을 사용하거나 부사 unfortunately를 사용해서 표현해도 좋다.

Key Patterns

● We regret to inform you~ …을 알리게 되어 유감입니다

● I am sorry to inform you that~ 애석하게도 …을 알립니다

● We are sorry to announce that~ 유감스럽게도 …을 발표합니다

Patterns Practices

1 Unfortunately, the information you have requested is not available.
유감스럽게도, 귀하께서 요청하신 정보는 찾을 수가 없습니다.

2 We regret to inform you that the property you are interested in has been sold.
유감스럽게도 귀하께서 관심을 가진 그 부동산은 이미 팔렸습니다.

3 I am sorry to inform you that the meeting has been cancelled.
애석하게도 회의가 취소되었음을 알려드립니다.

4 We are sorry to announce that we will close our office at the end of this month.

유감스럽게도 이달 말에 우리 사무소가 문을 닫게 되었음을 알립니다.

•• **close an office** 사무실을 닫다

5 I am sorry to inform you that the meeting has to be rescheduled due to the unavailability of some staff members.

애석하게도 일부 회원들이 참석할 수가 없어 회의 일정이 재조정되어야 한다는 것을 알려드립니다.

6 We regret to inform you that due to the great demands placed on us, we are not able to provide the service you need.

애석하게도 저희들에 대한 (작업) 요청이 너무 많은 관계로 귀하께서 필요한 서비스를 제공해드릴 수 없다는 것을 알립니다.

•• **due to great demands** 수요가 많기 때문에, 요청이 많아서

7 We are sorry to announce that we will close our Greenville factory on Friday, December 12th due to the general business decline.

유감스럽게도 전반적인 경기 침체로 인해 우리 그린빌 공장은 12월 12일 금요일을 기해 문을 닫게 되었음을 알립니다.

•• **business decline** 경기 침체

Voca Tips

close a factory 공장을 폐쇄하다

a factory closes 공장이 폐쇄되다

The office in New York will close by the end of next month.
뉴욕 사무소는 다음 달 말에 폐업할 것입니다.

The office will be closing for refurbishment next week.
사무실은 내부 수리를 위해 다음 주 문을 닫을 것입니다

* 동사 close는 폐쇄하다 외에 영업을 마치다는 의미도 있다.
The office closes at 5 P.M. 사무실은 오후 5시에 문을 닫는다.

boost the economy 경기를 부양시키다

The government announced a new plan to boost the domestic economy.
정부는 국내 경기를 부양시키기 위해 새 계획을 발표했다.

economic recovery 경기 회복

economic stimulus plan 경기 부양책

economic downturn, slump, decline 경기 침체

PRACTICE 4

Please note that~

… 을 유의하시기 바랍니다

중요한 정보를 알리거나 상기시키고자 할 때 사용하는 표현이다. Please note that~ 대신 It should be noted that~ 구문을 사용하면 더 사무적이고 강한 표현이 된다. 동사 note는 정보 제공 외에 주의가 필요하거나 유념해야 할 사항을 강조하고자 할 때도 사용할 수 있다. '명심하다,' 또는 '유념하다'의 의미로 remember, keep in mind, 또는 bear in mind와 같은 의미를 갖는다. *Unit 40유의 사항 참고.

📧 Key Patterns

- **Please note that~** …을 유의하시기 바랍니다
- **You should note that~** …을 유의해야 합니다
- **It should be noted that~** …을 유의해야 합니다

📥 Patterns Practices

1 Please note that the contract is invalid without a signature.
서명이 없는 계약은 무효라는 점을 유의하시기 바랍니다.
•• invalid 효력이 없는

2 Please note that our office will be closed on Monday next week.
다음주 월요일 저희 사무실이 문을 닫는다는 점을 유의하시기 바랍니다.

3 Please note that the following products are not eligible for return.
다음 상품들은 반품이 되지 않는다는 점을 유의하시기 바랍니다.
•• eligible 자격이 있는   not eligible for return 반품할 수 없는

4 You should note that the registration deadline for this course is January 22nd.

이 과정의 등록 마감일은 1월 22일이라는 것을 유의하시기 바랍니다.
•• registration deadline 등록 마감일

5 It should be noted that the new facility is expected to go into operation next month.

새 설비는 다음 달에 가동될 예정이라는 점을 유의하시기 바랍니다.
•• go into operation 가동하다, 작동하다

6 Please note that we allocate places on a first come first served basis and availability may be limited.

우리는 좌석을 선착순으로 배정하며 이용이 제한적일 수 있음을 유의하십시오.
•• allocate places 자리를 할당하다, 배정하다

7 It should be noted that a mandatory meeting of all staff has been scheduled at 2:00 p.m. on Wednesday.

전 직원들이 의무적으로 참석해야 하는 회의는 수요일 오후 2시로 예정되어 있음에 유의하시기 바랍니다.
•• mandatory 의무적인, 필수의

Voca Tips

It should be noted that~ …에 특히 주의해야 합니다

It should be noted that the contract is invalid without a signature.
서명이 없는 계약은 무효라는 점을 특히 주의해야 합니다.

It should be noted that any application submitted after the deadline will not be accepted.
마감 기한이 지난 후 제출되는 신청서는 받아들여지지 않는다는 점을 특히 유념하시기 바랍니다.

a first come first served basis 선착순으로, 먼저 온 순서대로

The concert tickets are available on a first come, first served basis.
콘서트 티켓은 선착순으로 구입할 수 있습니다.

Car parking spaces at the camp sites will be allocated on a first come first served basis.
캠프장의 주차 공간은 먼저 온 순서대로 할당될 것입니다.

mandatory 의무적인, 필수의

동의어: compulsory required requisite
        obligatory binding
반의어: optional open elective voluntary

The orientation will start at 9 AM and is mandatory for all new staff.
오리엔테이션은 오전 9시에 시작하며 모든 신입사원들은 의무적으로 참석해야 합니다.

1 귀하의 투자 계획안이 받아들여졌음을 알리게 되어 기쁩니다.

We are pleased to _____

_____.

2 유감스럽게도, 저는 귀하께서 요청하신 정보를 제공해드릴 수가 없습니다.

Unfortunately, I am unable to _____

_____.

3 저희 사무실이 다음 주 수요일부터 일주일 동안 휴업한다는 것을 알려드립니다.

I would like to _____

_____.

4 신청 마감일은 2월 15일까지 연장되었음에 유의하시기 바랍니다.

Please note that _____

_____.

5 전 직원들은 항상 신분증을 착용해야 한다는 것을 유의해야 합니다

It should be noted that all employees _____

_____ at all times.

HINT

investment proposal 투자 계획안
extend 연장하다
be required to~ …하도록 요구되다, …해야 하다
identification cards / identification badges 신분증

ANSWERS

1 We are pleased to inform you that your investment proposal has been accepted.
2 Unfortunately, I am unable to supply you with the information you requested.
3 I would like to inform you that our office will be closed for a week from next Wednesday.
4 Please note that the application deadline has been extended until 15 February.
5 It should be noted that all employees are required to wear identification badges at all times.

Email Example

From	
To	
Subject	

Dear All,

We are pleased to announce that our Lonsdale office has a position for a senior editor. We want to fill the position internally instead of hiring someone new. The position requires a bachelor's degree in journalism and at least three year's relevant work experience. Qualified candidates should submit an application with a resume and a cover letter no later than March 21st. Please note that the applications submitted after the deadline will not be considered.
If you have further questions, please contact Helena Carter in the HR department.

With warm regards,

Ron Taylor
HR Manager

•• senior editor 편집장   resume 이력서   cover letter 자기 소개서

전 직원 귀하,

우리는 론스데일 사무실의 편집장 직이 공석임을 알리게 되어 기쁩니다. 우리는 신규 채용 보다는 내부 직원 중에서 이 직책에 맞는 인원을 선발하고자 합니다. 이 직책은 신문학 학사 학력과 최소 3 년 이상의 이와 관련된 업무 경험을 필요로 합니다. 자격을 갖춘 지원자는 신청서를 이력서와 자기 소개서와 함께 3월 21일 전에 제출해야 합니다. 마감 기간 이후 제출된 지원서는 고려대상에서 제외된다는 것을 명심하시기 바랍니다.
의문 사항이 더 있으면 인사과의 Helena Carter에게 문의하십시오.

론 테일러
인사 부장

Please find the file attached

파일을 보냅니다

이메일에 파일이 첨부되었음을 알리는 표현이다. 다음 구문들은 엄격한 격식을 차리지 않아도 되는 informal 또는 less formal한 이메일에 사용할 수 있는 표현들이다.

Key Patterns

● The file is attached~ 파일이 첨부되었습니다

● I am sending you herewith~ ···을 이 이메일과 함께 보냅니다

● Please find the enclosed document~ 첨부된 서류를 보시기 바랍니다

● A detailed invoice is attached to~ 청구서 상세 내역이 ···에 첨부되었습니다

Patterns Practices

1 The file is attached.
파일이 첨부되었습니다.

2 Please see the file attached.
첨부된 파일을 참고하세요.

3 I am sending you herewith **our price list.**
여기 가격 목록을 보냅니다.

4 Please find the enclosed **document.**

서류를 첨부합니다.

5 Please find the attached **copy of your invoice.**

송장 사본을 첨부합니다.

6 A detailed invoice is attached to **my e-mail.**

청구서 상세 내역을 이메일에 첨부합니다.

• • **detailed invoice** 상세한 청구서

7 I am sending a document **you requested** as an attachment.

귀하께서 요청하신 서류를 첨부파일로 보냅니다.

• • **send~ as an attachment~** …을 첨부 파일로 보내다

Voca Tips

Here is~ 여기 …있습니다
I attach~ …을 첨부합니다
I enclose~ …을 동봉합니다
Here's the file. 여기 파일이 있습니다.
I attach herewith a copy of the manual. 여기 매뉴얼
한 부를 첨부합니다.

I enclose herewith a copy of the document. 여기 서
류 복사본 한 부를 동봉합니다.

I enclose herewith a copy of the documents you requested. 여기 요청하신 서류 복사본을 동봉합니다.

PRACTICE 2

I am herewith enclosing~

파일을 다음과 같이 첨부합니다

....

다음은 파일을 첨부할 때 사용하는 더 formal하고 구체적인 표현들이다. 격식이 필요한 비즈니스 이메일에 사용하기에 더 적합한 표현들이다

Key Patterns

● **Please refer to~** …을 참고하시기 바랍니다

● **I have herewith attached~** …을 다음과 같이 첨부했습니다

● **I am herewith enclosing~** …을 다음과 같이 첨부합니다

● **The attached file contains~** 첨부된 파일에는 …이 포함되어 있습니다

* refer – '참조하게 하다'와 '언급하다, 거론하다'의 두 가지 의미가 있다. Unit 2, Practice 4는 언급하다는 의미로 사용되었고 여기서는 참조하다는 의미로 사용되었다.

Patterns Practices

1 Please refer to the attached document.
첨부된 파일을 참고하시기 바랍니다.
● ● **refer to** 참고하다, 찾아보다

2 I have herewith attached the necessary information.
여기 필요한 정보를 첨부합니다.

3 I am herewith enclosing the required document for your perusal.
귀하께서 자세히 살펴보실 수 있게 필요한 서류를 여기 첨부합니다.

4 The attached file contains more detailed information about our room rates.

첨부된 파일에는 객실 요금에 관한 더 상세한 정보가 포함되어 있습니다.

5 I have herewith attached the detailed information on our price list.

가격에 관한 상세 정보를 여기 첨부합니다.

6 I am herewith enclosing our spring catalog, containing descriptions of our entire stock.

전 품목에 관한 설명이 포함된 봄 카달로그를 여기 첨부합니다.

•• contain descriptions of~ …에 관한 설명을 포함하다   entire stock 전 품목

7 The attached file contains the agenda for the meeting I mentioned in my last e-mail.

첨부된 파일에는 제가 저번 이메일에서 언급했던 회의 의제가 포함되어 있습니다.

•• agenda 의제, 안건

Voca Tips

for your perusal / for your review / for your consideration 검토할 수 있도록

A copy of the report is enclosed herewith for your perusal. 검토할 수 있게 보고서 복사본 한 부를 여기 첨부합니다.

They signed the agreement after careful perusal. 그들은 세심히 검토 후에 동의서에 서명했다.

I have herewith enclosed our new catalog and price list for your review. 검토하실 수 있게 우리의 새 목록과 가격표를 동봉합니다.

I am enclosing my report as an email attachment for your consideration. 검토하실 수 있게 저의 보고서를 이메일로 첨부합니다.

agenda - a list of things to be done or considered: 의제, 안건

The agenda for the meeting is as follows. 회의의 의제는 다음과 같습니다.

The agenda for next week's meeting will be announced soon. 다음 주 회의의 의제 곧 곧 발표될 것입니다.

The next item on the agenda is the internal financial review. 의제의 다음 안건은 내부 재정 검토입니다

1 스토어 매니저 직 지원을 위해 저의 이력서를 파일로 보냅니다.

I am enclosing _____.

2 검토하실 수 있게 저희의 가장 최근 목록과 가격표를 다음과 같이 첨부합니다.

I am herewith attaching _____

_____.

3 귀하의 구매에 대한 더 상세한 정보는 첨부된 파일을 참조하시기 바랍니다.

Please check _____

_____.

4 귀하와의 계약을 6개월 더 연장하는 개정된 동의서 첨부 파일을 보시기 바랍니다.

Please find attached _____ extending _____

_____.

5 저는 보고서의 마지막 교정본이 들어 있는 워드 서류를 다음과 같이 첨부합니다.

I herewith send you _____ which

contains _____.

HINT

for the store manager position 스토어 매니저 직 지원을 위한
revised agreement 개정된 동의서
extend~ for another six months~ …을 6개월 더 연장하다
final version 최종 교정본

ANSWERS

1 I am enclosing my resume for the store manager position.
2 I am herewith attaching our latest catalogue and price list for your perusal.
3 Please check the attached file for more detailed information on your purchase.
4 Please find attached a revised agreement, extending your contract for another six months.
5 I herewith send you the attached Word document, which contains the final version of the report.

From	
To	
Subject	

Dear Mr. Smith,

Thanks for your interest in our products. We are pleased to send you our latest catalogue and price list, enclosed as requested.
Please let me know if you need any further information.
We look forward to hearing from you.

Yours truly,
Warren Joyce
Marketing Manager

스미스 씨 귀하,

저희 제품에 관심을 가져주셔서 감사합니다. 저희의 최신 카탈로그와 가격 목록을 여기 첨부해 보내드립니다.
정보가 더 필요하시면 알려주시기 바랍니다.
귀하의 연락을 기다리겠습니다.

안녕히 계십시오
워렌 조이스
마케팅 매니저

업무에 관한 제안, 해결책 제시, 또는 추천이나 권고를 할 때 사용하는 표현들이다. 직설적 표현, 완곡한 표현 및 격식을 차리지 않은 표현 등을 학습해보자. 제안을 나타내는 대표적 동사는 suggest이다.

Practice ❶

I suggest~

…을 제안합니다

Practice ❷

It might be better~

…하는 것이 더 좋을 것입니다

Practice ❸

I propose / recommend~

…을 제안합니다 / 권합니다

7

제안 및 요청

UNIT 15 | 요청하기

제안할 때 사용하는 동사가 suggest라면, 요청 표현의 대표적 동사는 request이다. 그외 informal한 표현으로 ask를 사용할 수 있으며 Could you~ 나 I would appreciate it if~ 구문으로 정중함을 나타낼 수 있다.

Practice ❶
I request~
…을 요청합니다

Practice ❷
Could you please~?
…해주시겠습니까?

I would appreciate it if you could~
…해 주시면 감사하겠습니다

Practice ❸
We are looking for~
…을 찾고 있습니다

UNIT 16 | 요청에 대한 승락 및 거절

요청에 대해 사무적으로 응답하고자 할 때는 We have decided~ 또는 We are able to~ 등의 표현을 사용할 수 있다. '기쁜 마음으로 …하다' 또는 '… 하게 되어 기쁘다'와 같이 희소식에 대한 화자의 느낌이나 감정을 함께 표현하고자 할 때 We are willing to~ / We are happy to~ / We are pleased to~ / It is my pleasure to~ 등의 구문과 함께 사용한다.

Practice ❶
We are able to~
…해드릴 수 있습니다

Practice ❷
We are willing to~
기꺼이 …해드리겠습니다.

We accept~ / approve~ / grant~
…을 승인 합니다

Practice ❸
We are unable to~
…을 해드릴 수 없습니다

I suggest~

…을 제안합니다

업무에 관해 제안할 때 사용할 수 있는 대표적인 동사는 suggest이다. I would suggest~ 또는 I would like to suggest~ 등으로 활용할 수 있다. 동의어로는 advise, propose, recommend 등이 있다.

Key Patterns

- **We would suggest~** …을 제안합니다
- **I suggest that~** …을 제안합니다
- **I would like to suggest that~** …을 제안하고자 합니다
- **Let me suggest~** …을 제안하겠습니다

Patterns Practices

1 We would suggest the following.
우리는 다음과 같이 제안합니다.

2 I suggest that you start early to avoid the rush hour traffic.
교통 혼잡을 피하기 위해 일찍 출발하실 것을 제안합니다.
•• **avoid the rush hour** 교통 체증을 피하다

3 I would like to suggest that you read the manual in detail.
메뉴얼을 상세히 읽을 것을 제안합니다.

4 Let me suggest a helpful solution to the problem.

제가 그 문제에 관해 도움이 되는 해결책을 제안하겠습니다.

•• **suggest a solution** 해결책을 제안하다

5 I suggest that you look at that report carefully before we make any decisions.

결정을 내리기 전에 그 보고서를 주의깊게 검토하실 것을 제안합니다.

6 I would like to suggest that we meet on Wednesday at 3:00 PM in my office.

저의 사무실에서 수요일 오후 3시에 만날 것을 제안하고자 합니다.

7 Let me suggest some options available to help you to deal with the problem.

귀하가 그 문제를 해결하는데 도움이 되는 몇 가지 옵션을 제안하겠습니다.

•• **deal with the problem** 문제를 해결하다

Voca Tips

제안하다 : make an offer / make a proposal / make a suggestion / offer / propose / suggest

propose a compromise 타협을 제안하다

propose starting immediately 즉시 시작할 것을 제안하다

suggest an alternative 대안을 제시하다

* Unit 2, Practice 3 Grammar Tips 참조

격식을 차리지 않아도 무방한 상황이나, 업무상의 이메일이라고 하더라도 친근한 상대에게는 Why don't you~ 또는 How about~ 의 표현을 사용할 수 있다

How about talking to your manager about it?

그 문제에 관해 매니저에게 이야기하는 것이 어떨까요?

Why don't we meet tomorrow afternoon at 2:00 to talk about it?

내일 오후 2시에 만나 그문제에 관해 논의하는 것이 어떨까요?

It might be better~

…하는 것이 더 좋을 것입니다

제안의 의미로 It might be better~ 또는 It would be better~ 구문을 사용할 수 있다. 모두 suggest 나 recommend에 비해 더 부드럽고 공손한 표현이다. 그러나 would는 might 보다 비교적 더 강한 어감을 갖는다. to 이하로 연결되는 표현은 다른 부정사 구문과 마찬가지로 전치사 for 와 명사형 목적어를 의미상의 주어로 사용할 수 있다: It might be better for you to start the work right now. 당신은 지금 당장 그일을 시작하는 것이 더 좋겠습니다.

Key Patterns

- **It might be better to~** …하는 것이 더 좋겠습니다

- **It might be a good idea to~** …하는 것이 더 좋은 생각인 것 같습니다

- **It would be a good idea to~** …하는 것이 좋은 생각일 것입니다

- **It might be better for~ to~** …가 …을 하는 것이 더 좋겠습니다

Patterns Practices

1 It might be better to shorten the distribution process.

유통과정을 단축시키는 것이 더 좋겠습니다.

•• **distribution** 분배, 유통   **shorten the distribution process** 유통과정을 단축시키다

2 It might be better to make it mandatory for all employees to attend the seminar.

의무적으로 전 직원이 세미나에 참석하게 하는 것이 좋겠습니다.

•• **mandatory** 의무적인

3 It might be a good idea to **start the project as soon as possible.**

그 프로젝트는 가능한 빨리 시작하는 것이 좋겠습니다.

4 It might be a good idea to **obtain permission from the planning department.**

기획부로부터 허가를 받는 것이 좋겠습니다.

•• **obtain permission from~** ···로부터 허가를 받다   **planning department** 기획부

5 It would be better for us to purchase **the product from another supplier.**

우리는 다른 공급자로부터 제품을 구입하는 것이 더 좋겠습니다.

•• **supplier** 공급자

6 It would be a good idea to **confirm the time when we meet to sign the contract.**

우리가 계약서에 서명하기 위해 만나는 시간을 확인하는 것이 좋겠습니다.

•• **sign the contract** 계약서에 서명하다

7 It might be better for such positions to be filled by **experts from outside the organization.**

그 직책들은 회사 외부에서 온 전문가들에 의해 채워지는 것이 더 좋겠습니다.

•• **expert** 전문가

Voca Tips

permission 허락, 허가

We have to obtain permission from the board.
우리는 이사회의 허가를 받아야 한다.

We were granted permission for a tour of the research center.
우리는 연구센터 견학 허가를 받았다.

Grammar Tips

would는 might 보다 강한 표현으로 urge에 가깝다.

It would be safer to take the bypass rather than to climb up the cliff.
우회로를 택하는 것이 절벽을 오르는 것보다 더 안전하다.

그러나 상황에 따라 would가 단순히 미래 시제를 나타내기 위해 사용될 수도 있다.

It would be nice if you would attend my birthday party on Saturday.
이번 토요일 저의 생일 파티에 참석해주시면 고맙겠습니다.

PRACTICE 3

I propose / recommend~

…을 제안합니다 / 권합니다(추천합니다)

propose는 제안의 의미이며 recommend는 추천 또는 권고의 의미로 사용한다. 그러나 상황에 따라서 두 단어가 의미 차이 없이 사용될 수도 있다. 가령 패턴 예문 3, 4의 경우 recommend 대신 propose를 사용하더라도 크게 의미의 차이가 나지 않는다.

Key Patterns

● **I propose to~** …할 것을 제안합니다

● **I propose that~** …을 제안합니다

● **I recommend that~** …을 추천합니다

Patterns Practices

1 I propose to **submit the report shortly.**
그 보고서를 즉시 제출할 것을 제안합니다.
● ● **submit** 제출하다

2 I propose that **we find a compromise.**
타협안을 찾을 것을 제안합니다.
● ● **find a compromise** 타협안을 찾다

3 I recommend that **you start the project promptly.**
그 프로젝트를 즉시 시작할 것을 권합니다.

4 I recommend that the plan (should) be changed immediately.

그 계획이 즉시 바뀌어질 것을 권합니다.

5 I propose that we postpone our meeting until next month.

다음 달까지 회의를 연기할 것을 제안합니다

6 I recommend that you implement these improvements by the end of the year.

귀하께서 이 개선안들을 올해 말까지 이행할 것을 권합니다.

•• **implement** 시행하다, 이행하다 **improvements** 개선안

7 I recommend that these amendments should be adopted by the board of directors.

이 개정안들이 이사회에서 채택될 것을 권합니다.

•• **adopt** 채택하다

Mini Test >> Translate into English.

1 몇 주 더 기다리실 것을 제안합니다.

We would suggest _____.

2 내년에 임금 인상이 있을 것인지 확인하는 것이 좋겠습니다.

It might be a good idea to _____
_____.

3 귀하의 판매실적 보고서를 즉시 제출할 것을 제안합니다.

I propose to _____
_____.

4 저는 우리가 더 이상 논의하는 것은 다음 회의 때까지 연기할 것을 제안합니다.

I suggest that we _____
_____.

5 저는 우리가 그 제안을 지체없이 받아들일 것을 권고합니다.

I recommend that we _____
_____.

HINT

a raise 임금 인상
without further delay 지체 없이

ANSWERS

We would suggest waiting a few more weeks.
It might be a good idea to check whether there will be a raise next year.
I propose to submit the report on your sales results shortly.
I suggest that we postpone further discussion until our next meeting.
I recommend that we accept the proposal without further delay.

Email Example

From	
To	
Subject	

Dear Department Managers,

There will be a board meeting next Monday at 9:00 a.m. in the conference room. All department managers are required to attend the meeting, where we will discuss health and safety issues at the workplace. There appear to be a lot of safety concerns that need to be addressed. Therefore, I suggest all of you review our current safety regulations before the meeting. Copies of all accident reports for the last twelve months will be provided.
I am looking forward to seeing you.

Warmest regards,
Steve Wagner
Co-founder, CEO
Work Harder Group

•• co-founder 공동 창립자

각 부서 매니저귀하,

다음 주 금요일 오전 9시에 회의실에서 이사회가 열릴 것입니다. 모든 부서의 매니저들은 회의에 참석하셔야 합니다. 회의에서 우리는 작업장에서의 건강과 안전 문제에 관해 논의할 것입니다. 안전에 관해 해결되어야 할 많은 문제들이 있는 것으로 보입니다. 따라서, 저는 회의 참석 전에 모두 우리의 현재 안전 규정들을 검토해보시기를 권합니다. 지난 12개월 동안의 모든 사고 보고서 사본이 제공될 것입니다.
회의에서 만날 것을 기대합니다.

안녕히 계십시오.
스티브 와그너
공동설립자, 대표
Work Harder Group

UNIT
15
요청하기

I request~

…을 요청합니다

요청하다는 request 또는 make a request가 적절하다. 정중함을 나타내기 위해 would나 would like to~ 로 표현한다. 긴급한 사항이나 시간을 다투는 사안일 경우 strongly 또는 immediately 등의 부사를 사용하여 사안의 급박함을 나타낼 수 있다.

Key Patterns

- **I want to request~** …을 요청하기를 원합니다

- **I would like to request~** …을 요청하고 싶습니다

- **We would request that~** …을 요청하겠습니다

- **We strongly request you to~** 귀하께서 …을 해주실 것을 강력히 요청합니다

Patterns Practices

1 I want to request a refund.
저는 환불을 요청하고자 합니다.
•• request a refund 환불을 요청하다

2 I would like to request a workshop for our staff.
저희 직원들을 위한 워크숍을 요청하고 싶습니다.

3 We would request that you take a look at the data.
저희는 귀하께서 자료를 살펴보실 것을 요청합니다.
•• take a look at 보다, 관찰하다

4 We strongly urge you to **return urgent documents immediately.**

저희는 귀하께서 급한 서류를 즉시 반송해주실 것을 강력히 요청합니다.

5 I would like to request **a day off on Tuesday.**

저는 화요일 하루 휴가를 요청하고자 합니다.

- • **a day off** 휴일, 비번일

6 We would urge you to **review and approve the revised contract.**

저희는 귀하께서 수정한 계약서를 검토하고 승인해주시기를 요청합니다.

- • **review and approve** 검토하고 승인하다

7 We strongly urge you to **act immediately to deal with the issues.**

저희는 귀하께서 그 문제 해결을 위해 즉시 조치를 취해주실 것을 강력히 요청합니다.

- • **act immediately** 즉시 조치를 취하다

Voca Tips

take a look at~ …관찰하다, 살피다, 고려하다

We need to take a close look at all possible options.
우리는 모든 가능한 선택사항들을 세심하게 고려해 볼 필요가 있다.

We have to take a careful look at the contract first before signing it.
우리는 서명하기 전에 먼저 계약서를 신중히 살펴야 한다.

off duty 비번인 ↔ **on duty** 근무중인

take a day off 하루 휴가를 얻다

She took two days off for personal reasons.
그녀는 개인 사정으로 이틀 휴가를 가졌다.

put the deadline off a day 마감 날짜를 하루 늦추다

Could you please~? …해주시겠습니까?

I would appreciate it if you could~ …해 주시면 감사하겠습니다

Could you~ 또는 Could you please~는 상대방에게 요청할 때 사용하는 정중한 표현이다. I would appreciate it if~ 나 I would be very grateful if~ 구문과 연결시켜 간접 의문문의 형태로 나타낼 수도 있다.

* 어떤 의문 사항에 관해 문의하고자 할 때도 Could you~ 구문을 사용할 수 있다. 문의와 요청의 차이는 질문자의 상황과 사용되는 동사에 따라 달라진다. Unit 9, Practice 3 참조

🔲 Key Patterns

● **Could you send me~?** …을 제게 보내주시겠습니까?

● **We would be grateful if you could approve~** …을 승인해주시면 감사하겠습니다

● **I would be grateful if you could tell me~** …을 말씀해주시면 감사하겠습니다

● **I would be grateful if you could give me~** …을 제게 보내주시면 고맙겠습니다

🔲 Patterns Practices

1 Could you send me **details of the regulations?**
규정의 세부 사항을 제게 보내주시겠습니까?

2 We would be grateful if you could approve **our request.**
저희 요청을 승인해주시면 감사하겠습니다.

3 I would appreciate it if you could **keep us informed of your progress.**

진행 사항을 계속해서 저희에게 알려주시면 감사하겠습니다.

•• **keep someone informed~** …에게 계속해서 알려 주다

4 I would be grateful if you could tell me **when you have a vacancy.**

공석이 생기면 제게 알려주시면 감사하겠습니다.

•• **vacancy** 결원, 공석, (호텔의) 빈 객실

5 Could you please send me **a copy the latest sales figures?**

최근의 판매 실적 사본을 제게 보내주시겠습니까?

•• **sales figures** 매출액, 판매 실적

6 I would appreciate it if you could **complete and return the application as soon as possible.**

가능한 빨리 지원서를 작성하여 다시 보내주시면 감사하겠습니다.

•• **complete and return** 작성하여 반송하다

7 I would be grateful if you could give me **further information about the program.**

그 프로그램에 관한 추가적 정보를 제게 알려주시면 감사하겠습니다.

We are looking for~

…을 찾고 있습니다

찾고 있는 또는 필요한 사항이 있다는 진술을 함으로써, 메일을 받는 상대방이 협조나 도움을 줄 수 있는지를 묻는 우회적이고 간접적인 요청 표현이다. 동사구 look for~ 다음에 오는 어구는 명사나 명사구를 사용한다. 찾는 대상을 더 상세하고 구체적으로 표현하기 위해서는 부정사 to~ 구문이나, 또는 who, which, that 등으로 연결되는 관계사 절을 이용해서 나타낼 수 있다.

🔟 Key Patterns

● **We are looking for~** …을 찾고 있습니다

● **We are looking for~ to~** …할 …을 찾고 있습니다 (사람 및 사물)

● **We are looking for~ who~** 우리는 …할 …을 찾고 있습니다 (사람)

● **We need~** …이 필요합니다

🔄 Patterns Practices

1 We are looking for **an immediate result.**
우리는 즉각적인 결과를 찾고 있습니다.

2 We are looking for **a more fundamental solution.**
우리는 보다 더 근본적인 해결책을 찾고 있습니다.
•• **fundamental solution** 근본적인 해결책

3 We are looking for **another office to rent nearby.**
우리는 근처에 임대할 사무실을 하나 더 찾고 있습니다.

4 We are looking for new members to join **our professional team.**

우리는 우리 전문가 팀에 합류할 새 회원들을 찾고 있습니다.

5 We are now looking for **exclusive distributors in Europe and the USA.**

우리는 유럽과 미국의 독점 판매 대리점을 찾고 있습니다.

•• **exclusive distributor** 독점 판매 대리점

6 We are looking for **reliable, honest and hard-working members** who **will work on our team.**

우리는 우리 팀에서 일할 신뢰할 수 있고, 정직하고, 근면한 일원들을 찾고 있습니다.

7 We are currently looking for **a graphic designer** who **has experience designing websites and web banners.**

우리는 현재 웹사이트와 웹 배너 디자인 경험이 있는 그래픽 디자이너를 찾고 있습니다.

8 We urgently need **an experienced web designer.**

우리는 경력이 있는 웹 디자이너가 급히 필요합니다.

•• **look for~** 대신 **need~**를 사용해도 같은 의미를 나타낼 수 있다.

Voca Tips

exclusive - belonging to a particular individual or group 독점적인, 배타적인

exclusive right 독점권

exclusive contract 독점 계약

exclusive interview 단독 회견

exclusive economic zone 배타적 경제 수역

exclusive sales agreement 독점 판매 협정

The firm has the exclusive right to develop oil resources in this area.

그 회사는 이지역의 석유 자원을 개발하는 독점권을 갖고 있다.

Mini Test >> Translate into English.

1 저는 문제에 관해 논의하기 위해 귀하의 매니저와의 면담을 요청합니다.

I would like to request _____

_____.

2 가능한 빨리 결과를 제게 알려주시면 대단히 감사하겠습니다.

I would be very grateful if you _____

_____.

3 세부 사항을 논의하기 위해 회의를 준비해주시면 대단히 감사하겠습니다.

I would greatly appreciate it if you _____

_____.

4 우리는 현재 파트 타임으로 세일즈 팀에서 일할 인턴을 찾고 있습니다.

We are currently looking for _____

_____.

5 우리는 장애가 있는 사람들을 도와줄 믿을 수 있는 자원 봉사자들을 급히 찾고 있습니다.

We are urgently looking for _____

_____.

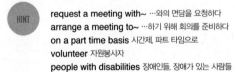

HINT
request a meeting with~ …와의 면담을 요청하다
arrange a meeting to~ …하기 위해 회의를 준비하다
on a part time basis 시간제, 파트 타임으로
volunteer 자원봉사자
people with disabilities 장애인들, 장애가 있는 사람들

ANSWERS
I would like to request a meeting with your manager to talk about the issue.
I would be very grateful if you could let me know the result as soon as possible.
I would greatly appreciate it if you could arrange a meeting to discuss the details.
We are currently looking for interns to work with our sales team on a part time basis.
We are urgently looking for reliable volunteers to help people with disabilities.

Email Example

Dear Store Manager,

I recently bought a new camera from your online store. To my disappointment, however, it has stopped working just a week later and now won't switch on. I would appreciate it if you could send me a replacement which is of the same specifications.
I'm looking forward to your prompt response.

Yours sincerely,
Michael Jones

매장 매니저 귀하,

저는 최근에 귀하의 온라인 매장에서 새 제품의 카메라를 구입했습니다.
그러나 실망스럽게도, 카메라는 일주일 만에 작동을 멈추었고 지금은 스위치가 켜지지도 않습니다. 귀하께서 동일한 사양의 제품으로 교체해주시면 감사하겠습니다.
즉시 회신이 있기를 바랍니다.

안녕히 계십시오,
마이클 존스

16

요청에 대한
승락 및 거절

We are able to~ ···해드릴 수 있습니다

We are willing to~

기꺼이 ···해드리겠습니다.

감정 표현을 생략하고 결정된 사실만을 알리고자 할 때는 We are able to~ 로 나타낸다. We are willing to~ 는 어떤 사항을 기꺼이 또는 기쁜 마음으로 제공할 수 있다는 표현이다.

Key Patterns

- We are able to meet~ ···에 부응할 수 있습니다
- We are able to provide~ ···을 제공해드릴 수 있습니다
- We are willing to consider~ ···을 기꺼이 고려하겠습니다
- We are willing to upgrade~ ···의 등급을 기꺼이 올려드리겠습니다

Patterns Practices

1 We are able to meet your request.
귀하의 요청에 부응할 수 있습니다.
- • meet one's request 요청에 부응하다, 충족시키다

2 We are able to provide you with the information.
우리는 귀하에게 정보를 제공해드릴 수 있습니다.

3 We are willing to consider your recommendation.
우리는 기꺼이 귀하의 권고안을 고려하겠습니다.

4 We are able to start **the work immediately as you requested.**

우리는 귀하의 요청에 따라 즉시 작업을 시작할 수 있습니다.

5 We are able to extend **the deadline on the report as you requested.**

우리는 귀하의 요청에 따라 보고서의 마감기한을 연장할 수 있습니다.

•• **extend the deadline** 마감기한을 연장하다

6 We are willing to upgrade **your tickets for a discounted rate.**

우리는 기꺼이 귀하의 탑승권을 할인률로 등급을 올려드리겠습니다.

•• **upgrade a ticket** 티켓 등급을 올리다

7 We are willing to send **you a file which contains the requested information.**

우리는 기꺼이 요청하신 정보가 포함된 파일을 귀하께 보내드립니다.

•• 동사 **send** 대신 **provide with** 구문을 사용해도 의미의 큰 차이는 없다.

We are willing to provide you with the information that you requested.
우리는 기꺼이 요청하신 정보를 귀하께 보내드립니다.

Voca Tips

meet 맞다, 부합하다	**deadline** 마감일, 최종 기한
meet와 함께 사용할 수 있는 표현들	**meet a deadline** 최종 기한을 맞추다(make the deadline)
meet need 요구를 충족하다	**extend a deadline** 기한을 연장하다
meet the demand 수요에 대응하다	**set a deadline / establish a deadline** 마감 기일을 정하다
meet apposition 저항을 받다	
meet criteria 기준에 맞다	**work toward a deadline** 마감일에 맞추어 일하다
meet a standard 기준에 부합하다	**be tied to a deadline** 마감 기한이 정해져 있다
meet qualification 자격 요건을 갖추다	**miss a deadline** 마감 날짜를 놓치다
meet a condition 조건을 만족시키다	

We accept~ / approve~ / grant~

…을 승인합니다

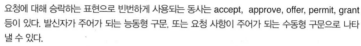

요청에 대해 승락하는 표현으로 빈번하게 사용되는 동사는 accept, approve, offer, permit, grant 등이 있다. 발신자가 주어가 되는 능동형 구문, 또는 요청 사항이 주어가 되는 수동형 구문으로 나타낼 수 있다.

We have approved your application. 우리는 귀하의 신청을 승인했습니다.
Your application has been approved. 귀하의 신청은 승인되었습니다.
요청에 대한 승인 또한 희소식이므로 '… 하게 되어 기쁘다'는 의미인 We are happy to~ / We are pleased to~ / It is my pleasure to~ 등의 구문과 함께 사용할 수 있다. *Unit 12, Practice 2참조

 Key Patterns

- I accept your offer~ 귀하의 …제안을 받아들이겠습니다
- Your request has been accepted~ 귀하의 요청이 받아들여졌습니다
- Your proposal has been approved~ 귀하의 제안이 승인되었습니다
- We have approved your application~ 우리는 귀하의 신청을 승인했습니다
- You have been selected to take part in~ 귀하는 …에 참여할 수 있게 선정되었습니다

Patterns Practices

1 I accept your offer to join your team as a project manager.
저는 귀하의 프로젝트 매니저로서 팀 합류 제안을 받아들입니다.
•• join a team 팀에 합류하다

2 We are happy to inform you that your request has been accepted.

귀하의 요청이 받아들여진 것을 기쁜 마음으로 알려드립니다.

3 We are pleased to inform you that your proposal has been approved.

귀하의 신청이 승인된 것을 기쁜 마음으로 알려드립니다.

4 It is my pleasure to inform you that we have approved your application.

우리는 귀하의 신청을 승인했음을 알리게 되어 기쁩니다.

•• approve an application 신청을 승인하다

5 I am pleased to inform you of the board's approval of your attendance.

이사회에서 귀하의 참석을 승인했음을 알리게 되어 기쁩니다.

•• the board's approval 이사회의 승인

6 We are pleased to tell you that your request for funding has been approved.

재정 지원에 대한 귀하의 요청이 승인된 것을 기쁜 마음으로 알려드립니다.

•• request for funding 재정 지원 요청

7 It is my pleasure to confirm that you have been selected to take part in the project.

귀하께서 그 프로젝트에 참여하도록 선정된 것을 기쁜 마음으로 확인해드립니다.

•• take part in~ …에 참여하다, 참석하다

Voca Tips

take part in~ …에 참여하다, 참석하다

동의어 : partake in~ / participate in~ / become a participant in~ / be (get) involved in~

We are going to take part in the charity fundraising event scheduled for next Saturday.
우리는 다음 토요일로 예정된 자선 모금 행사에 참여할 것이다.

We have decided to participate in the event unanimously.
우리는 만장일치로 그 행사에 참가하기로 결정했다.

I do not want to be involved in that dispute any more.
나는 더 이상 그 분쟁에 연루되고 싶지 않다.

UNIT

16

요청에 대한
승락 및 거절

We are unable to~

…을 해드릴 수 없습니다

상대방의 요청이나 제안에 대해 거절한다는 표현은 be unable to~ 또는 cannot~으로 표현할 수 있다. Unfortunately나 Regrettably와 같은 부사를 사용하거나 We regret to~ 또는 I am sorry~등의 표현을 덧 붙여서 유감이나 서운한 감정을 나타낸다. *Unit 12, Practice 3참조

🔡 Key Patterns

- We are unable to provide~ …을 제공해드릴 수 없습니다

- We are unable to accept your offer~ 귀하의 …제안을 받아들일 수 없습니다

- The data you requested is not available~ 귀하께서 요청하신 자료는 구할 수 없습니다

- Your proposal does not meet our requirements~
  귀하의 제안은 저희의 조건을 충족시키지 못합니다

- We cannot make any changes~ 우리는 …을 변경할 수 없습니다

🔡 Patterns Practices

1 We are unable to provide you with the information.
우리는 귀하에게 그 정보를 제공할 수 없습니다.

2 We regret to tell you that we are unable to accept your offer.
유감스럽게도 우리는 귀하의 제안을 받아들일 수 없음을 알려드립니다.
•• accept one's offer 제안을 수락하다

3 I am sorry to inform you that the data you requested is not available.
유감스럽게도 귀하께서 요청하신 자료는 구할 수 없음을 알려드립니다.

4 I am sorry to inform you that your proposal does not meet our requirements.

유감스럽게도 귀하의 제안은 우리 조건을 충족시키지 못했음을 알려드립니다.

•• meet requirements 조건을 충족시키다

5 Unfortunately, we are unable to supply you with the information you requested.

애석하게도, 우리는 귀하께서 요청하신 정보를 제공할 수 없습니다.

•• supply~ with~ …에게 …을 제공하다

6 We are sorry to inform you that we cannot make any changes in the regulations that we agreed upon.

유감스럽게도 우리는 우리가 합의한 규정을 변경시킬 수 없음을 알려드립니다.

•• agree upon~ …에 합의하다, 동의하다

7 We are sorry to inform you that we are unable to disclose anything about the project that we are working on.

유감스럽게도 우리는 현재 진행 중인 프로젝트에 관해 어떤 사항도 발설할 수 없음을 알려드립니다.

•• disclose something about~ …에 대해 발설하다

Voca Tips

accept one's offer 제안을 수락하다

decline one's offer 제안을 거절하다

She accepted his invitation without hesitation.
그녀는 그의 초대를 주저없이 받아들였다.

We regret to inform you that we have to decline your offer.
귀하의 제안을 거절해야 하는 것을 유감으로 생각합니다.

agree to~ / agree on (upon)~ …에 동의하다

disagree 동의하지 않다

After long debate, both parties agreed upon the plan. 긴 토론 후, 양측은 그 계획에 동의했습니다.

We agreed to adjourn the meeting.
우리는 회의를 연기하기로 동의했습니다.

I strongly disagree with your opinion on the proposal.
나는 그 제안에 관한 당신의 의견에 강하게 반대합니다.

Mini Test >> Translate into English.

1 가격 할인에 대한 귀하의 요청을 충족시킬 수 있습니다.

We are able to _____

_____.

2 귀하께서 요청하신 자료를 기쁜 마음으로 동봉합니다.

We are happy to _____

_____.

3 귀하께서 요청하신 저희 가격 목록을 기쁜 마음으로 보내드립니다.

We are pleased to _____

_____.

4 저는 귀하께서 그 직책에 선발되었다는 것을 알려드리게 되어 기쁩니다.

I am pleased to _____

_____.

5 유감스럽게도 우리는 귀하의 요청에 대해 승인을 받지 못했음을 알려드립니다.

We regret to tell you that _____

_____.

HINT

request for a reduction in price 가격 할인 요청
enclose the documents 서류를 동봉하다
price list 가격표, 가격 목록

ANSWERS

1 We are able to meet your request for a reduction in price.
2 We are happy to enclose the documents you requested.
3 We are pleased to send you the price list you requested.
4 I am pleased to inform you that you have been selected for the position.
5 We regret to tell you that we couldn't get an approval on your request.

Email Example

From	
To	
Subject	

Dear Paula Venice,

This is to inform you that you have been approved to attend the China Business Research Conference. It is a five day conference which starts on September 20th. The hours of the event are from 9 am to 5 pm. You are expected to be dressed formally and business casual attire is allowed on Friday, the 25th. Please review the travel guide and conference materials enclosed. If you have any questions prior to the conference, please do not hesitate to contact us.
We look forward to seeing you in Beijing.

Sincerely,

Tasha Willet
Conference Committee Chair

폴라 베니스 귀하,

이것은 귀하의 중국 비즈니스 리서치 컨퍼런스 참석이 승인되었음을 알리기 위한 이메일입니다. 이 행사는 5일 간의 컨퍼런스로서 9월 20일 시작합니다. 행사 시간은 오전 9시부터 오후 5시까지 입니다. 복장은 정장을 입어야 하며 금요일인 25일은 비즈니스 캐주얼이 허용됩니다. 첨부된 여행 안내서와 회의 자료를 읽어 보시기 바랍니다. 컨퍼런스에 앞서 의문이 있으시면 지체없이 저희에게 연락주시기 바랍니다.
베이징에서 만나게 될 것을 기대합니다.

안녕히 계십시오,
타샤 윌렛
컨퍼런스 위원장

8

의견 및 관심

UNIT 17 | 의견

상황이나 상태에 대한 개인적인 의견을 나타내는 문장이다. 표현 유형은 크게 두 종류로 나눌 수 있다. 한 가지는 in my opinion 또는 from my point of view와 같은 부사구와 함께 표현하는 구문과, 다른한 가지는 it appears that~ 또는 it appears to me that~과 연결되는 관계절로 표현하는 구문이 있다.

Practice ❶
In my opinion~
저의 견해로는…

Practice ❷
It appears to me that...
…인 것처럼 보입니다

UNIT 18 | 관심 표현

어떤 제안이나 직책에 대해 관심이 있음을 나타낼 때, 상대방의 업무나 서비스에 좋은 인상이나 감명을 받았을 때, 또는 어떤 사실에 관해 메일의 수신자에게 알리고자 (remind)할 때의 표현들을 학습해보자.

Practice ❶
I am interested in~
…에 관심이 있습니다. …하고 싶습니다

Practice ❷
I was impressed with~
…에 감명받았습니다

Practice ❸
We noticed that~
…을 알게 되었습니다

PRACTICE 1

In my opinion~

저의견해로는…

간단한 형태의 의견 표시는 I think~ 또는 I feel~ 로 나타낼 수 있다. 그러나 격식이 필요한 이메일을 쓸 때는 in my opinion, from my point of view 또는 as far as I am concerned~ 등의 표현을 사용한다.

Key Patterns

- I believe~ …로 믿습니다
- In my opinion~ 제 견해로는…
- In my point of view~ 저의 관점에서는…
- From my point of view~ 저의 관점에서 보면…
- As far as I am concerned~ 제 개인적 생각으로는…, 개인적 관점으로는…

Patterns Practices

1 I believe it is a good investment.
제가 믿기로는, 그것은 유리한 투자입니다.

2 In my opinion, we should wait for a better opportunity.
제 견해로는, 우리는 보다 더 나은 기회를 기다려야 합니다.

3 As far as I am concerned, the campaign has been very successful.
저의 개인적 생각으로는, 그 캠페인은 매우 성공적이었습니다.

4 In my point of view, the prices in the restaurant are extraordinarily high.

저의 관점에서는, 그 식당의 가격은 터무니 없이 비쌉니다.

•• extraordinarily 엄청나게, 터무니 없이

5 In my opinion, there are clear signs the economic recovery has begun.

저의 견해로는, 경기가 회복되기 시작했다는 명백한 징조들이 있습니다.

•• clear signs 명백한 징조, 징후   economic recovery 경기 회복

6 From my point of view, this could be a good buying opportunity.

저의 관점에서 본다면, 지금이 매입해야 할 좋은 기회입니다.

•• buying opportunity 구매기회

7 As far as I am concerned, the most important thing is to secure the necessary funding.

저의 개인적 관점에서 볼 때 가장 중요한 것은 필요한 자금을 확보하는 것입니다.

•• secure 획득하다, 확보하다

Voca Tips 》》 그 외 의견을 나타내는 유사한 표현들

I feel~ 제가 느끼기로는	secure a permit 허가를 받아내다
I figure that~ 제 생각으로는	secure proof 증거를 확보하다
As far as I know~ 제가 아는 바로는	secure attention 주목을 끌다
secure 획득하다, 확보하다	secure against 대비하여 지키다, 우려를 없애다
secure a seat 좌석을 확보하다	

It appears to me that~

…인 것처럼 보입니다

개인적 의견을 나타내고자 할 때 appear, look, seem 등의 동사를 사용한다. '… 인 것 같다,' 또는 '… 인 것처럼 보인다'는 의미로써 진술하는 사항의 진위 여부에 대해 명확히 확신하지 못하는 경우에도 사용할 수 있는 표현이다.

Key Patterns

- **It appears that~** … 로 보입니다

- **It appears to me that~** 제게는 …로 보입니다

- **It looks as if~** 마치 …인 것처럼 보입니다

- **It looks to me as if~** 제게는 마치 …인 것처럼 보입니다

- **It seems to me that~** 제게는 …로 여겨집니다

Patterns Practices

1 It appears that we have no time to lose.
지체할 시간이 없어 보입니다.
- • time to lose 지체할 시간

2 It looks as if you made a hasty decision.
귀하께서 성급한 결정을 내린 것으로 보입니다.
- • hasty decision 성급한 결정

3 It seems to me that we need to hire a person on a contract basis.
저의 의견으로는 계약제로 한 사람을 고용할 필요가 있어 보입니다.

• • hire someone on a contract basis 계약직으로 …를 고용하다

4 It appears to me that **we need to hire another programmer to meet our deadline.**

저의 의견으로는 마감일을 맞추기 위해서는 프로그래머를 한 사람 더 고용해야 할 것 같습니다.

5 It seems to me that **we should reduce operating costs to a minimum.**

저의 의견으로는 운영비를 최소한으로 줄여야 할 것으로 보입니다.
• • to a minimum 최소한으로

6 It appears to me that **the regulations should not be changed unless there are good reasons to do so.**

저의 관점으로는 그렇게 해야 할 타당한 이유가 없다면 규정은 바뀌지 않아야 할 것으로 보입니다.
• • should not~ unless~ …않고는 …해서는 안된다

7 It seems to me that **we cannot improve on our product quality without investing in new equipment.**

저의 관점으로는 새로운 설비에 투자하지 않고서는 제품의 질을 개선시킬 수 없어 보입니다.
• • cannot~ without~ …없이는 …할 수 없다

1 규정의 일부는 수정되어야 할 것으로 보입니다.

It appears to me that _____.

2 제 생각엔 직원을 더 채용하지 않고는 마감일을 지킬 수 없을 것으로 보입니다.

It appears to me that _____

_____.

3 제 견해로는, 그 문제를 해결하기 위해서는 귀하 공장의 낡은 설비들이 교체되어야 합니다.

From my point of view, the old facilities _____

_____.

4 중대한 변화가 없다면 우리는 그 프로젝트를 계속할 수 있을 것으로 보입니다.

It appears to me that _____

_____.

5 저는 우리에게 직접적인 영향을 주지 않는다면 그들의 결정에 관여해서는 안된다고 생각합니다.

I think that we should not _____

_____.

HINT

be replaced 교체되다
fix the problems 문제를 해결하다
~should be replaced to fix the problems 문제를 해결하기 위해 …이 교체되다
get involved in~ …에 관여하다, 개입하다
have a direct impact on~ …에 직접 영향을 미치다

ANSWERS

1 It appears to me that some of the regulations should be changed.

2 It appears to me that we cannot meet the deadline without hiring more staff.

3 From my point of view, the old facilities in your factory should be replaced to fix the problems.

4 It appears to me that we will be able to continue the project unless there is a significant change.

5 I think that we should not get involved in their decisions unless they have a direct impact on us.

Email Example

From	
To	
Subject	

Dear Board Members,

In recent months, the workload on our company has increased a lot and our factories are having trouble keeping up with deadlines. It appears to me that we cannot keep up with the demand and meet deadlines for orders without hiring more staff. We might consider hiring part-time employees temporarily until we move towards hiring staff with full and relevant qualifications.
We will discuss these issues at the meeting scheduled on Monday of next week.

Sincerely,
Ryan A. Foster
Chairman and Chief Executive Officer

•• workload 업무량, 작업량 keep up with the demand 수요를 따라잡다 relevant qualifications 적절한 자격

임원님들 귀하,

최근 몇 개월 동안, 우리 회사의 작업량이 매우 증가했으며, 공장들은 마감 기일을 맞추는데 어려움을 겪고 있습니다. 저의 견해로는 직원을 더 채용하지 않고는 수요를 따라잡을 수 없으며 주문 마감 기한을 맞출 수가 없어 보입니다. 우리는 적절한 자격을 갖춘 정식 직원을 채용할 때까지 임시로 시간제 직원들을 채용하는 방안을 고려해야할 것 같습니다.
다음 주 월요일 예정된 회의에서 이 문제들을 논의할 것입니다.

안녕히 계십시오.
라이언 A. 포스터
의장 및 최고 경영자

I am interested in~

···에 관심이 있습니다, ···하고 싶습니다

....

상품이나 거래 또는 상대방의 제안에 대해 관심이 있음을 나타내는 표현이다. 전치사 in과 명사 또는 ~ing를 사용한다는 점에 주의한다. be interested in의 변형으로 have an interest in이 있다. 의미를 강조하기 위한 수식어로는 very, strong 또는 deep이 주로 사용된다.

🔲 Key Patterns

● **I am interested in~** ···에 관심이 있습니다

● **I have an interest in~** ···에 관심이 있습니다

● **We have a strong interest in~** ···에 많은 관심이 있습니다

🔲 Patterns Practices

1 I am interested in **the position you are offering.**
저는 귀하가 제공하는 직위에 관심이 있습니다.

2 I am interested in **attending the training program.**
저는 그 연수 프로그램에 참가하는데 관심이 있습니다.

3 I have an interest in **volunteering for your project.**
저는 귀하의 프로젝트에 지원하고 싶은 생각이 있습니다.
●● volunteer for~ ···에 지원하다

4 We have a strong interests in **the purchase of your products.**
우리는 귀하의 제품을 매입하는데 많은 관심이 있습니다.
●● in the purchase of~ = in purchasing~ ···의 매입에 (···을 매입하는데)

5 We are interested in **knowing more about your products.**

우리는 귀하의 제품에 관해 더 알고 싶습니다.

6 I am interested in **an opportunity to volunteer with the Red Cross.**

저는 적십자에 자원하는 기회를 갖고 싶습니다.

•• **the Red Cross** 적십자

7 We have a strong interest in being **a distributor of your products in European market.**

우리는 귀하의 제품을 유럽시장에 유통시키고 싶은 의향이 많이 있습니다.

•• **distributor** 유통업자, 판매업자

<table>
<tr><td colspan="2">

Voca Tips

</td></tr>
<tr>
<td>

volunteer n. 자원 봉사자 v. 자원하다, 자원 봉사하다

volunteer center 자원 봉사 센터

volunteer worker 자원 봉사자

volunteer activity 자원 봉사 활동

volunteer for military service 자원 입대하다

volunteer for community service
사회 봉사 활동에 자원하다

participate in volunteer work 자원봉사 활동에 참가하다

work as a volunteer for… 에서 자선 봉사하다

</td>
<td>

distribute 분배하다, 유통시키다 / **distribution** 유통, 분배

distribute fairly 공평하게 분배하다

distribute equally 균등하게 분배하다

distribute widely 널리 배포하다

distribute a profit 이익을 분배하다 *이 경우 distribute 대신 divide를 사용할 수 있음

</td>
</tr>
</table>

I was impressed with~

…에 감명받았습니다

상대방의 서비스나 업무 수행 능력에 관해 좋은 인상을 받았음을 알려주는 표현이다. impressed 대신 moved, attracted, fascinated 등을 사용할 수 있으며, 강조하는 부사로 very much, deeply, extremely 등이 있다. be attracted는 전치사 by를 사용한다. 이에 반해 fascinated는 by 또는 with 둘 다 전치사로 사용할 수 있다.

📖 Key Patterns

- ● I was moved by~ …에 감명받았습니다

- ● I was impressed with~ …에 감명받았습니다

- ● We are attracted by~ …에 매혹되었습니다

- ● We are fascinated by~ …에 매료되었습니다

📲 Patterns Practices

1 I was deeply moved by your warm and timely response.
저는 귀하의 친절하고 시기 적절한 대응에 깊이 감명받았습니다.
●● timely 시기에 맞는, 적절한

2 We were impressed with your high level of qualifications.
우리는 귀하의 높은 자격 수준에 감명받았습니다.
●● qualification 자격

3 We were deeply moved by your company's new technology.
우리는 귀회사의 신기술에 매우 감명받았습니다.

4 We were deeply impressed with your excellent customer support.
우리는 귀하의 뛰어난 고객 서비스에 감명받았습니다.
• • customer support 고객 관리

5 We are certainly very attracted by the high quality of your products and services.
우리는 귀하의 제품과 서비스의 탁월한 품질에 깊은 인상을 받았습니다.

6 I am extremely impressed with the level of service I have received from your company today.
저는 오늘 귀 회사로부터 받은 서비스의 수준에 깊은 감명을 받았습니다.

7 We were fascinated by the excellent facilities in your factory and the remarkable performance of your staff.
우리는 귀하의 우수한 공장 설비와 직원들의 뛰어난 업무 수행에 매료되었습니다.
• • remarkable performance 뛰어난 업무 수행

Voca Tips

timely 때 맞춘, 시기 적절한
a timely aid 시기 적절한 도움
a timely hit 적시타 (야구)
a timely notice 때 맞춘 통보
a timely remark 시기 적절한 발언
a timely decision 시기 적절한 결정
timely measures 시기 적절한 방법
The CEO's decision was proper and timely.
최고 경영자의 결정은 적절했고 시기적으로도 맞았다.

performance 실적, 성과, 업무 수행
A salesperson's pay is most often tied to their performance.
판매원의 보수는 대부분 그들의 실적과 연계되어 있다.
Due to the recent poor performance of the company, the whole management team has been replaced.
회사의 최근 실적 부진으로 인해, 경영팀 전체가 교체되었다.

We noticed that~

…을 알게되었습니다

어떤 사실에 관해 메일의 수신자에게 환기시키는(remind) 표현이다. 동사 notice 외에도 find나 realize 등을 사용할 수 있다. 표현에 변화를 주고 싶을 때는 서류나 기록을 통해 알게되었다는 의미의 our record shows that~ 의 구문으로 나타낼 수도 있다.

Key Patterns

● I noticed that~ …을 알게되었습니다

● I found that~ …을 발견했습니다

● We realized that~ …을 깨달았습니다

● I came to know that~ …을 알게 되었습니다

Patterns Practices

1 We noticed that you are looking for a job in IT.
우리는 귀하가 IT 분야의 직업을 찾고 있다는 것을 알았습니다.
•• IT 정보 기술 (information technology)

2 I noticed that you have not yet submitted your proposal.
저는 귀하가 아직 제안서를 제출하지 않았다는 것을 알았습니다.
•• submit one's proposal 제안서를 제출하다

3 We noticed that your account information is not correct.
우리는 귀하의 계정 정보가 정확하지 않다는 것을 알았습니다.
•• account information 계좌[계정] 정보

4 I found that the copy machine on the second floor is not working properly.

저는 2층의 복사기가 제대로 작동하지 않는다는 것을 발견했습니다.

5 I found that several computers in our office have been infected with a virus.

서는 사무실의 여러 컴퓨터들이 바이러스에 감염되었다는 것을 발견했습니다.

• • **be infected with~** …에 감염되다

6 We realized that the sales figures this month had dropped considerably.

우리는 이번 달 판매 수치가 현저히 떨어졌다는 것을 알았습니다.

• • **sales figures** 판매실적 **drop** 떨어지다, 떨어뜨리다

7 We realized that you did not attend your appointment at our clinic on Tuesday.

우리는 귀하가 화요일 진료 약속을 지키지 않았음을 알게 되었습니다.

• • **an appointment at a clinic** 진료 약속

8 I came to know that you are looking for a full-time sales associate to join your team.

저는 귀하께서 귀하의 팀에 합류할 정규 영업 사원을 모집하고 있다는 것을 알게 되었습니다.

• • **a sales associate** 영업 사원

Voca Tips

drop, fall, decrease 감소하다 ↔ **increase, grow, rise** 증가하다

Sales dropped considerably during the first quarter. 1/4분기 동안 판매가 상당히 하락했습니다.

There has been a significant decrease in demand in the third quarter.
3 분기에는 심각한 수요 감소가 있었습니다.

Retail sales are steadily increasing this year.
올해는 소매 판매가 꾸준히 증가하고 있습니다.

Unemployment is expected to rise nationwide over the next few years.
실업은 향후 몇 년 동안 전국적으로 증가할 것으로 예상됩니다.

be infected with~ …에 감염되다
infect (with) 감염시키다, 오염시키다 **infection** 감염

The flu is caused by a viral infection of the respiratory tract.
독감은 바이러스가 호흡기를 감염시키는 것에 의해 야기된다.

Recent statistics show that more than 90% of computers are infected with spyware.
최근의 통계에 따르면 컴퓨터의 90%이상이 스파이웨어에 감염된 것으로 보인다.

1 저는 귀하의 연수회에 참가하고 싶은 의향이 있습니다.

I am _____.

2 저는 적십자사를 위해 자원 봉사자로 일하고 싶습니다.

I am _____.

3 우리는 귀 회사의 혁신 과정에 감명을 받았습니다.

We were _____.

4 우리는 귀 단체가 보여준 높은 수준의 프로 정신에 감명을 받았습니다.

We were _____

_____.

5 저는 우리 회사의 판매량이 지난 해에 비해 10% 증가했다는 것을 알게되었습니다.

I noticed _____

_____.

HINT

work as a volunteer for~ …를 위해 자원봉사자로 일하다
innovation process 혁신 과정
in the domestic market 국내 시장에서

ANSWERS

I am very interested in participating in your workshop.

I am interested in working as a volunteer for the Red Cross.

We were impressed with your company's innovation process.

We were impressed with the high level of professionalism shown by your organization.

We noticed that our sales have increased by ten percent over the previous year.

From	
To	
Subject	

Dear Springfield Media,

My name is Jacob Scot and I am a senior at Washington Art School and I would like to inquire about the possibility of starting my career in the PR department at Springfield Media. Through your website, I came to know that your company is starting a training program next month.

I am interested in pursuing a career in graphic design. I have enclosed herewith a copy of my resume that contains detailed information about my work experience and skills. I would like to know if there are any opportunities for me to attend your training programs.
Thank you for your time and I look forward to hearing from you.

Sincerely,
Jacob Scott

스피링필드 미디어 귀하

저의 이름은 제이콥 스캇이며 저는 워싱턴 예술학교의 졸업반 학생입니다. 저는 스프링필드 미디어의 광고부에서 저의 경력을 시작할 수 있는지에 관해 문의드립니다. 귀사의 웹사이트를 통해, 저는 귀 회사가 다음 달 트레이닝 프로그램을 시작한다는 것을 알게 되었습니다.

저는 그래픽 디자인 분야에서 일하는데 관심을 갖고 있습니다. 저는 저의 근무 경험과 기술에 관한 세부적 정보가 포함된 저의 이력서 사본을 다음과 같이 동봉합니다. 저는 귀사의 연수 과정에 참여할 수 있는 기회가 있는지 알고 싶습니다.
시간을 할애해주신데 감사드리며 귀하로부터 연락을 기다리겠습니다.

안녕히 계십시오,
제이콥 스캇

UNIT 19 | 계획

어떤 계획에 관해 알리고자 할 때 필요한 표현들이다. 현재 고려 중이거나 가까운 미래 일어날 사항에 관한 진술이므로 시제는 기본적으로 be going to~ 또는 진행형을 사용한다는 점에 유의한다.

Practice ❶
We are going to~
…하고자 합니다

Practice ❷
We plan~
…을 계획하고 있습니다

Practice ❸
We are considering~
…을 고려하고 있습니다

9

계획 및 일정변경

UNIT 20 | 결정

결정과 관련된 표현들이다. 기본 동사는 decide이 며 to 부정사 또는 전치사를 사용하여 의미를 확장 시킬 수 있다.

Practice ❶
We decided to~
…하기로 결정했습니다

Practice ❷
We decided not to~
…하지 않기로 결정했습니다

Practice ❸
We came to the conclusion that~
…라는 결론에 도달했습니다

UNIT 21 | 장소 및 일정 변경

장소 및 일정 변경을 알리는 표현이다. 단순히 변 경된 사실만을 알릴 수도 있고일정이 늦추어지거 나, 앞당겨진 상황을 날짜 또는 시간을 포함해서 보다 더 구체적이고 상세하게 알릴 수도 있다.

Practice ❶
The venue has been changed from~ to~
장소가 …에서 …로 변경되었습니다

Practice ❷
The meeting has been delayed from~ to~
회의는 …에서 …로 늦추어졌습니다

Practice ❸
The schedule has been moved forward from~ to~
일정이 …에서 …로 앞당겨졌습니다

We are going to~

···하고자 합니다

가까운 미래의 계획을 알리고자 할 때 사용하는 표현이다. be going to~ 외에, 단순 미래 시제 will 이나 be~ ing 진행형을 사용한 표현도 가능하다. 또한 미래에 대한 예상이나 예측을 하는 내용은 expect 또는 anticipate 로 표현한다.

Key Patterns

- **We are having~** ···을 할 것입니다
- **We are going to~** ···을 하고자 합니다
- **We expect that~** ···을 기대하고 있습니다
- **We anticipate that~** ···을 예상하고 있습니다

Patterns Practices

1 We are having an autumn sale starting next week.
우리는 다음 주부터 가을 세일을 실시합니다.

2 We will be opening a new office in Bangkok next month.
우리는 다음 달 방콕에 새 사무실을 열 것입니다.

3 We are going to meet next Monday to discuss the project further.
우리는 그 프로젝트에 관해 더 논의하기 위해 다음주 월요일에 만나고자 합니다.

4 We are going to discuss specific issues related to investment at the meeting.

우리는 그 회의에서 투자와 관련된 세부 사항을 논의하려고 합니다.

•• discuss specific issues 세부 사항을 논의하다

5 We are going to sign a contract with one of the largest logistics companies in the nation.

우리는 국내 최대의 물류 회사들 중의 하나와 계약을 체결하려 합니다.

•• sign a contract with~ …와 계약을 체결하다　logistics company 물류회사, 택배회사

6 We expect that a mutual agreement will be reached within the next few weeks.

우리는 앞으로 몇 주 이내에 상호 합의에 도달할 것으로 기대합니다.

•• a mutual agreement 상호 협정, 합의

7 We anticipate that we will be able to launch the new products in three weeks, at the earliest.

우리는 빠르면 3주 이내에 신제품을 출시할 수 있을 것으로 예상합니다.

Voca Tips

logistic 물류에 관한, 수송 업무에 관한 (필요한 물자를 관리 및 보급하는), 병참의 (군사 작전시 군수품 및 병력을 수송하는 업무)

logistics 보급 관리 업무

logistic team 물류 지원팀
logistics company 물류회사
logistics information system 물류 정보 시스템
establish a logistics company 물류 회사를 설립하다

Grammar Tips

be ~ing 구문으로 진행 상태 또는 가까운 미래를 나타낼 수 있다.

My cell phone rang while I was attending a meeting. 회의중 휴대전화 벨이 울렸다.

We are having a meeting this afternoon to discuss this issue further.
우리는 이 문제를 더 논의하기 위해 오늘 오후 회의를 열 것이다.

* 미래 시점을 나타내는 표현과 함께 현재시제로 가까운 미래를 표현할 수 있다.

We have a meeting this afternoon to discuss this issue further.

We plan~

…을 계획하고 있습니다

동사 plan은 계획하다는 뜻으로 단어 차체에 미래의 의미가 포함되어 있다. 따라서 문장 형태는 현재형 또는 현재 진행형을 사용할 수 있다. 목적어는 명사나 to 부정사 중 상황에 적절한 것을 선택한다. …을 염두에 두다, 고려하고 있다는 의미로 have in mind to~ 구문을 사용할 수도 있다.

Key Patterns

- We plan~ …을 계획하고 있습니다
- We are planning~ …을 계획하고 있습니다
- We are planning to~ …할 계획을 갖고 있습니다
- We have in mind to~ …을 염두에 두고 있습니다

Patterns Practices

1 We are planning a company picnic in the park.
우리는 공원에서 회사 야유회를 가질 계획이 있습니다.

2 We plan to purchase office supplies for our new office.
우리는 새 사무실을 위한 사무용품을 구매할 계획입니다.

3 We are planning to start distributing our new iPhone in October.
우리는 10월 우리의 새로운 아이폰을 시판할 계획입니다.

4 We have in mind to **extend the contract for another year.**

우리는 그 계약을 1년 더 연장할 것을 염두에 두고 있습니다.

•• **extending a contract** 계약을 연장하다 *계약에 관한 표현은 Unit 27 계약편에서 더 상세히 다룰 것임.

5 We are planning to hire **20 new employees who will work on the product lines.**

우리는 생산 라인에서 일할 신규 직원 20명을 채용할 계획에 있습니다.

•• **work on the product lines** 생산 라인에서 일하다

6 We are planning to compensate **customers who were overcharged as a result of a technical issue.**

우리는 기술적인 문제로 인해 요금이 많이 청구되었던 고객들에게 보상할 계획입니다.

•• **compensate** 보상하다 **overcharge** 많이 청구하다

7 We have specific changes in mind to **improve our service quality and efficiency.**

우리는 서비스의 질과 효율성을 개선시키기 위한 구체적인 변경 사항들을 염두에 두고 있습니다.

Voca Tips

overcharge 금액을 너무 많이 청구하다, 바가지를 씌우다 (charge too much)

If you have been overcharged, we will reimburse you for the difference.
만약 요금이 더 부과되었다면, 그 차액을 상환해드릴 것입니다.

The investigation revealed that an energy company has overcharged its customers through system errors.
조사 결과 한 에너지 회사는 시스템의 오류로 인해 고객들에게 요금 청구를 과하게 해온 것으로 밝혀졌습니다.

PRACTICE 3

We are considering~

…을 고려하고 있습니다

고려하거나 또는 숙고 중인 사항은 consider로 표현한다. 그외 take into account나 take into consideration으로 표현할 수도 있다.

Key Patterns

- We will consider~ …을 고려할 것입니다
- We are considering~ …을 고려하고 있습니다
- We will take into account~ …을 고려할 것입니다
- We have to take into consideration~ …을 고려해야 합니다

Patterns Practices

1 We will consider your proposal carefully.
우리는 귀하의 제안을 신중히 고려할 것입니다.

2 We are currently considering your application.
우리는 현재 귀하의 지원을 검토하고 있습니다.

3 We are considering what methods to use in staff training program.
우리는 직원 연수 프로그램에 어떤 방법들을 사용할지 고려하고 있습니다.
•• what methods to use 어떤 방법을 사용할지

4 We are considering the introduction of the course in our curriculum.

우리는 우리 커리큘럼에 그 과정의 도입을 고려하고 있습니다.

•• curriculum 교육 과정

5 We are considering the construction of a new plant in Eastern Europe.

우리는 동 유럽에 새 공장을 건설하는 것을 고려하고 있습니다.

6 We are considering all the available options for strategically promoting sales of our products.

우리는 우리 제품의 판매를 전략적으로 촉진시키기 위한 모든 가능한 선택 사항들을 고려하고 있습니다.

•• available options 가능한 선택 사항들   promoting sales 판매 촉진   strategically 전략적으로

7 We will certainly take your comments and advice into account.

우리는 분명히 귀하의 설명과 충고를 고려할 것입니다.

8 We have to take into consideration the fact that the regulations could change later on.

우리는 그 규정들이 나중에 바뀔 수도 있다는 점을 고려해야 합니다.

1 우리는 사무실에 있는 컴퓨터들을 업그레이드시킬 예정입니다.

We are going to _____

_____.

2 저는 다음 달 리셉션 홀을 전체적으로 개조할 계획입니다.

I am planning _____

_____.

3 우리는 현재 귀하의 제안을 신중히 고려하고 있습니다.

We are currently _____.

4 우리는 회사를 다른 곳으로 옮기는 가능성을 고려하고 있습니다.

We are considering _____

_____.

5 우리는 귀하의 신청을 검토하고 있으며, 인터뷰에 선정이 된다면 연락을 드릴 것입니다.

We are _____

_____ if you are chosen for an interview.

reception hall 리셉션 홀, 영빈관
refurbishment 개선, 쇄신
relocate 이전하다, 이동하다

1 We are going to upgrade the computers in the office.
2 I am planning a complete refurbishment of the reception hall next month.
3 We are currently considering your offer carefully.
4 We are considering the possibility of relocating our company to another place.
5 We are considering your application, and will contact you if you are chosen for an interview.

From	
To	
Subject	

Dear Mr. Park,

I will be visiting Seoul to attend a business conference and plan to stay at the Hilton Hotel from July 17th to 22nd. It is a four day conference which ends on the 20th, and I'm going to use some vacation days before returning. I wonder if we could meet to discuss our project during that time.
If it is possible, please let me know when would be convenient for you.

Kind Regards,
Tom Peterson

안녕하세요 미스터 박,

저는 비즈니스 컨퍼런스에 참석하고자 다음 달 서울을 방문하여 7월 17일에서 22일까지 힐튼 호텔에 머물 계획입니다. 컨퍼런스는 4일 예정으로 20일에 마칩니다, 그리고 저는 귀국 전에 며칠 휴가를 가지려 합니다. 이 기간동안 귀하와 만나서 우리 프로젝트를 논의하는 것이 가능한지 궁금합니다.
만약 가능하시다면, 편리한 시간이 언제인지 알려주시기 바랍니다.

톰 피터슨

PRACTICE 1

We decided to~

…하기로 결정했습니다

동사 decide는 목적어로 to 부정사를 취한다. 같은 의미로 make a decision, make up one's mind, conclude 등을 사용할 수 있다.

Key Patterns

● **We decided to~** …을 하기로 결정했습니다

● **We made a decision on~** …에 대한 결정을 내렸습니다

● **We will make a decision on~** …에 대한 결정을 내릴 것입니다

● **We made up our minds to~** …을 하기로 결정을 내렸습니다

Patterns Practices

1 We decided to **go with the proposals.**

우리는 그 제안에 찬성하기로 결정했습니다.

•• **go with** 찬성하다 ↔ **go against** 반대하다

2 We decided to **go ahead with the proposals.**

우리는 그 제안을 추진하기로 결정했습니다.

•• **go ahead with~** …을 추진하다, 진행하다

3 We decided to **bring this issue up at the next meeting.**

우리는 이 문제를 다음 회의에서 논의하기로 결정했습니다.

•• **bring up** 의제를 꺼내다

4 We will make a decision on **what to buy by next Tuesday.**

우리는 다음 주 화요일까지 무엇을 구입할 것인가에 관한 결정을 내릴 것입니다.

5 We decided to **extend the registration deadline to 15th of April.**

우리는 등록 마감일을 4월 15일까지 연장하기로 결정했습니다.

6 We made up our minds to **discuss these issues further at the** committee meeting.

우리는 이 문제들을 위원회 모임에서 구체적으로 논의하기로 결정했습니다.

7 We decided to **keep the document under scrutiny pending any further** reports.

우리는 이 서류를 다음 보고서가 나올 때까지 면밀히 조사하기로 결정했습니다.

• • keep something under scrutiny~ …을 면밀히 조사하다
  pending~ …가 있을 때까지 cf. pending 미결인, 계류중인 (Unit 37, Practice 3)

We decided not to~

···하지 않기로 결정했습니다

부정사의 부정은 not to~ 로 나타낸다. 따라서 ···하지 않기로 결정한다는 decide not to~ 가 된다. 반대한다는 의미로 전치사 against를 사용할 수 있는데, not to 다음에는 동사 원형, against 다음에는 명사나 동명사를 사용한다는 점에 주의하자.

Key Patterns

- **We decided not to~** ···하지 않기로 결정했습니다
- **We have decided not to~** ···하지 않기로 결정을 내렸습니다
- **We have decided against~** ···에 반대하는 결정을 내렸습니다

Patterns Practices

1 We decided not to **pursue the issue.**
우리는 그 문제를 더 이상 논의하지 않기로 결정했습니다.
- **pursue** 추구하다, (논의 등을) 계속하다

2 We have decided not to **proceed with the business.**
우리는 그 사업을 더 이상 진행하지 않기로 결정했습니다.
- **proceed with~** ···을 진행하다

3 We have decided against **taking part in the project.**
우리는 그 프로젝트에 참여하지 않기로 결정했습니다.
- **decide against~** 하지 않기로 결정하다

4 We have decided against sending a delegation to the rally.

우리는 그 집회에 대표단을 파견하지 않기로 결정했습니다.

•• **send a delegation** 사절단을 파견하다   **rally** 집회

5 We decided not to buy the items until their quality improves.

우리는 품질이 개선되기 전까지는 그 품목을 구입하지 않기로 결정했습니다.

6 We have decided not to proceed with the business until economic conditions improve.

우리는 경제 상황이 나아질 때까지 그 사업을 진행하지 않기로 결정했습니다.

7 We have decided against presenting our products at the industrial exhibition this year.

우리는 올해에는 산업 박람회에 우리 제품을 출품하지 않기로 결정했습니다.

•• **industrial exhibition** 산업 박람회   **be present at~** …에 출품하다

Voca Tips

against~ …에 반대하여, 거슬러서, 맞서서

declare against~ …에 대해 반대를 표명하다

file against~ …에 이의를 신청하다

provide against~ …에 대비하다

turn against~ …에게 등을 돌리다

go against someone~
…에게 저항하다, 반대하다, 상황이 …에게 불리하다

against time 시간을 다투는

We are working against time to finish the project.
우리는 그 프로젝트를 시간에 맞게 끝내기 위해 시간을 다투어 일
하고 있습니다.

be present at~ …에 참석하다, 출품하다

We will be present at the meeting.
우리는 그 회의에 참석할 것입니다.

Our company will present a new product range at the trade exhibition this year.
우리 회사는 일련의 신상품들을 금년 무역 박람회에 전시할 것입
니다.

We came to the conclusion that~

…라는 결론에 도달했습니다

어떤 결론에 도달했음을 알리는 표현이다. 동사구 come to 대신 arrive at 또는 reach를 사용할 수 있다.

🔘 Key Patterns

● We came to the conclusion that~
We reached the conclusion that~
We arrived at the conclusion that~
…라는 결론에 도달했습니다

🔘 Patterns Practices

1 We reached the conclusion that we can't afford to raise salaries this year.
올해는 월급을 올릴 여유가 없다는 결론에 도달했습니다.
●● **afford to~** …할 여유가 있다
raise salaries 보수를 올리다 *a raise 임금 인상 (Unit 14 Exercise)

2 We arrived at the conclusion that we have to improve our working conditions.
우리는 우리 근무환경을 개선시켜야 한다는 결론에 도달했습니다.
●● **working conditions** 근무 환경

3 We came to the conclusion that **we wouldn't be offering you another contract.**

우리는 귀하와 계약을 다시 하지 않기로 결론을 내렸습니다.

4 We arrived at the conclusion that **we have to hire a new manager for the factory.**

우리는 공장의 신임 매니저를 채용해야 한다는 결론에 도달했습니다.

5 We came to the conclusion that **our joint venture can be put into operation immediately.**

우리는 우리의 합작 투자를 즉시 실행할 수 있다는 결론에 도달했습니다.
•• put into operation 실행하다

6 We arrived at the conclusion that **we have to reduce production costs through technical innovation.**

우리는 기술 혁신을 통해 생산 비용을 줄여야 한다는 결론에 도달했습니다.

7 We came to the conclusion that **we should diversify our products and services to meet new consumer demands.**

우리는 신규 고객들의 요구에 부응하기 위해 우리 제품과 서비스를 다양화시켜야 한다는 결론에 도달했습니다.
•• diversify 다양화하다 consumer demand 소비자의 요구

Voca Tips

afford to~ …할 여유가 있다, …할 수 있다
We cannot afford to hire any additional workers.
우리는 직원을 더 추가로 채용할 여유가 없습니다.

We cannot afford to waste time on the subject any more.
우리는 그 문제에 더 이상 시간을 낭비할 여유가 없습니다.

affordable 가능한, 알맞은, 감당할 수 있는
affordable price 알맞은 가격
We will sell the products through our own website at affordable prices.
우리는 이 제품들을 우리 웹사이트와 온라인을 통해 저렴한 가격에 판매할 것입니다.

put something into operation …을 실시하다, 가동시키다
We will put the new system into operation in the next quarter.
우리는 다음 분기부터 새 시스템을 가동시킬 것입니다.

The new regulations will come into operation on July 1st.
새 규정은 7월 1일부터 시행될 것입니다.

1 우리는 긴급한 일로 인해 예약을 취소하기로 결정했습니다.

We decided _____

_____.

2 우리는 그 회사와는 더 이상 거래를 하지 않기로 결정했습니다.

We decided _____

_____.

3 우리는 날씨가 더 따뜻해질 때까지 여행을 연기하기로 결정했습니다.

We decided _____

_____.

4 우리는 보수 공사가 끝날 때까지 공장 문을 닫아야 한다는 결론에 도달했습니다.

We reached _____

_____.

5 우리는 환경과 연관된 프로젝트의 투자를 확대해야 한다는 결론에 도달했습니다.

We came _____

_____.

HINT

do business with~ …와 거래하다
repair work 보수 공사
environment related projects 환경과 연관된 프로젝트

ANSWERS

1 We decided to cancel our reservation because of an emergency.
2 We decided not to do any further business with the company.
3 We decided to postpone our trip until the weather becomes warmer.
4 We reached the conclusion that the factory should be closed until the repair work is completed.
5 We came to the conclusion that we have to increase investment in environment related projects.

Email Example

From	
To	
Subject	

Dear Customers,

This e-mail is to inform you that we are changing our business name to Awards Pizzeria.
In addition, we will invest in new facilities and hire more staff, which will contribute to streamlining our work process. We are also expanding our product line and we will now serve Washington, DC, and the surrounding area.
If you have any questions or concerns, we look forward to hearing from you.

Thank you for your time,
Paul Jackson
Representative Director
Awards Pizzeria

고객여러분께,

이 이메일은 우리 상호명을 Awards Pizzeria로 바꾼다는 것을 알리기 위한 것입니다.
또한 우리는 새로운 시설에 투자하고 직원을 더 채용하여, 작업과정이 더욱 원활해질 수 있게 할 것입니다. 우리는 또한 제품라인을 더 확장시키고 워싱턴 시와 인접 지역에 서비스를 제공할 것입니다.
만약 의문점이나 우려사항이 있다면 우리에게 알려주시기 바랍니다.

감사합니다.
폴 젝슨
대표 이사
어워드 피자리아

21

**장소 및
일정변경**

The venue has been changed from~ to~

장소가 …에서 …로 변경되었습니다

....

장소 변경을 알리는 기본적 표현은 has been changed from~ to~ 이다. 그러나 수신인이 변경 전의 장소를 알고 있는 경우는 변경된 장소만 언급해도 무방하다. 동사는 change외에도 move나 relocate 등을 사용할 수 있다.

Key Patterns

- The venue for~ has been changed~ …의 장소가 변경되었습니다
- The place has been changed from~ to~ 장소가 …에서 …로 변경되었습니다
- The venue for~ has been moved from~ to~ …의 장소가 …에서 …로 옮겨졌습니다
- The office has been relocated to~ 사무실이 …로 이전되었습니다

Patterns Practices

1 The venue for **tomorrow's meeting** has been changed.
내일 회의 장소가 변경되었습니다.
- **venue** 운동 경기, 회담 등의 장소

2 The meeting place has been changed from **Room 307** to **Room 205**.
회의 장소가 307호실에서 205호실로 바뀌었습니다.

3 The venue for the seminar has been moved from **the Hilton Hotel** to **the Holiday Inn Hotel**.
세미나 장소가 힐튼 호텔에서 홀리데이 인 호텔로 바뀌었습니다.

4 Maywood Group has been relocated to the new office building on Alexander Street in Jersey City.

메이우드 그룹은 저지 시티의 알렉산더 스트리트에 위치한 새 사무실 건물로 이전하였습니다.

5 The venue for the board meeting has been changed to the main conference room in Euston Hall.

이사회 장소는 유스돈 홀의 주 회의실로 변경되었습니다.

6 The head office has been relocated to new premises situated on West 3rd Street of Los Angeles.

본사는 LA의 서쪽 3번가에 위치한 새 사무실 부지로 이전했습니다.

•• premises 부지, 지역, 구내

7 For the convenience of overseas members, the venue for the annual conference has been changed to the Plaza Hotel near the airport.

해외 회원들의 편의를 위해, 연례 회의 장소는 공항 근처의 플라자 호텔로 변경되었습니다.

Voca Tips

relocate - move or be moved to a new place 재배치하다, 이전하다

It is time to relocate our office.
우리 사무실을 이전해야 할 시기입니다.

venue - the place where an event or meeting is happening 장소, 개최지

Please note the change of venue and dates for our next meeting.
우리 다음 회의 장소와 시간이 바뀐 점을 유의하시기 바랍니다.

The games will take place next year but the venues are still to be decided.
경기는 내년에 열릴 것이지만 개최 장소는 아직 결정되지 않았다.

PRACTICE 2

The meeting has been delayed from~ to~

회의는 …에서 …로 늦추어졌습니다

시간 변경도 장소 변경과 마찬가지로 be changed to~ 로 표현할 수 있다. 일정이 늦어진 것을 강조하고자 할 때는 has been delayed 또는 has been postponed로 나타낸다. 1 인칭 주어를 사용하여 내가 … 또는 우리가 …을 변경했습니다로 표현하는 것도 좋다. 의미상의 주어가 1 인칭인 부정사 구문을 사용한다면~ for us to change~ 의 구문이 된다.

Key Patterns

● **The meeting has been changed from~ to~** 회의가 …에서 …로 변경되었습니다

● **The meeting has been delayed from~ to~** 회의가 …에서 …로 연기되었습니다

● **The date of~ has been postponed from~ to~** 회의 날짜가 …에서 …로 연기되었습니다

● **The event has been postponed indefinitely~** 행사가 무기한 연기되었습니다

● **We changed the time for~** 우리는 …의 시간을 변경했습니다

Patterns Practices

1 The meeting time has been changed from 10:30 a.m. to 2:30 p.m.
회의 시간은 오전 10시 30분에서 오후 2시 30분으로 변경되었습니다.

2 The meeting has been delayed from November 30th to December 2nd.
회의는 11월 30일에서 12월 2일로 늦추어졌습니다.
●● delay 늦추다

3 The date of the meeting has been postponed from May 31st to June 3rd.

회의 날짜는 5월 31일에서 6월 3일로 연기되었습니다.

• • postpone 연기하다

4 The board meeting scheduled for November 12th has been postponed until the 15th.

11월 12일루 예정된 이사회는 15일로 늦추어졌습니다.

5 The next department meeting has been delayed from Feb 28th to March 7th.

다음 부서 회의는 2월 28일에서 3월 7일로 늦추어졌습니다.

6 The board meeting scheduled for this Friday has been postponed until next Wednesday at 11:00 a.m.

이번 금요일로 예정된 중역 회의는 다음 수요일 오전 11시로 연기되었습니다.

7 Due to unforeseen circumstances, the event scheduled for Wednesday has been postponed indefinitely.

예기치 못한 사정으로 인해, 수요일로 예정된 행사는 무기한 연기되었습니다.

• • unforeseen 예기치 못한   be postponed indefinitely 무기한 연기되다

8 Due to unforeseen circumstances, it has become necessary for us to change the time for the staff meeting from 9:00 a.m. to 1:00 p.m.

예기치 못한 상황으로 인해, 직원 회의 시간을 오전 9시에서 오후 1시로 변경해야 했습니다.

Voca Tips

unforeseen - not anticipated, unexpected
예측하지 못한, 뜻밖의

unforeseen accident 불의의 재난

unforeseen consequences 예기치 못한 결과

unforeseen obstacle 예상치 못한 장애

change from A to B B는 시간이 늦춰지거나 앞당겨진 경우 모두에 사용할 수 있다.

The date of the board meeting has been changed from November 30th to December 2nd.

The date of the board meeting has been changed from December 2nd to November 30th.
이사회의 날짜가 12월 2일에서 11월 30일로 변경되었습니다.

날짜 표현:

영국식 (British English) - 30 November

미국식 (American English) - November 30th

*Supplemenets 시간 날짜 표현 참고

The schedule has been moved forward from~ to~

일정이 …에서 …로 앞당겨졌습니다

일정이 앞으로 당겨졌을 때는 has been moved up, has been brought forward, 또는 has been advanced by~ 등으로 표현할 수 있다

Key Patterns

● **The meeting has been moved up~** 회의가 …로 앞당겨졌습니다

● **The schedule has been moved forward by~** 일정이 …만큼 앞당겨졌습니다

● **The date has been moved forward from~ to~** 날짜가 …에서 …로 앞당겨졌습니다

● **The meeting has been brought forward to~** 회의가 …로 앞당겨졌습니다

● **The seminar will take place~ earlier than previously scheduled**
세미나는 …로 예정된 것보다 더 일찍 열릴 것입니다

Patterns Practices

1 The board meeting has been moved up **one week.**
이사회가 일주일 앞당겨졌습니다.
•• The board meeting has been advanced by one week로 표현할 수도 있다.

2 The interview schedule has been moved forward by **two hours.**
인터뷰 일정이 두 시간 앞당겨졌습니다.
•• be moved forward 앞당겨지다

3 The date of the conference has been moved forward from **10 May** to **3 May**.

회의 날짜가 5월 10일에서 5월 3일로 앞당겨졌습니다.

4 The meeting initially scheduled for **next Tuesday** has been brought forward to **this Friday**.

다음 화요일로 예정된 회의가 이번 금요일로 앞당겨졌습니다.

•• **initially** 당초, 처음에 **bring forward** (날짜, 시간 등을) 앞당기다

5 The staff meeting tomorrow scheduled at **3 p.m.** has been moved up to **11 a.m.**

오후 3시로 예정된 내일 직원 회의는 오전 11시로 앞당겨졌습니다.

6 The seminar will take place on **Monday** instead of **Friday, 4 days** earlier than previously scheduled.

세미나는 금요일이 아닌 월요일 개최됩니다. 처음 계획보다 4일 앞당겨졌습니다.

•• **instead of~** …대신에, …하지 않고 **earlier than scheduled** 계획된 것보다 빨리

7 Please note that the board meeting scheduled for **4 November** has been moved up to **28 October**.

11월 4일로 예정된 이사회가 10월 28일로 앞당겨졌다는 것을 유의하십시오.

Voca Tips

forward adv. 앞으로, 앞으로 향한 / v. 보내다, 전달하다	**instead of~** …대신에, …하지 않고
To move forward in your career, you sometimes need to take a step back.	The doctor recommended that I take the stairs instead of the elevator.
전진하기 위해서는 때때로 한 발짝 물러나야 할 필요도 있다.	의사는 나에게 엘리베이터 대신 계단을 이용하기를 권했다.
We will be forwarding the new work schedules to our shift workers shortly.	We decided to move our office to another building instead of renovating it.
우리는 곧 교대 근무자에게 새 작업 시간표를 보낼 것입니다.	우리는 사무실을 수리하지 않고 다른 건물로 옮기기로 했습니다.

1 내일로 예정된 직원 회의는 다음주 금요일로 연기되었습니다.

The staff meeting scheduled for tomorrow _____

_____ .

2 화요일로 예정되었던 부서 회의는 다음 통보가 있을 때까지 연기되었습니다.

The department meeting _____

_____ .

3 오늘 밤에 열릴 예정이었던 이사회는 다음 수요일 오후 7시 30분으로 재조정되었습니다.

Board meeting _____

_____ .

4 컨퍼런스는 많은 관심으로 인해 더 넓은 장소인 린제이 강당으로 옮겨졌음을 유의하시기 바랍니다.

Please note that the conference _____

_____ .

5 찾는 사람이 많아, 이번 주 세미나는 주 회의실로 옮겨졌습니다, 이 회의실은 컨퍼런스 센터에서 가장 넓은 장소입니다.

Due to increased demand, this week's seminar

_____ which is _____ .

HINT

until further notice 다음 통지가 있을 때까지
lecture hall 강당
due to increased demand 찾는 사람이 많아

ANSWERS

1 The staff meeting scheduled for tomorrow has been postponed until next Friday.
2 The department meeting scheduled for Tuesday has been postponed until further notice.
3 The Board meeting scheduled for tonight has been rescheduled for 7:30 p.m. next Wednesday.
4 Please note that the conference has been moved to a larger venue: Lindsey Lecture Hall, due to an expected increase in attendance.
5 Due to increased demand, this week's seminar has been moved to the main meeting room, which is the largest venue in the conference center.

Email Example

From

To

Subject

Dear Madam/Sir,

I am writing to inform you that we decided to extend invitations for you to attend the International Finance & Management Seminar. Because of the high demand for places, the venue for the seminar has been moved from the old library building to Julien Hall, which can provide room for additional participants. As a result, booking has been re-opened for new registrations.

The new venue can accommodate up to 300 participants. Once the maximum capacity has been reached, registration will be closed. For further information, please don't hesitate to contact us by e-mail.We eagerly await your participation in the seminar.

Sincerely yours,
Colin Becker
Organization Chairman
International Finance & Management Foundation

안녕하십니까,

저는 우리가 국제 금융 및 경영 세미나의 초대 인원을 늘리기로 결정했다는 것을 귀하께 알리기 위해 메일을 보냅니다. 많은 분들께서 참석을 원하시기 때문에, 세미나 장소는 노후된 도서관에서 더 많은 참석자들에게 좌석을 제공할 수 있는 줄리엔 홀로 옮겨졌습니다. 그 결과, 등록을 위한 예약 절차가 재개되었습니다. 변경된 장소는 참석 인원을 300명까지 수용할 수 있습니다. 최대 수용 인원에 도달하게 되면, 등록은 마감될 것입니다. 더 정보를 원하시면, 이메일로 저희에게 연락을 주십시오. 우리는 진심으로 귀하의 세미나 참여를 기다립니다.

안녕히 계십시오,
콜린 베커
조직위원장
국제 금융 및 경영 재단

10

회의

UNIT 22 | 회의 공지 및 의제

회의 소집에 관한 통지 또는 회의 목적에 관해 알리는 이메일이다. 앞으로 일어날 사항에 관한 내용이므로 시제는 미래형을 기본으로 한다 : will 이나 be going to~. 예정을 나타내는 be to~도 유용한 구문이다. 참석여부를 묻는 표현도 함께 다루기로 한다.

Practice ❶
We will hold a meeting~
···회의를 소집합니다

Practice ❷
The purpose of the meeting is to~
회의의 목적은 ···입니다
~ will be discussed~
(회의에서는) ···이 다루어질 것입니다

Practice ❸
I would appreciate your confirmation~
I would appreciate your acknowledgment~
···참석 여부를 알려주시기 바랍니다

UNIT 23 | 회의 참석 여부

회의일정에 관한 이메일을 받은 후, 본인의 참석여부를 알리는 표현이다. 참석할 수 없는 경우, 이에 대한 이유나 상황에 대한 부연 설명이 필요하다.

Practice ❶
This is to confirm that I will be attending~
···에 참석할 것을 확인드립니다

Practice ❷
I will not be available~
···에 참석할 수 없습니다

22

회의공지 및
의제

We will hold a meeting~

···회의를 소집합니다

'회의를 소집하다'는 hold a meeting 또는 call a meeting으로 표현한다. 만나는 상황에 중점을 두고 싶다면 We will meet~ 또는 I look forward to meeting~ 등으로도 나타낼 수 있다:
We will meet at James' office tomorrow morning. 내일 아침 제임스 사무실에서 만납시다.
I look forward to seeing you at the meeting room at 4 p.m. this afternoon. 오늘 오후 4시 회의실에서 귀하를 기다리겠습니다.

Key Patterns

- We will hold a meeting~ ···회의를 소집합니다
- We are going to hold a meeting to~ ···하기 위한 회의를 열고자 합니다
- I have to call a sudden meeting because~ ···한 이유로 급히 회의를 소집해야 합니다
- We look forward to meeting with you on~ ···에 관해 귀하와 만날 것을 기대하고 있습니다
- A meeting is scheduled to be held~ 회의는 ···열리기로 예정되어 있습니다

Patterns Practices

1 We will hold a manager's meeting tomorrow morning at 9 o'clock.
우리는 내일 아침 9시에 매니저 회의를 열고자 합니다.

2 I will be holding a brief meeting with my team members in my office at 3 p.m. today.
저는 오늘 오후 3시에 저의 사무실에서 팀원들과 간단한 회의를 열고자 합니다.

3 We are going to hold a meeting to **talk about our future projects tomorrow at 9:30 a.m.**

우리는 내일 오전 9 시 30 분에 우리의 향후 프로젝트에 관해 논의하기 위해 회의를 갖고자 합니다.

4 I have to call a sudden meeting because **there has been a serious change in circumstances.**

갑작스러운 상황의 변화로 인해 긴급 회의를 소집합니다.

•• because~ 대신 due to 명사구로 표현할 수 있다: **due to a change in circumstances**

5 There will be a general staff meeting **next Friday at 9:00 a.m. in the main conference room.**

다음 주 금요일 오전 9시에 주 회의장에서 전직원 회의가 열립니다.

•• **There is~** 구문으로 회의가 열린다는 것을 알릴 수 있다.

6 We are planning to hold a new employee orientation **at the Aston Hill Resort in Hawaii this year.**

우리는 금년 신입 사원 오리엔테이션을 하와이의 Aston Hill Resort에서 가질 계획입니다.

•• **a new employee orientation** 신입 사원 오리엔테이션

7 We look forward to meeting with you **on Wednesday, at 3:00 p.m. to discuss our partnership agreement.**

우리는 우리의 사업 제휴 계약 협의를 논의하기 위해 수요일 오후 3시 귀하를 만날 것을 기대합니다.

Voca Tips 》 회의 및 컨퍼런스와 관련된 표현들	
meeting 회의	conference 컨퍼런스
board meeting 이사회	video conference / web conference 화상 회의
general meeting 총회	teleconference 원격 화상 회의
managers' meeting 간부 회의	international video conference 국제 화상 회의
directors' meeting 중역 회의	
annual meeting 연례 정기 회의	
annual meeting of shareholders 정기 주주 총회	
faculty meeting 교수 회의	

The purpose of the meeting is to~

회의의 목적은 …입니다

~will be discussed~

…이 (회의에서) 다루어질 것입니다

회의의 목적이나 회의에서 다루어질 내용에 관해 언급하는 표현이다. 목적을 나타내기 위해 가장 흔히 사용되는 단어는 purpose이며 objective도 자주 사용된다. 이 단어들 보다는 덜 일반적이지만 goal 또는 aim 등의 단어도 표현의 변화를 주기 위해서 사용할 수 있다.

Key Patterns

- The purpose of the meeting is to~ 회의의 목적은 …입니다

- We are going to discuss~ 우리는 …을 논의할 것입니다

- ~ will be mentioned …이 언급될 것입니다

- ~ will be discussed …이 논의될 것입니다

Patterns Practices

1 The purpose of the meeting is to elect the board of directors for next year.
회의의 목적은 내년 중역회의 임원들을 선출하기 위한 것입니다.
•• elect the board of directors 이사회 임원을 선출하다

2 The purpose of the meeting is to **introduce our latest products and services.**

회의의 목적은 우리 회사의 최신 제품과 서비스를 소개하기 위한 것입니다.

3 The main purpose of this meeting is to **present and discuss the sales results for the first quarter this year.**

이 회의의 수 목적은 올해 1 분기의 판매 결과를 발표하고 논의하기 위한 것입니다.

4 The main objective of the meeting is to **review the comments and complaints we have received from our customers.**

회의의 주 목적은 우리 고객들로부터 받은 의견과 불만 사항들에 대해 검토하기 위한 것입니다.

•• **the comments and complaints** 의견과 불만 사항

5 **Salary increases and promotions** will be discussed **in detail at the next meeting.**

임금 인상과 승진은 다음 회의에서 상세히 논의될 것입니다.

6 We are going to discuss **several important issues with respect to achieving safe and healthy working conditions.**

우리는 안전하고 건전한 작업 환경을 얻기 위한 여러 중요한 문제를 논의할 것입니다.

•• **with respect to~** …와 관련된

7 The coming meeting will provide a forum **for all of us** to talk about **the improvement of our work environment.**

다음 회의는 우리 모두에게 우리 작업 환경의 개선을 위한 논의의 장을 마련해줄 것입니다.

•• **provide a forum for~** …를 위한 장을 마련하다

Voca Tips

provide a forum for~ …을 위한 장을 마련하다, …할 수 있는 기회를 주다

provide a forum for conversation 대화의 장을 마련하다

The program has provided a forum for the public to express their views on current political issues. 그 프로그램은 대중들이 현재 일어나고 있는 정치적 문제에 관한 자신들의 견해를 표현할 수 있는 장을 마련해주었다.

* cf. **provide~ with~** …에게 …을 제공하다 (Unit 9, Practice 3)

PRACTICE 3

I would appreciate your confirmation~

I would appreciate your acknowledgment~

···(참석 여부를) 확인해 주시기 바랍니다

메일의 수신자에게 참석 여부를 알려달라는 내용이다. 주로 회의 일정에 대한 통지와 함께 사용된다.
의미나 의도에 있어서 초대에 대한 참석 여부를 묻는 문형과 유사하나 더 사무적인 표현이다.
* Unit 5 초대 참고.

Key Patterns

- **Please let us have your confirmation~** ···참석 여부를 확인해주시기 바랍니다

- **I would appreciate your acknowledgment~** ···을 확인해주시면 감사하겠습니다

- **I would request your confirmation of attendance~**
  ···참석을 확인해주실 것을 요청합니다

- **I would appreciate an early notice in case~**
  ···한 경우 가능한 빨리 알려주시면 감사하겠습니다

- **Your early acknowledgement will be appreciated~** 빨리 알려주시면 고맙겠습니다

Patterns Practices

1 Please let us have your confirmation as soon as possible.
가능한 빨리 확답을 주시기 바랍니다.
회의 사항에 관한 이메일인 경우 회의 참석 여부를 결정해달라는 의미로 사용됨.

2 I would appreciate your acknowledgment at your earliest convenience.

가능한 빨리 알려주시면 감사하겠습니다.

3 I would request your confirmation of attendance at your earliest possible convenience.

가능한 빠른 시일 내로 귀하의 참석 여부를 알려주시기를 요청합니다

4 If you are unable to make it for any reason, please let us know as soon as possible.

만약 어떤 이유에서든 참석하실 수 없다면, 가능한 빨리 우리에게 알려주시기 바랍니다.

5 I would appreciate an early notification in case you are unable to make it to the meeting.

만약 회의에 참석하실 수 없다면 빨리 알려주시면 감사하겠습니다.

6 This e-mail is to confirm our meeting on Tuesday at 10 a.m. Your early acknowledgement will be appreciated.

이 이메일은 우리 회의가 화요일 오전 10시로 확정되었음을 알리기 위함입니다. 가능한 빨리 참석 여부를 알려주시면 감사하겠습니다.

7 Our meeting has been confirmed for next Friday at 2 p.m. I would appreciate receiving your confirmation as soon as possible.

우리 회의는 다음 주 금요일 오후 2시로 확정되었습니다. 가능한 빨리 귀하의 참석 여부를 알려주시면 고맙겠습니다.

Voca Tips

convenience 편리, 편의

at one's convenience~ ...가 편리한 때에

at your earliest convenience 가급적 빨리 *Unit 5, Practice 3

provide convenience 편의를 제공하다

a convenience store 편의점

convenience facility 편의 시설

for the convenience of~ ···의 편의를 위해
We have provided a lounge area for the convenience of our clients.
우리는 고객들의 편의를 위해 휴게 공간을 마련했습니다.

for convenience / for convenience' sake / for the sake of convenience 편의상
I divided the topic into three parts for convenience' sake.
저는 그 주제를 편의상 세 부분으로 나누었습니다.

1 우리는 우리 세일즈 팀에게 새로운 전략을 소개하기 위해 내일 회의를 열 것입니다.

We will hold _____ to introduce _____

_____.

2 회의의 목적은 우리 새 건물의 안전과 보안 문제에 관해 논의하기 위한 것입니다.

The purpose of the meeting is to _____

_____ in our new building.

3 다음 회의에서 우리는 슬로바키아의 새 공장 건설에 대해 논의할 것입니다.

At the next meeting, we are going to _____

_____ in Slovakia.

4 다음 회의에서, 우리는 이분야에서 우리가 어떻게 우리의 근무 실적을 개선시키려 하는지를 논의할 것입니다.

At the next meeting, we will discuss how _____

_____ in this sector.

5 우리 회의는 다음 수요일 오전 10시에 열릴 것입니다. 만약 귀하께서 참석하실 수 없다면 가능한 빨리 우리에게 알려주시기 바랍니다.

Our meeting _____ on next Wednesday at 10 a.m.

If you are unable to _____.

HINT
talk about safety and security issues 안전과 보안 문제에 관해 논의하다
how we intend to improve~ 우리가 …을 어떻게 개선시킬 것인지
work performance 근무 실적
in this sector 이분야에서

ANSWERS
1 We will hold a meeting tomorrow to introduce our sales team to the new strategies.
2 The purpose of the meeting is to talk about safety and security issues in our new building.
3 At the next meeting, we are going to discuss the construction of a new factory in Slovakia.
4 At the next meeting, we will discuss how we intend to improve our work performance in this sector.
5 Our meeting will be held next Wednesday at 10 a.m. If you are unable to attend please let us know as soon as possible.

Email Example

From	
To	
Subject	

Dear Mr. Thomson,

This email is inform you that the shareholders' meeting is scheduled to be held next Monday at the Hilton Hotel Conference Center, where we will discuss the financial performance of the company. The detailed schedule is enclosed herewith. I would appreciate receiving early notice in case you are unable to make it to the meeting.
We are looking forward to seeing you at the meeting.

Sincerely yours,
David Song

톰슨 씨 귀하

이 이메일은 귀하에게 주주 회의가 다음 월요일 힐튼 호텔 컨퍼런스 센터에서 열리기로 계획되었다는 것을 알려 드리기 위한 것입니다. 회의에서는 회사의 재정 실적에 관해 논의할 것입니다. 회의 세부일정은 메일과 함께 첨부합니다. 만약 회의에 참석하시지 못할 경우 가능한 빨리 알려주시면 감사하겠습니다.
회의에서 만나 뵙기를 기대합니다.

안녕히 계십시오.
데이비드 송

PRACTICE 1

I confirm that I will attend~ 제가 …에 참석한다는 것을 확인드립니다

This is to confirm that I will be attending~

이것은 제가 참석한다는 것을 확인드리는 이메일입니다

회의 참석을 확약하는 표현이다. attend 외에도 available 또는 availability로 참석하겠다는 것을 나타낼 수 있다. 동사 attend의 진행형을 사용해서 참석하겠다는 의사를 간략하게 표현할 수 있다: I am attending the meeting tomorrow. 저는 내일 회의에 참석할 것입니다.

📧 Key Patterns

- **I confirm that I will attend~** 제가 참석한다는 것을 확인드립니다

- **This is to confirm that I will be attending~**
  이것은 제가 …에 참석한다는 것을 확인드리는 이메일입니다

- **I will be at the meeting~** 저는 …회의에 참석할 것입니다

- **I would like to confirm my attendance~** 제가 참석한다는 것을 확인드리고자 합니다

📋 Patterns Practices

1   I confirm that I will attend **the meeting tomorrow.**
내일 회의에 참석한다는 것을 확인드립니다.

2 I will be at the meeting at 9:00 a.m. sharp, as has been decided.

저는 내일 오전 9시 정각에 회의에 예정대로 참석할 것입니다.

•• as has been decided 결정되어진대로, 예정대로

3 I am available on Wednesday and would be happy to come in for the meeting.

수요일은 가능합니다 따라서 회의에 기꺼이 참석할 것입니다

4 This is to confirm that I will be attending the meeting scheduled on Monday at 10 a.m.

이 이메일은 제가 월요일 오전 10시로 계획된 회의에 참석한다는 것을 확인드리기 위한 것입니다.

5 This email is to confirm the receipt of the meeting request on Wednesday. I also confirm my availability for the meeting.

이 이메일은 수요일 회의 참석 요청을 받았음을 확인하기 위한 것입니다. 저는 또한 그 회의에 참석할 수 있음을 확약드립니다.

6 I would like to confirm my attendance at the meeting scheduled for next Tuesday at 5 p.m. and look forward to meeting with you to discuss the current issues.

저는 화요일 오후 5시로 예정된 회의에 참석할 것을 확인드리며, 당면한 문제들의 논의를 위해 귀하를 만날 것을 기대하고 있습니다.

7 I would like to give my confirmation to attend the conference scheduled for December 1st in the Buffalo Convention Center.

12월 1일 버팔로 컨벤션 센터에서 열리기로 예정된 컨퍼런스에 참석할 것을 확정드리고자 합니다.

Grammar Tips

confirm my attendance at → give my confirmation to attend 문장 변환 연습

I am writing to confirm my attendance at the interview on Tuesday.
→ I am writing to give my confirmation to attend the interview on Tuesday.
화요일 인터뷰에 참석함을 확정드리기 위해 메일을 보냅니다.

I'd like to confirm my attendance at the orientation scheduled for next Friday.
→ I'd like to give my confirmation to attend the orientation scheduled for next Friday.
다음 주 금요일로 예정된 오리엔테이션에 참석할 것을 확약드립니다.

UNIT

23

: 회의참석여부 :

I will not be available~

…에 참석할 수 없습니다

회의에 참석할 수 없음을 알리는 표현이다. 기본 문형은 초대에 대한 거절과 큰 차이가 없으나 업무 상 대화이므로 초대 거절에 비해 formal하고 간략한 사무적인 표현을 사용하는 것이 적절하다.

Key Patterns

- I won't be able to join / attend~ 저는 …에 참석할 수 없습니다

- I am sorry that I am not available to attend~ 죄송하지만 …에 참석할 수 없습니다

- I apologize for not being able to attend~ 죄송하지만 …에 참석할 수 없습니다

- I apologize that I will not be available to attend~ …에 참석할 수 없게 되어 죄송합니다

Patterns Practices

1 I won't be able to join the meeting.
그 회의에는 참석할 수가 없습니다.
•• 참석하다는 attend외에 join으로 표현해도 좋다

2 I am sorry that I am not available to attend today's meeting.
죄송하지만 오늘 회의는 참석할 수가 없습니다.

3 I apologize for not being able to attend the meeting this time.
죄송하지만 이번에는 회의에 참석할 수 없습니다.

4 Regrettably, I will not be able to attend the meeting due to some conflicting commitments.

애석하게도 약속이 겹치는 관계로 회의에는 참석할 수 없습니다.

5 I regret that I have another engagement at that time and will not be able to attend the meeting scheduled on Monday at 10 a.m.

애석하게도 그 시간에 다른 약속이 있어 월요일 오전 10시로 예정된 회의에는 참석할 수 없습니다.

6 I apologize that I will not be available to attend the staff meeting next Tuesday due to prior obligations.

죄송하지만 사전에 정해진 약속이 있어 다음 주 화요일의 직원 회의에는 참석할 수 없습니다.

7 Unfortunately, I will not be able to attend the board meeting scheduled for tomorrow afternoon due to prior commitments that I cannot change.

애석하지만 변경할 수 없는 사전 약속이 있어 내일 오후로 예정된 이사회에는 참석할 수가 없을 것입니다.

Voca Tips

》》 사전 약속 및 일정의 겹침

a prior engagement / a previous commitment 사전 약속

a scheduling conflict 겹치는 일정

overlap 겹치다, 겹쳐지다

I have another appointment on that day.
저는 그날 다른 약속이 있습니다.

Because of a scheduling conflict, I'd like to postpone the meeting until the following week.
일정이 겹치기 때문에 저는 그 회의를 다음 주로 미루었으면 합니다.

I noticed that the two schedules are completely overlapping.
저는 그 두 일정이 완전히 겹친다는 것을 알게되었습니다.

》》 긴급 상황을 나타내는 표현

urgent matter / pressing business / something urgent / emergency 긴급 상황

Something urgent came up. 긴급한 상황이 발생했습니다.

Call me in case of emergency.
위급한 상황이 발생하면 제게 연락하세요.

I have to cancel my appointment because of urgent business. 급한 용무로 약속을 취소시켜야 합니다.

1 금요일 오후 3시 회의에 제가 참석할 수 있다는 것을 확인드립니다.

I would like to _____ my availability, which I will be
_____ on Friday at 3 p.m.

2 1월 14일 열리기로 예정된 회의에 참석할 것을 확정드립니다.

I would like to _____ at the meeting _____ for
January 14th.

3 저는 화요일은 시간을 낼 수 있습니다 그래서 예정대로 10시 정각에 회의에 참석할 것입니다.

I am _____ on Tuesday and I will be _____
_____ as has been scheduled.

4 사전 약속이 있어 회의에 참석할 수 없습니다.

I will not be able to _____ because of
_____.

5 일정이 겹치기 때문에 다음 주 월요일 이사회에 참석할 수 없게 되어 죄송합니다

I apologize that I will not be available to _____
_____ due to _____.

HINT

give my confirmation to~ …하겠다고 확약하다
at 10:00 a.m. sharp 10시 정각에

ANSWERS

1 I would like to confirm my availability, which I will be attending the meeting on Friday at
3 p.m.

2 I would like to confirm my attendance at the meeting scheduled for January 14th.

3 I am available on Tuesday and I will be at the meeting at 10:00 a.m. sharp, as has been
scheduled.

4 I will not be able to attend the meeting because of a prior engagement.

5 I apologize that I will not be available to attend the board meeting next Monday due to a
scheduling conflict.

Email Example

From	
To	
Subject	

Dear Mr. Robinson,

I am very grateful to you for inviting me to the International Trade Conference. I am very pleased to confirm that I will be attending the event. All the topics proposed for discussion in the conference are immensely interesting to me. It shall be a great pleasure to hear the renowned scholars and businessmen speaking on the subjects. I have already booked my flight ticket.
I am looking forward to meeting you at the conference.

Best regards,

Charles Chung

●● the topics proposed for discussion 토론을 위해 제안된 주제들
hear the renowned scholars and businessmen speaking on the subjects 저명한 학자와 기업가들이 그 주제에 관해 강연하는 것을 듣다
* 'hear+ 목적어 + 동사 원형'이 일반적이나 동작이 진행되고 있음을 강조하기 위해~ing 현재 분사를 사용할 수 있다.

로빈슨 씨 귀하,

귀하께서 저를 국제 무역 컨퍼런스에 초대해주셔서 대단히 감사합니다. 저는 기꺼이 그 행사에 참석할 것을 확약드립니다. 컨퍼런스의 토론을 위해 제안된 주제들은 모두 저에게는 매우 흥미로운 내용들입니다. 이제 그 주제들에 관해 저명한 학자와 기업가들의 강연을 듣는다는 것은 대단히 즐거운 일일 것입니다.
저는 이미 저의 항공권을 예약했습니다.
컨퍼런스에서 만나게 될 것을 기대합니다.

안녕히 계십시오,

찰스 정

UNIT 24 | 예약

이메일로 호텔 및 식당 예약이나 티켓을 예매할 때 사용하는 표현들이다. 컨퍼런스 또는 연수와 같은 교육 과정에 참석하고자 할 때 필요한 표현들도 이 Unit에 함께 포함시켰다.

Practice ❶

make a reservation for~
···을 예약 합니다

Practice ❷

I would like to purchase a ticket for~
···표를 구매하고자 합니다

I would like to attend the conference~
···컨퍼런스에 참석하고자 합니다

Practice ❸

book a meeting room for~
···을 위해 회의실을 예약합니다

11

예약 및 취소

UNIT 25 | 예약 확인 및 확정

예약 문의에 대한 응답 메일이다. 호텔 및 식당 예약 확정이나 거절 또는 회의 참석 확인에 관한 표현들이다.

Practice ❶

confirm your reservation~

…예약이 확정되었습니다

Practice ❷

We cannot offer you~

We do not have any available~

…을 제공해드릴 수 없습니다

UNIT 26 | 예약 취소

회의나 행사가 취소되었음을 알리거나 예약을 취소하고자 할 때 사용할 수 있는 표현들이다.

Practice ❶

We have to cancel the meeting~

…회의를 취소해야 합니다

Practice ❷

Please cancel my reservation~

…예약을 취소해주시기 바랍니다

~make a reservation for~

…을 예약 합니다

호텔 및 식당을 예약하고자 할 때 사용하는 전형적인 표현이다; reserve 또는 make a reservation 으로 표현한다.

Key Patterns

● I want to make a reservation for~ …을 예약하고 싶습니다

● I would like to make a reservation for~ …을 예약하고자 합니다

● I would like to reserve a table for~ …을 위해 테이블을 예약하고자 합니다

● I am writing to reserve tables at your restaurant for~
귀하의 식당에서 …를 위한 테이블을 예약하기 위해 메일을 보냅니다

Patterns Practices

1 I want to make a reservation for a single room.
1인실을 예약하고 싶습니다.
•• make a reservation for~ …을 예약하다

2 I would like to make a reservation for a double room on the first day of June.
6월 1일 2인실을 예약하고자 합니다.

3 I would like to reserve a table for four people at 2 p.m. on Wednesday.
수요일 오후 2시 4인을 위한 테이블을 예약하고자 합니다.
•• reserve a table for~ …을 위한 좌석을 예약하다

4 I am writing to make a reservation for one of your suites for November 15th.

11월 15일 귀하의 스위트룸 하나를 예약하기 위해 메일을 보냅니다.

•• **suites** 스위트 룸 (침실, 응접실 등 여러 개의 방이 연결되어 하나의 단위 객실을 이루는 시설)

5 I want to make a reservation for a two bedroom villa for 7 nights, from the 5th to the 12th of July.

7월 5일에서 12일까지 7일 동안 침실 두 개 딸린 빌라를 예약하고 싶습니다.

6 I am writing to reserve tables at your restaurant for a party of 12 people at 7 p.m. on August 15th.

8월 15일 오후 7시 12인 파티를 위한 테이블을 귀하의 식당에서 예약하고자 메일을 보냅니다.

7 I am writing you this email to make a reservation for one of your deluxe suites for the dates of September 15th until September 20th.

9월 15일에서 9월 20일까지 귀하의 딜럭스 스위트룸을 예약하기 위해 이 메일을 보냅니다.

Voca Tips

》 숙박 시설과 관련된 표현	》 숙박 행위와 관련된 표현
single room 싱글룸	book / reserve 예약하다
double room 더블룸	check-in 체크인 / check in 체크인 하다
twin room 이인용 객실	check-out 체크아웃 / check out 체크아웃을 하다
triple room 삼인용 객실	stay at a hotel 호텔에서 지내다, 머물다
suite 스위트 객실	》 식당 예약할 때 유용한 표현
en-suite bathroom 침실에 딸린 욕실	reserve a table 테이블을 예약하다
vacancy 빈 방	reserve a table for two 2인을 위한 테이블을 예약하다
	reserve a table by the window 창가쪽 테이블을 예약하다

PRACTICE 2

I would like to purchase a ticket for~ ···표를 구매하고자 합니다

I would like to attend the conference~ ···컨퍼런스에 참석하고자 합니다

티켓을 예매할 때는 buy나 purchase를 이용하여 purchase a ticket, buy a ticket으로 표현한다: purchase a ticket 표를 예매하다

회의나 행사에 관한 예약일 때는 I would like to attend~ 또는 I am going to attend~ 처럼 참석하 겠다는 표현으로 예약 의사를 나타낼 수 있다: attend a conference 컨퍼런스에 참석하다

Key Patterns

● I would like to buy tickets for~ ···표를 사고 싶습니다

● I would like to purchase a ticket for~ ···표를 구입하고 싶습니다

● I would like to attend the conference~
I am going to attend the conference~
···컨퍼런스에 참석하고자 합니다

Patterns Practices

1 I would like to buy tickets for **the eight o'clock show.**
8시 공연을 위한 티켓을 사고 싶습니다.
•• 아직 시작하지 않은 공연이라면 **buy** 또는 **purchase**로 표현해도 예약한다는 의미로 받아들여진다.

2 I would like to purchase two tickets for **the Saturday performance.**
토요일 공연을 위한 2장의 티켓을 구매하고자 합니다.

3 I would like to attend the training course starting in September.
9월에 시작하는 연수 과정에 참석하고자 합니다.

4 I am going to attend the annual meeting of shareholders scheduled for May 15th.
5월 15일로 예정된 연례 주주 총회에 참석하고자 합니다.

5 I would like to purchase a ticket for the wildlife photography exhibition on April 17th.
4월 17일 야생 동물 사진 전시회 티켓을 한 장 구매하고자 합니다.

6 I am going to attend the 20th Annual International Conference on Environment scheduled for September 21.
9월 21일로 예정된 20회 환경 국제 컨퍼런스에 참석하고자 합니다.

7 I would like to attend the International Marketing Conference being held at the Springfield Center in Los Angeles, from March 10th to 12th.
LA의 Spring Field에서 3월 10일에서 12일까지 열리는 국제 마케팅 컨퍼런스에 참석하고자 합니다.

Voca Tips 〉〉 ticket 표, 승차권, 입장권과 연관된 표현

e-ticket 전자 항공권 (electronic ticket)	**speeding ticket** 속도 위반 딱지
season ticket 정기권, 정기 승차권, 정기 입장권	**one way ticket** 편도 티켓 (single ticket 영국) / round ticket 왕복 티켓 (return ticket영국)
day ticket 당일 사용할 수 있는 승차권	
hard ticket 지정 좌석권	**I would like to book a return ticket to Washington.**
ticket office 매표소	워싱턴행 왕복 티켓을 예매하려 합니다.

~book a meeting room for~

…을 위해 회의실을 예약합니다

회의실이나 컨퍼런스룸을 예약하고자 할 때도 ticket을 예매할 때와 마찬가지로 book 또는 reserve 로 표현한다.

🔈 Key Patterns

- I want to book a conference room for~　…을 위한 회의실을 예약하기를 원합니다
- I would like to reserve a meeting room in~　…에 있는 회의실을 예약하고 싶습니다
- We would like to book the main hall for~　…를 위해 대강당을 예약하고 싶습니다
- I am writing this email to reserve a conference room in~
  회의실 예약을 위해 이메일을 보냅니다

📥 Patterns Practices

1 I want to book a conference room for a staff meeting.
직원 회의를 위해 컨퍼런스룸을 예약하고 싶습니다.

2 I would like to reserve a meeting room in the union building.
유니언 빌딩의 회의실을 예약하고자 합니다.

3 We would like to reserve a board room for October 7th from 9 a.m. to 12 a.m.
10월 7일 오전 9시에서 12시까지 회의실을 예약하고 싶습니다.
•• a board room 회의실

4 We would like to book the main hall for **next Friday from 1 p.m. to 3 p.m.**

다음 주 금요일 오후 1시부터 3시까지 본관 홀을 예약하고자 합니다.

5 We would like to book a meeting room for **the 5th of February from 8 am to 5 pm.**

2월 5일 오전 8시에서 오후 5시까지 회의실을 예약하고자 합니다.

6 I am writing this email to reserve a conference room in **your hotel for the 11th and 12th of March from 8 am to 5 pm.**

저는 3월 11일과 12일 오전 8시에서 오후 5시까지 귀하 호텔의 컨퍼런스룸을 예약하고자 메일을 보냅니다.

7 We plan to hold a one-day training session for our staff and would like to book one of your meeting rooms for **this purpose.**

우리는 직원들을 위한 1일 연수 과정을 개최하려합니다. 그래서 이를 위해 귀하의 회의실 중 하나를 예약하고 싶습니다.

•• **one-day training session** 1일 연수 과정

Voca Tips

회의, 집회, 행사 등을 열거나 개최할 때 동사 hold 를 사용한다.

hold a meeting 회의를 열다
hold a training session 연수 과정을 개최하다
hold a mass 미사, 집회를 거행하다
hold a parade 퍼레이드를 펼치다
hold a wedding 결혼식을 올리다
hold a banquet 향연을 베풀다
hold a contest 경연을 개최하다
hold a job fair 취업 박람회를 열다

hold 대신 상황에 따라 conduct, convene, celebrate, carry on, have, run 등을 사용할 수 있다.

We will conduct a training session for our staff for two days.
우리는 이틀동안 직원들을 위한 연수과정을 진행할 것입니다.

1 10월 21일 서울발 암스테르담행 비행편을 예약하고 싶습니다.

I would like to _____

_____.

2 금요일 오후 7시 4인을 위한 저녁 식사 예약을 하고 싶습니다.

I would like to _____

_____.

3 9월 12일부터 14일까지 3일 동안 스위트룸을 예약하고 싶습니다.

I would like to _____

_____.

4 11월 14일 오전 9시에서 오후 6시까지 컨퍼런스룸 하나를 예약하고자 메일을 보냅니다.

I am writing this email to _____

_____.

5 우리는 직원들을 위한 3일 연수 프로그램을 갖고자 합니다 그리고 이러한 목적으로 귀하의 컨퍼런스 실을 예약하고 싶습니다.

We are conducting _____

_____ and would like to _____.

HINT

book a flight 비행편을 예약하다
conduct a three-day training program 3일 연수 프로그램을 갖다

ANSWERS

1 I would like to book a flight from Seoul to Amsterdam on October 21th.
2 I would like to make a dinner reservation for four people at 7 pm on Friday.
3 I would like to make a reservation for a suite for three nights from September 12th to 14th.
4 I am writing this email to book a conference room for the 14th of November from 9 am to 6 pm.
5 We are conducting a three-day training program for our staff and would like to reserve your conference room for the purpose.

From	
To	
Subject	

Dear Cupid Hotel,

I would like to make a reservation for a double room for two nights, the 16th and 17th of July. I want a room with an ocean view, if possible. Please check availability and make a reservation for me.

Yours,
Julia Thomson

큐피드 호텔 귀하,

저는 7월 16일과 17일 이틀 동안 2인실을 예약하고자 합니다. 가능하다면 바다가 보이는 객실을 원합니다. 객실이 있는지 확인하시고 예약해주시기 바랍니다.

감사합니다
줄리아 톰슨

PRACTICE 1

~confirm your reservation~

…예약이 확정되었습니다

호텔이나 숙소의 예약이 확정되었음을 알리는 표현이다. I am writing to confirm~ 외에도 We are pleased to confirm~, We have the pleasure of confirming~ 등으로 변형시켜서 표현할 수 있다.

🔊 Key Patterns

● I am writing to confirm your reservation at~ 귀하의 …예약이 확정되었음을 알려드립니다

● We are pleased to confirm your reservation at~
귀하의 …예약이 확정되었음을 알리게 되어 기쁩니다

● We have the pleasure of confirming your reservation of~
귀하의 …예약이 확정되었음을 기쁜 마음으로 알려드립니다

⬇ Patterns Practices

1 I am writing to confirm your reservation at the Hilton Hotel.
귀하의 힐튼 호텔 예약이 확정되었음을 알려드립니다.
•• **confirm a reservation** 예약을 확인하다

2 We are pleased to confirm your reservation at the Greenwood Resort.
귀하의 그린우드 리조트 예약이 확정되었음을 기쁜 마음으로 알려드립니다.

3 I am writing to confirm your reservation at our hotel for the coming week.
다음 주 귀하의 호텔 예약이 확정되었음을 알려드립니다.
•• **the coming week** 돌아오는 주, 다음 주

4 This email is to confirm your booking for **a room at Lake View Hotel.**

이 이메일은 귀하의 레이크 뷰 호텔 객실 예약이 확정되었음을 알리기 위한 것입니다.

5 We have the pleasure of confirming your reservation of **a double room on August 12th.**

8월 12일 귀하의 더블 룸 예약이 확정되었음을 기쁘게 알려드립니다.

6 I am writing to confirm room reservations at **the Plaza Hotel for your group of twelve during your visit here on July 15th.**

7월 15일 방문하시는 동안 귀하의 그룹 12명에 대한 플라자 호텔객실 예약이 확정되었음을 알립니다.

7 This email is to confirm your reservation for **a deluxe suite for seven nights from September 21st to 27th at Lincoln International Hotel.**

이 이메일은 9월 21일에서 27일 7일 동안 링컨 인터내셔널 호텔 디럭스 스위트 룸 예약이 확정되었음을 알려드리기 위한 것입니다.

Voca Tips 》》 시간 또는 기간을 나타내는 표현

for : 구체적인 기간을 나타낸다

for five years / for three months / for two weeks

Helen has been sleeping for 12 hours. 헬렌은 12시간 동안 잠을 잤다.

during : 행사 또는 사건을 언급할 때

during the concert / during the meeting / during conversation (대화 도중)

Helen fell asleep during the concert. 헬렌은 콘서트 도중 잠이 들었다.

while : 어떤 상황이 지속되고 있을 때 또 다른 상황이 발생한 것을 의미 *시간 보다 상황에 중점을 둠

while I am away (내가 없는 동안) / while driving on the road (도로에서 운전하는 동안)

The phone rang while I was sleeping on the sofa. 내가 소파에서 잠을 자고 있을 때 전화 벨이 울렸다.

from : 시작하는 시점을 나타낸다.

You will work from 9 AM to 6 PM. 당신은 오전 9시부터 오후 6 시까지 근무하게 될 것입니다.

since 시작부터 현재까지 지속되고 있는 상황을 나타낸다

I haven't heard from Helen since last September. 나는 작년 9 월 이후로 헬렌에게서 아무런 소식도 듣지 못했습니다. (현재까지 소식이 없음을 의미함)

by : 동작이 완료되는 시점을 나타냄

You have to hand in your report by Tuesday. 화요일까지 보고서를 제출해야 합니다.

until : 동작이나 상태가 지속되다가 어느 시점에 완료 됨을 의미한다

We will stay here until the rain stops. 우리는 비가 멈출 때까지 이곳에 머물 것입니다.

You may hand in your report any time up until next Tuesday. 보고서는 다음 주 화요일 전까지 언제라도 제출해도 좋습니다.

UNIT
25

예약확인 및
확정

We cannot offer you~
…을 제공해드릴 수 없습니다

We do not have any available~ 더 이상 남아있는 …이 없습니다

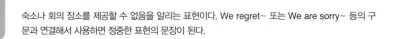

숙소나 회의 장소를 제공할 수 없음을 알리는 표현이다. We regret~ 또는 We are sorry~ 등의 구문과 연결해서 사용하면 정중한 표현의 문장이 된다.

Key Patterns

● We cannot offer you~ 귀하께 …을 제공해드릴 수 없습니다

● We do not have any available~ 더 이상 남아있는 …이 없습니다

● Our meeting room is fully booked~ 저희 회의실은 모두 예약이 완료되었습니다

● All rooms are fully booked~ 모든 객실은 예약이 완료되었습니다

Patterns Practices

1 We cannot offer you the accommodations you require.
귀하께서 요청하신 숙소를 제공해드릴 수가 없습니다.
•• something you require 귀하께서 요청하신 것

2 We do not have any available rooms for the required period.
요청하신 기간에 남아있는 객실이 없습니다.
•• for the required period 요청하신 기간의

3 Currently, our meeting room is fully booked for the next three weeks.

현재, 우리 회의실은 앞으로 3주동안 모두 예약이 되어 있습니다.

• • **be fully booked** 예약이 완전히 차다, 끝나다

4 We are sorry to inform you that our meeting room is fully booked for the next two months.

죄송하게도 우리 회의실은 앞으로 2개월동안 예약이 모두 완료되었음을 알려드립니다.

5 We are sorry to inform you that we cannot offer any accommodations for the period you specified.

귀하께서 지정하신 기간에 대한 숙소를 제공하지 못함을 알리게 되어 죄송합니다.

• • **specify** 명시하다

6 We are sorry to inform you that we have limited capacity during the seminar and it is now fully booked.

세미나 수용인원이 제한되어 있어 현재 좌석이 모두 매진되었음을 알리게 되어 죄송합니다.

• • **limited capacity** 제한된 정원, 수용 인원

7 We are sorry to inform you that we cannot accommodate you because all rooms for the period you mentioned are fully booked.

귀하께서 언급하신 기간의 모든 객실이 예약되었기 때문에 숙소를 제공하지 못함을 알리게 되어 죄송합니다.

Voca Tips

sold out / no seats left / fully booked – 매진을 나타내는 표현들

All the tickets are sold out. 모든 표가 매진되었습니다.

There are no seats left on that flight.
그 항공편은 빈좌석이 없습니다.

All of the hotels near this area are fully booked for the weekend.
이 지역의 모든 호텔들은 주말 예약이 끝났습니다.

specify – explain something in a detailed way (구체적으로) 명시하다, 상술하다

specify a time for~ ···의 시간을 정하다

specify terms in the contract 계약서에 조건을 명시하다

specify the salary desired 희망연봉을 기재하다

specification – an exact measurement or detailed plan about something 설명서, 사양

a job specification 업무명세서

specification control 규격통제

product specification 제품사양, 규격

1 스프링필드 리조트에서 귀하의 예약이 확증되었음을 알립니다.

This is confirmation of _____

_____.

2 이 이메일은 귀하의 뉴욕행 비행편 예약이 확정되었다는 것을 알리기 위한 것입니다.

This email is to _____

_____.

3 이 이메일은 저의 호텔에서 귀하의 2일 간의 더블 룸 예약이 확정되었음을 알리기 위한 것입니다.

This email is to _____

_____.

4 귀하의 6월 12일 싱가포르행 항공편 예약이 확정되었음을 알려드리게 되어 기쁩니다.

We are pleased to _____

_____.

5 죄송하지만 귀하께서 요청하신 기간동안 빈 객실이 없어 예약을 해드릴 수 없음을 알립니다.

We are sorry to inform you that _____

_____.

HINT

This is confirmation of~ …이 확정되었음을 알립니다
This email is to confirm~ …이 확정되었음을 알리기 위한 이메일입니다
for the period you require 귀하께서 요청하신 기간 동안

ANSWERS

1 This is confirmation of your reservation at the Springfield Resort.
2 This email is to confirm your reservation for the flight to New York.
3 This email is to confirm your reservation for a double room for two nights at our hotel.
4 We are pleased to confirm your reservation for a flight to Singapore on June 12th.
5 We are sorry to inform you that we cannot accept your booking because we have no rooms available for the period you require.

Email Example

From	
To	
Subject	

Dear Ms. Jennifer Lawrence,

Thank you for choosing The New Castle Hotel for your visit to Los Angeles. It is my pleasure to confirm your reservation. Please note that your reservation number is 12345678.

Should you wish to cancel, please do so two days prior to your arrival to avoid the late cancellation fee. Please feel free to contact us with any requests you may have.

We look forward to welcoming you.

Sincerely yours,

Sharon Moore
Reservation Department

•• two days prior to your arrival 도착 2일 이전에   cancellation fee 해약, 취소 수수료

제니퍼 로렌스 씨 귀하

귀하의 LA 방문에 저희 호텔을 선택해주셔서 감사합니다. 귀하의 예약이 확정되었음을 기쁘게 알려 드립니다. 귀하의 예약 번호는 12345678임을 기억하시기 바랍니다. 만약 취소하기를 원하시면, 귀하의 도착 이틀 전에 알려주시기 바랍니다. 이 경우 취소 수수료는 없습니다.

요청 사항이 있으시면 언제라도 저희에게 연락주십시오.

귀하를 맞이하기를 기다리고 있겠습니다

안녕히 계십시오,

샤론 무어
예약 부서

We have to cancel the meeting~

…회의를 취소해야 합니다

회의나 일정이 취소되었음을 알리는 표현이다. have to~ 는 긴급한 또는 통제할 수 없는 상황의 변화로 일정을 취소해야 하는 경우 사용하는 표현이다. I am sorry that~ 또는 I regret to inform you that~ 처럼 서운함을 나타내는 표현과 함께 사용하는 것이 적절하다. 약속 취소에 대한 부연 설명이나 사과가 필요할 때는 Unit 34의 사과 표현을 참조한다.

Key Patterns

● We have to cancel~ …을 취소해야 합니다

● I will not be able to meet~ …만날 수가 없습니다

● Our meeting has been cancelled~ 우리 회의는 취소되었습니다

● I am writing to inform you about the cancelation of~
   …이 취소되었음을 알리고자 이메일을 보냅니다

Patterns Practices

1 Unfortunately, we have to cancel the meeting scheduled on April 21th.
애석하게도, 4월 21일 예정된 회의를 취소해야 합니다.

2 I regret to inform you that I will not be able to meet you at 11:00 a.m. on Wednesday.
죄송하지만 수요일 오전 11시에 귀하를 만날 수 없음을 알려드립니다.

3 I want to inform you that the sales meeting scheduled on Tuesday has been canceled due to circumstances beyond our control.

화요일로 예정된 판매 회의가 어쩔수 없는 상황으로 취소되었음을 알려드립니다.

4 This is to inform you that I have to cancel our meeting which was supposed to be held on Monday.

월요일에 열리기로 예정된 회의를 취소해야 한다는 것을 알려드립니다.

•• be supposed to~ …하기로 되어 있는

5 This is to inform you that due to unavoidable circumstances I have to cancel our meeting scheduled to be held on Friday.

부득이한 사정으로 금요일로 예정된 우리 회의를 취소해야 한다는 것을 알려드립니다.

•• unavoidable circumstances 부득이한 사정

6 We regret to inform you that our annual meeting, scheduled for February 14th, has been cancelled due to security reasons.

죄송하지만 2월 14일로 예정된 우리의 연례 회의가 안전상의 문제로 취소되었음을 알려드립니다.

•• due to the security reasons 안전상의 문제로 인해
scheduled 다음에 on 또는 for를 사용할 수 있다.

7 I am writing this email to inform you about the cancelation of our meeting that was scheduled on Wednesday, May 6th.

5월 6일, 수요일로 예정되었던 우리의 회의가 취소되었음을 알리기 위해 메일을 보냅니다.

Voca Tips

be supposed to~ …하기로 되어 있다, …해야 한다
He was supposed to be at the meeting at 9:00 a.m.
그는 오전 9시 회의에 참석하기로 되어 있었다.
All of the employees are supposed to attend today's meeting.
전 직원은 오늘 회의에 참석하기로 되어 있습니다.
We are supposed to wear business attire at next week's conference
우리는 다음 주 컨퍼런스에 정장을 입어야 합니다 (입기로 되어 있습니다).

inevitable / unavoidable / beyond control 불가피함을 나타내는 어휘들
inevitable circumstances 불가피한 상황
unavoidable circumstances 어쩔 수 없는 상황
circumstances beyond our control 통제할 수 없는 상황
The schedule has been changed due to circumstances beyond control.
불가피한 사정으로 인해 일정이 변경되었습니다.

PRACTICE 2

Please cancel my reservation~

···예약을 취소해주시기 바랍니다

호텔, 항공권, 또는 예정된 행사 등을 취소하고자 할 때 사용하는 표현들이다.

Key Patterns

● Please cancel my reservation 예약을 취소해주시기 바랍니다

● I have to cancel my reservation for~ ···의 예약을 취소해야 합니다

● We would like to cancel our reservation for~ ···에 대한 예약을 취소하고 싶습니다

Patterns Practices

1 Please cancel my reservation of **a double room on August 27th.**
8월 27일의 2인실 예약을 취소해주시기 바랍니다.

2 I regret having to cancel my reservation for **the weekend of March 14th and 15th.**
죄송하지만 3월 14일과 15일 주말 예약을 취소해야만 합니다.

3 We are unable to fly to Hawaii during this vacation and need to cancel our reservation.
우리는 이번 휴가 동안 하와이에 가지 못하게 되어 예약을 취소해야 합니다.

4 We would like to cancel our reservation for **the conference room.**

우리는 컨퍼런스 룸 예약을 취소하고자 합니다.

5 My schedule has unexpectedly changed and I have to cancel my flight reservation.

저의 계획이 갑자기 변경되어 항공편 예약을 취소해야만 합니다.

•• 이 문장은 **due to** 를 사용하여 단문으로 표현할 수 있다:
Due to an unexpected change in my plans, I have to cancel my flight reservation.

6 Due to circumstances that are beyond our control, we would like to cancel our reservation for **a flight to Boston next Wednesday.**

피치못할 사정으로 인해, 우리는 다음주 수요일 보스톤행 항공편 예약을 취소하고자 합니다.

7 Unfortunately a scheduling conflict has come up and we need to cancel our reservation for **this year's conference.**

애석하게도 일정이 겹쳐서 우리는 금년도 컨퍼런스 룸 예약을 취소해야 합니다.

•• **scheduling conflict** 겹치는 일정

Voca Tips

notice 통지, 통보

short notice 갑작스러운 통보

one month notice
한 달 전의 통보 (한 달 간의 기간을 준 사전 통보)

Please give three weeks' notice if you're going to quit.
만약 그만 두기를 원한다면 3주 전에 통지해주시기 바랍니다.

Workers are entitled to receive minimum periods of notice upon termination of employment.
노동자들은 해고당할 경우, 최소한의 통보 기간을 가질 권리가 있습니다.

* be entitled to~ …할 권리가 있다

until further notice 추후 통지가 있을 때까지, 당분간

All flights to the Philippines have been canceled until further notice.
필리핀행 모든 항공편은 추후 통지가 있을 때까지 취소되었습니다.

Our restaurant is closed until further notice due to building maintenance work.
우리 레스토랑은 건물 보수 공사로 인해 추후 통지가 있을 때까지 영업하지 않습니다.

1 이번 주말의 2인실 예약을 취소하고 싶습니다.

I would like to _____

_____.

2 애석하게도 월요일로 예정된 우리 회의가 취소되었음을 귀하에게 알립니다.

I regret to inform you that _____

_____.

3 겹쳐진 일정으로 인해 이사회가 다음 주로 연기되어졌습니다.

Due to _____ the board meeting _____

_____.

4 일정이 겹쳐졌기 때문에, 직원 회의는 월요일에서 화요일로 변경되었습니다.

Because _____ the staff meeting _____

_____.

5 강한 폭풍우로 인해, 공항을 이착륙하는 모든 비행은 추후 통지가 있을 때까지 취소되었습니다.

Due to _____all flights _____

have been _____.

HINT
all flights in and out of the airport 공항을 이착륙하는 모든 비행
a scheduling conflict has come up 일정이 겹치다

ANSWERS
1 I would like to cancel my reservation for a double room for this weekend.
2 I regret to inform you that our meeting scheduled for Wednesday has been cancelled.
3 Due to a scheduling conflict, the board meeting has been postponed until next week.
4 Because a scheduling conflict has come up, the staff meeting has been moved from Monday to Tuesday.
5 Due to the strong windstorm, all flights in and out of the airport have been canceled until further notice.

Email Example

From

To

Subject

Dear McLean Hotel,

Due to circumstances that are beyond my control, I have to cancel my reservation for July 11th and 12th. I made my reservation via your online system and paid the fee with my credit card. I was charged a deposit of $250 upon booking the reservation. My reservation number is MN234 789SL. I would like the deposit to be credited back to my account and to cancel the reservation.
If you have any questions, please contact me via e-mail or via phone: 611-708-4569.
I apologize for the inconvenience and thank you for your kind service.

Sincerely,

Sue Baker

멕린 호텔 귀하,

저는 피치못할 사정으로 인해 7월 11일과 12일의 예약을 취소해야 합니다. 저는 귀호텔의 온라인을 통해 예약을 했으며 저의 신용카드로 요금을 지불했습니다. 저는 예약을 위한 적립금으로 250 달러를 지불했습니다. 저의 예약 번호는 MN234 789SL입니다. 저는 적립금이 다시 저의 계좌로 입금되기를 원하며 예약을 취소합니다. 의문 사항이 있으시면 이메일 또는 전화 611-708-4569 번으로 제게 연락하시기 바랍니다. 불편을 끼쳐드린 점 사과드리며 친절한 서비스에 감사드립니다.

안녕히 계십시오,

수 베이커

UNIT 27 | 계약

계약 행위와 관련된 상황에 사용할 수 있는 표현들이다. 계약서 서명, 계약 체결 또는 계약 연장이나 종료 등과 같이 계약과 관련된 다양한 표현들을 익혀두면 실제 이와 유사한 업무 상황이 발생했을 때 그대로 적용하거나 또는 응용시킬 수 있다.

Practice ❶
Please sign~ …에 서명해 주시기 바랍니다

Practice ❷
We made an agreement~
…계약을 체결했습니다, 협정을 맺었습니다

Practice ❸
We agreed to extend the contract~
계약을 연장하기로 합의하였습니다

Practice ❹
The contract is due to expire~
계약이 종료될 예정입니다

UNIT 28 | 주문

주문 및 주문 확인에 관한 표현들이다. 주문은 order나 place an order와 같은 직접적 표현 외에도 need, require 혹은 send와 같은 우회적 표현으로도 나타낼 수 있다.

Practice ❶
place an order of~
…을 주문합니다

Practice ❷
We received your order~
귀하의 …주문을 받았습니다

12

계약, 주문 및 배송

PRACTICE 1

Please sign~

…에 서명해주시기 바랍니다

첨부된 계약서 양식에 서명과 날짜를 기록하거나 그 외 필요한 사항을 기록해줄 것을 요구하는 표현이다. 서명은 sign, 날짜 기록은 date, 양식에 작성하다는 complete 또는 fill out으로 표현한다.

Key Patterns

- **Please sign~** 서명해주시기 바랍니다
- **Please complete and sign~** 양식에 작성하신 후 서명하세요
- **Please fill out~ and return~** 양식에 작성하신 후 반송해주세요
- **Please sign~ and send it back~** 서명하신 후 반송해주세요

Patterns Practices

1 Please sign in the space provided.
주어진 공간에 서명하세요.
- **space provided** 주어진 공간

2 Please complete and sign the document attached.
첨부 서류를 완성하여 서명하세요.

3 Please fill out the attached form and return it to us.
첨부 파일을 작성한 후 우리에게 반송해 주세요.
- **fill out** 작성하다, 채우다

4 Please sign **the attached document and** send it back **to us.**

첨부 파일에 서명한 후 우리에게 반송해 주세요.

5 Please sign **two copies,** retain one **for your records** and return the other **to us.**

사본 두 부에 서명하여, 한 부는 보유하시고 다른 한 부는 우리에게 반송하세요.

• • **retain** 보유하다, 간직하다

6 If you agree to the **terms and conditions,** please sign, date, and return the enclosed copy.

계약 조건에 동의하신다면, 동봉된 사본에 서명과 날짜를 기록하여 반송해 주세요.

• • **terms and conditions** 계약 조건   **an enclosed copy** 동봉된 사본
sign one's name 서명하다 *sign a contract with~ ···와 계약을 체결하다 (Unit 19, Practice 1)
date 날짜를 기록하다 *여기서 **date**는 동사로 사용됨

7 If you are in **agreement,** please sign your name and date it, and send us **a copy of the signed contract.**

만약 귀하께서 동의하신다면, 서명하고 날짜를 기록한 후, 서명한 계약서를 우리에게 반송하세요.

Voca Tips   》〉 계약과 관련된 표현 1

agreement 협정, 합의
be in agreement 동의하다, 합의를 보다

agree 동의하다, 의견이 일치하다
agree to a request 요청에 응하다
agree to one's proposal 제안에 응하다
agree with someone ···와 동의하다
agree on / upon ···에 대해 동의하다
* 합의 및 동의에 관한 더 상세한 표현은 Unit 16 요청에 대한 승락
및 거절 Practice 2, 3참조

fill out 작성하다, 채우다, 기입하다
fill out a form 서식을 작성하다
fill out an application 신청서를 작성하다
fill out a questionnaire 설문지를 작성하다

We made an agreement~

…계약을 체결했습니다, 협정을 맺었습니다

계약이 체결되었음을 알리는 표현은 make an agreement, reach an agreement, sign a contract 또는 enter into a contract 등으로 나타낼 수 있다.

Key Patterns

- **We made an agreement~** 우리는 …협정을 맺었습니다
- **The agreement has been signed~** …계약에 서명했습니다
- **We have awarded the contract~** 우리는 …계약을 체결했습니다
- **A contract award is scheduled~** 계약 체결은 …로 예정되어 있습니다
- **My company signed a contract with~** 우리 회사는 …와 계약을 체결했습니다

Patterns Practices

1 We made an agreement **last week.**
우리는 지난 주 계약을 체결했습니다.

2 The agreement was been signed **yesterday.**
어제 합의서에 서명했습니다.

3 We have awarded the contract **to a multi-national enterprise.**
우리는 한 다국적 기업과 계약을 체결했습니다.

•• **award a contract** 계약하다　**multi-national enterprise** 다국적 기업

4 A contract award is scheduled for the end of this month.

이달 말에 계약 체결이 예정되어 있습니다.

- • contract award 계약 체결

5 We reached an agreement to work together in a joint venture.

우리는 합작 투자에서 함께 일하기로 합의했습니다.

6 My company signed a five year contract with JSB Group International.

우리 회사는 JSB 국제 그룹과 5년 계약을 체결했습니다.

7 We plan to award the contract to a trade company in Hong Kong next week.

우리는 다음 주 홍콩 소재의 한 무역 회사와 계약을 체결할 계획입니다.

Voca Tips 》 계약과 관련된 표현 2

contract 계약

contract award 계약 체결

sign a contract / award a contract 계약을 체결하다

win a contract 계약을 따내다

close a contract 계약을 체결하다

We are close to signing the contract. 우리는 곧 계약을 체결할 것이다.

verbal contract 구두 계약

contract hire 계약 임대, 리스

contract cut 계약 파기

breach a contract 계약을 위반하다

계약의 효력 발생이나 적용과 관련된 take effect / come into effect(효력이 발생하다) / agree to (동의하다) / apply to (적용되다) 등도 유용하게 사용되는 표현들이다:

The contract comes into effect upon being signed by both parties.

이 계약은 양측의 서명에 의해 효력이 발생한다.

The contract will take effect on the date it is signed by the parties.

이 계약은 당사자들에 의해 서명된 날짜에 효력이 발생할 것이다.

The following terms of business apply to all contracts between us.

다음 사업 조건들은 우리들 간의 모든 계약에 적용됩니다.

By entering into a contract, you are agreeing to the following terms and conditions.

계약을 체결함으로써, 귀하는 다음 계약 조건에 동의하는 것입니다.

The following terms and conditions apply to all future business between the two parties.

다음 계약 조건들은 양측간의 모든 미래의 계약에 적용됩니다.

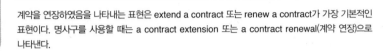
We agreed to extend the contract~

계약을 연장하기로 합의하였습니다

계약을 연장하였음을 나타내는 표현은 extend a contract 또는 renew a contract가 가장 기본적인 표현이다. 명사구를 사용할 때는 a contract extension 또는 a contract renewal(계약 연장)으로 나타낸다.

Key Patterns

- **We agreed to extend the contract~** 우리는 계약을 연장하기로 동의했습니다
- **We decided to renew the contract~** 우리는 계약을 갱신하기로 결정했습니다
- **The agreement will be renewed~** 계약은 갱신될 것입니다
- **Your contract has been extended~** 귀하의 계약은 연장되었습니다

Patterns Practices

1 We agreed to extend the contract.
우리는 계약을 연장하기로 합의했습니다.

2 We decided to renew the contract for another year.
우리는 일년 더 계약을 갱신하기로 결정했습니다.

3 You can extend the contract when the fixed term has expired.
귀하는 정해진 기간이 종료되면 계약을 연장할 수 있습니다.
•• **a fixed term** 정해진 기간

4 I would like to inquire about whether I will be up for a contract renewal.

저는 계약 갱신의 대상이 될 수 있는지 묻고 싶습니다.

•• **be up for~** …의 대상이 되다

5 The agreement will **automatically** be renewed **unless written notice is given**.

계약은 서면 통지가 없으면 자동적으로 갱신됩니다.

•• **written notice** 서면 통지

6 I am pleased to tell you that your contract has been extended for another year.

귀하의 계약이 일년 더 연장되었음을 알리게 되어 기쁩니다.

7 We are delighted to be extending our agreement with your company for the next two years.

다음 2년 동안 귀 회사와의 우리 계약을 연장할 수 있게 되어 기쁩니다.

Voca Tips 》계약 연장과 관련된 표현 3

extend the contract 계약을 연장하다	**unless**를 사용한 단서 조항 표현들
sign a contract extension 계약 연장을 체결하다	**unless otherwise stated** 별도로 언급된 사항이 없다면
agree to a contract extension with~ …와 계약을 연장하기로 합의하다	**unless otherwise agreed** 별도로 합의된 사항이 없다면
renew a contract 계약을 갱신하다	**unless something else comes up** 별다른 일이 없다면 (생기지 않는다면)
request contract renewal 계약 갱신을 요청하다	* **unless~** …하지 않는 한, …한 경우를 제외하고는 (Unit 17, Practice 2 참조)

UNIT

27

계약

PRACTICE 4

The contract is due to expire~

계약이 …종료될 예정입니다

....

계약이 종료되었음을 나타내는 표현이다. 동사는 주로 end나 expire를 사용하는 것이 무난하다. 경우에 따라 terminate를 사용할 수도 있다.

🔊 Key Patterns

- **The contract will expire~** 계약은 …종료될 것입니다

- **The contract is about to end~** 계약은 …종료될 것입니다 (종료 시일이 임박했음을 암시)

- **This contract is due to expire~** 계약이 …종료될 예정입니다

- **Our contract will be terminated~**
  Our contract is coming to an end~
  계약은 …종료될 것입니다

🖲 Patterns Practices

1 The contract will expire at the end of next month.
계약은 다음 달 말에 종료될 것입니다.

2 The contract between the two sides is about to end.
쌍방간의 계약은 곧 끝날 것입니다.
- • will~ / be going to~ / be about to~ (막) …하려 하다
  'The contract is going to end' 또는 'The contract will expire soon'으로 표현해도 의미 차이가 없음.

3 This contract is due to expire on May 21st next year.

계약은 내년 5월 21일에 종료될 예정입니다.

4 This is a fixed term contract due to end on December 31st.

이것은 12월 31일 종료되는 기간이 정해진 계약입니다.

5 Our contract is coming to an end at the end of next month.

우리 계약은 다음 달 말에 끝날 것입니다.

•• come to an end 끝나다. 종료되다

6 The existing contract is due to expire in October and is unlikely to be renewed.

현 계약은 10월에 종료될 예정이며 연장될 가능성은 없습니다.

7 Our contract can be terminated by either party with one month's notice.

우리 계약은 어느 한 쪽이 한 달 전에 미리 통지하면 그 계약은 종료됩니다.

•• one month notice 한 달 전의 사전 통보

8 Failure to comply with the requirements may result in termination of the contract.

이 요구 사항들에 부응하지 못하면 계약은 종료될 수 있습니다.

•• comply with~ …을 따르다, 준수하다   result in~ 결과 …이 되다, 초래하다

Voca Tips

break down 협상이 결렬되다는 의미이며 collapse로 표현할 수도 있다.

The negotiation between management and workers broke down.
노사간의 협상은 결렬되었습니다.

Contract negotiations between the two sides suddenly collapsed last night.
양측의 계약 협상은 지난밤 갑자기 결렬되었습니다.

1 우리는 한 택배 회사와 3년 기간의 새로운 계약에 동의했다.

We agreed on _____

_____.

2 저는 우리 계약 기간을 내년으로 연장해주시기를 요청하기 위해 메일을 씁니다.

I am writing to request you _____

_____.

3 우리는 기꺼이 귀하와의 합의를 연장하며 계속 함께 일하고 싶습니다.

We are happy to extend _____

_____.

4 현재의 계약은 10월 종료될 예정이며 갱신될 것 같지 않습니다.

The existing contract is due to _____

_____.

5 우리의 계약은 9월 말에 종료되며 우리는 그 계약을 갱신하지 않기로 결정했습니다.

Our contract expires _____ and we have

decided _____.

HINT

keen to~ (간절히) …하고 싶어 하는, 갈망하는
keen to keep working together 계속 함께 일하기를 원하다
be unlikely to~ …할 것 같지 않다
decide not to renew~ …을 갱신하지 않기로 결정하다

ANSWERS

1 We agreed on a new contract with a shipping company for three years.
2 I am writing to request you kindly extend our contract period for the next year.
3 We are happy to extend the agreement with you and keen to keep working together.
4 The existing contract is due to expire in October and is unlikely to be renewed.
5 Our contract expires at the end of September, and we have decided not to renew it.

Email Example

From	
To	
Subject	

Dear Mr. Jeremy Williams,

We are pleased to confirm that we have decided to approve the contract for cleaning services with your company. According to our company policy, the length of your contract will be for a period of 3 years, which can be renewed based on your performance. A copy of the contract is enclosed for your review. If you agree to the terms and conditions, please print your name, sign it, and return the contract to us by post. Please feel free to contact us if you need any further information. We hope to have a successful professional relationship with you and wish you all the very best. We look forward to hearing from you.

With best regards,

Amelia Chen
Administrative Director
ATS Group Ltd.

제레미 윌리암 씨 귀하,

우리는 귀 회사와 청소 계약을 맺기로 결정했음을 알리게 되어기쁩니다.
저희 회사의 규정에 의해, 귀 회사와는 3년 기간으로 계약이 체결되며, 이후 실적에 근거하여 연장될 수 있습니다.
귀하께서 검토하실 수 있도록 계약서의 사본을 첨부합니다. 계약 조건에 동의하신다면 계약서를 프린트하여 서명하신 후 저희에게 우편으로 보내주시기 바랍니다. 정보가 더 필요하시면 언제라도 저희에게 연락해주시기 바랍니다. 우리는 귀하와 성공적인 사업관계를 맺게 되기를 바라며 행운을 빕니다. 소식을 기다리겠습니다.

안녕히 계십시오,

아멜리아 첸
총무 이사
ATS Group Ltd.

PRACTICE 1

~place an order of~

…을 주문합니다

주문할 때 사용하는 표현들이다. place an order (주문하다) 외에 send 또는 require 같은 동사를 사용할 수 있다. 참고로 following은 '아래와 같이' 또는 '다음과 같이'라는 의미이다.

Key Patterns

- **Please send~** …을 보내주세요
- **We require~** …이 필요합니다
- **We would like to place an order of~** …을 주문하고 싶습니다
- **We would be grateful if you could deliver~** …을 보내주시면 감사하겠습니다
- **We would like to purchase~** …을 구매하고 싶습니다

Patterns Practices

1 Please send me the following items.
아래 품목들을 보내주세요.

2 We require the following items urgently.
우리는 아래 품목들이 급히 필요합니다.

3 We would like to place the following order.
우리는 아래와 같이 주문을 하고 싶습니다.

4 We would like to place an order for **the following items.**

우리는 아래 품목들을 주문하고 싶습니다.

- ● place an order for~ …을 주문하다

5 Would it be possible for you to send **me the following goods?**

다음과 같은 상품들을 보내주실 수 있습니까?

6 We would be grateful if you could deliver **the following items as soon as possible.**

가능한 빨리 다음 품목들을 배송해주시면 감사하겠습니다.

- ● grateful 감사하는, 고마워하는   deliver 배송하다

7 We would like to purchase **twelve computers, all in the color silver.**

컴퓨터 12대를 구입하고자 합니다, 색상은 모두 은색입니다.

- ● 색상 표현은 전치사 in을 사용한다.

Voca Tips

require 대신 need 또는 want를 사용할 수 있다.

We need urgent action to deal with the issue.
우리는 그 문제를 해결하기 위한 긴급한 조치가 필요합니다.

We want more variety in our product line.
우리 제품군이 더 다양해질 필요가 있습니다.

사다, 구입하다: buy / purchase / make a purchase

Please purchase your ticket in advance.
티켓은 미리 구입하시기 바랍니다.

Tickets must be purchased at least two days prior to your travel.
티켓은 최소한 여행 이틀 전에 구입하셔야 합니다.

주문하다: order / place an order / give an order

우편으로 주문하다: order by mail / post

I would like to place an order for a few items from your spring catalog.
귀하의 봄 카탈로그에서 몇 개의 상품을 주문하고자 합니다.

We received your order~

귀하의 …주문을 받았습니다

고객으로부터 주문을 받았다는 것을 확인시켜주는 표현이다. 호텔이나 식당을 예약했을 때 확인 메일을 보내는 것과 유사한 과정이다. 수동형 문장 Your order has been received~의 표현도 가능하다.

Key Patterns

- We received your order~ 우리는 귀하의 …주문을 받았습니다

- Your order was received~ 귀하의 주문이 수령되었습니다

- This email confirms that we have received your order~
  이 이메일은 우리가 귀하의 주문을 받았다는 것을 확인해드리는 것입니다

- Your order has been submitted to us~
  귀하의 주문이 우리에게 제출되었습니다

- Your order has been received and is currently processing for~
  귀하의 주문을 수령되었으며 현재 …처리 중에 있습니다

Patterns Practices

1 We received your order.
귀하로부터 주문을 받았습니다.

2 Your order was received **and it is in processing.**
귀하의 주문은 접수되었으며 처리 중입니다.
  •• in process 진행중인, 추진중인

3 We have received your order and it is now being processed.
귀하의 주문을 받았으며 현재 처리중에 있습니다.

4 This email confirms that we have received your order.
이 이메일은 우리가 귀하의 주문을 받았다는 것을 입증합니다.

5 We have received your order and are processing it.
우리는 귀하의 주문을 받았으며 귀하의 요청을 진행하고 있습니다.
••working to process~의 표현도 가능

6 Your order has been submitted to us and will be processed as soon as possible.
귀하의 주문이 저희에게 접수되었으며 가능한 빨리 처리될 것입니다.

7 This email confirms that your order has been received and is currently processing for shipment.
이 이메일은 귀하의 주문이 접수되었으며 현재 배송이 진행되고 있음을 입증합니다.
••process for shipment 배송이 진행중이다   ship 운송하다, 배송하다

Mini Test >> Translate into English.

1 새 사무용 가구를 몇 개 구입하고자 합니다.

I would like to _____.

2 저는 귀하의 카탈로그에서 몇 개의 상품을 우편으로 주문하고 싶습니다.

I would like to _____

_____.

3 우리는 귀하의 여름 카탈로그에서 몇 가지 품목을 주문하고 싶습니다.

We would like to _____

_____.

4 우리는 귀하의 주문을 받았으며 귀하의 주문은 저희 선적 배송 부서로 보내졌습니다.

Your order has been _____ and sent _____

_____.

5 이 이메일은 우리가 귀하의 주문을 받았다는 것을 확인하는 메일이며 귀하의 주문 번호가 포함되어 있습니다. 귀하의 기록용으로 이 이메일을 보관해주십시오.

This email confirms that we have _____

and includes _____. Please _____

_____.

HINT

office furniture 사무용 가구
shipping and deliveries department 배송부, 선적 배송부
keep~ for one's records ...을 기록용으로 보관하다

ANSWERS

1 I would like to purchase some new office furniture.
2 I would like to get a few items from your catalog via mail order.
3 We would like to place an order for some of the items from your summer catalog.
4 Your order has been received by us and sent to our shipping and delivery department.
5 This email confirms that we have received your order, and includes your order number. Please keep this email for your records.

Email Example

From	
To	
Subject	

Dear Mr. Allen Smith,

Thank you for ordering from Wisdom Co. This email confirms that your order was received and is being processed. You will receive an additional email once your order is shipped.
If you have any questions about your order, please contact us.

Kindest regards,
Mark Randal
Sales manager

앨런 스미스 씨 귀하,

저희 Wisdom 회사로부터 주문해주셔서 감사합니다.
이 이메일은 귀하의 주문이 접수되었으며 현재 처리 중에 있음을 확인시켜 드리기 위한 것입니다. 귀하의 주문이 배송되면 또 다른 메일을 받으실 것입니다. 주문에 관해 의문 사항이 있으시면 연락주시기 바랍니다.

안녕히 계십시오,
마크 랜달
영업부장

Your order has been shipped~

주문이 배송되었습니다

주문이 발송되었음을 고객에게 확인시켜주는 표현이다. ~shipped 대신 left, dispatched 등의 동사를 사용할 수 있다.

Key Patterns

- **Your order has been shipped~** 귀하의 주문은 배송되었습니다

- **Your order has left our warehouse~**
  귀하의 주문은 우리 창고를 떠났습니다 (이미 배송되었다는 의미)

- **Your order is on its way to you~** 귀하의 주문은 귀하에게로 배송되고 있는 중입니다

- **Your order has now cleared customs~** 귀하의 주문은 통관 절차를 마쳤습니다

- **Your order has been dispatched from~** 귀하의 주문은 …에서 발송되었습니다

Patterns Practices

1 Your order has been shipped.
귀하의 주문이 배송되었습니다.
•• We have shipped your order 또는 We have dispatched your order로도 표현할 수 있다.

2 Your order has left our warehouse.
귀하의 주문이 저희 창고를 출발했습니다.
•• warehouse 창고

3 Your order has left our warehouse and is on its way to you.

귀하의 주문이 저희 창고를 떠났으며 현재 귀하에게로 배송 중에 있습니다.

•• **on one's way to~** …로 가는 도중에

4 Your order has now cleared customs and is on its way to you.

귀하의 주문이 세관을 통과했으면 현재 귀하에게로 배송 중에 있습니다.

•• **clear customs** 세관을 통과하다, 통관 절차를 마치다 * **go through customs** 도 같은 의미

5 Your order has been dispatched from our warehouse and is on its way to you.

귀하의 주문은 저희 창고로부터 발송되었으며 귀하에게 배송 중에 있습니다.

6 Your order has left our warehouse and is currently on its way to you via courier.

귀하의 주문은 저희 창고를 출발했으며 현재 택배회사를 통해 귀하에게로 배송 중에 있습니다.

•• **courier** 택배 회사

7 Your order has left our warehouse and is being shipped to you by one of our couriers.

귀하의 주문은 저희 창고를 출발했으며 저희 택배 회사에 의해 귀하에게로 배송 중에 있습니다.

Voca Tips

a freight warehouse 화물 창고

store goods in a warehouse 상품을 창고에 보관하다

The parcel should be on its way to you. 소포는 귀하에게로 배송되고 있는 중일 것입니다.

overnight courier 속달

We will send your order via overnight courier without an additional charge.
귀하의 주문은 추가 비용 없이 속달로 보낼 것입니다.

PRACTICE 2

Your order will be delivered within~

귀하의 주문은 …이내로 배달될 것입니다

배송 기간을 알리는 표현이다. 주문을 주어로 be delivered 또는 be dispatched로 표현할 수 있고, 또는 주문을 받는 사람을 주어로 하여 동사 get이나 receive로 나타낼 수 있다.

Key Patterns

- **Your order will be delivered within~** 귀하의 주문은 …이내로 배송될 것입니다

- **Your order will be normally dispatched within~**
  귀하의 주문은 대개 …이내에 발송될 것입니다

- **You can expect to receive your order within~**
  귀하께서는 주문을 …이내 받게 될 것입니다 (받을 것으로 기대할 수 있다)

- **You will receive your merchandise within~** 귀하는 귀하의 상품을 …이내에 받으실 것입니다

- **Orders will take~ days to arrive~** 주문이 도착하기까지 …일이 걸릴 것입니다

Patterns Practices

1 Your order will be delivered within **3 working days.**
귀하의 주문은 공휴일 제외 3일 이내에 배송될 것입니다.
  •• be delivered within~ (기간) …이내로 배송되다

2 Your order will normally be dispatched within **5 working days.**
귀하의 주문은 보통 공휴일 제외 5일 이내에 배송될 것입니다.

3 You can expect to receive your order within **3 to 5 business days.**

귀하는 주문을 공휴일 제외 3일에서 5일 이내에 받게 될 것입니다.

•• ~can expect to receive '받을 것으로 기대할 수 있다' 즉 '받을 것으로 예상된다'는 의미.

4 You will receive your merchandise within **10 business days after shipment.**

귀하는 상품을 배송 후 공휴일 제외 10일 이내에 받게 될 것입니다.

5 **Once shipped,** most orders will take 3 to 4 working days to arrive.

일단 배송이 되면, 대부분의 주문들은 도착하는데 공휴일 제외 3일에서 4일이 걸립니다.

6 We aim to deliver all orders within **3 days of the date the orders are placed on.**

우리는 모든 주문들이 주문받은 날로부터 3일 이내에 배송되게 하는 것을 목표로 합니다.

7 Goods will be dispatched within **3 to 4 working days of the receipt of the order and completion of payment.**

상품은 주문을 받고 대금을 완납한 후로부터 공휴일 제외 3일에서 4일 이내에 배송될 것입니다.

•• from receipt of order 주문을 받은 후   completion of payment 대금 완납

Voca Tips

working days 대신 business days를 사용할 수 있다. 공휴일을 제외한 날짜를 계산할 때 사용한다.

We ship all domestic orders within two business days.
우리는 모든 국내 주문을 공휴일 제외 2일 내에 배송합니다.

It will take at least five to seven business days to process the application.
신청을 처리하는데는 공휴일 제외 최소 5일에서 7일이 소요될 것입니다.

When / How long~? 배송 기간을 묻는 질문:

When will I receive my order?
저의 주문은 언제 받을 수 있을까요?

When should my order arrive? 언제 주문이 도착할까요?

How long will it take to get my order?
주문을 받는데 얼마나 걸리나요?

How long will my order take to arrive?
주문이 도착하려면 얼마나 걸리나요?

* cf. 기간을 묻는 질문에 대한 응답은 allow 또는 takes~ 를 사용해서 대답할 수 있다 (Unit 10, Practice 1참조)

UNIT

29

배송

PRACTICE 3

We apologize for the delay~

…의 지연에 대해 사과드립니다

배송지연에 대해 사과하거나, 지연되고 있는 상황을 설명하는 표현들이다. 대표적인 표현들로는 sorry와 apologize가 있다.

 Key Patterns

● We are sorry for the late delivery of~   …배송이 늦어져 죄송합니다

● We apologize for the delay in~   …의 지연에 사과드립니다

● Delivery delays are expected due to~   …로 인한 배송 지연이 예상됩니다

● We are experiencing a temporary shipping delay~
일시적으로 …배송이 지연되고 있습니다

● Your order has not been shipped due to~
…로 인해 귀하의 주문이 아직 발송되지 않았습니다

Patterns Practices

1 We are very sorry for the late delivery of your order.
귀하의 주문 배송이 늦어 죄송합니다.
   •• the late delivery of~ …의 배송 지연

2 We apologize for the delay in the shipment of your order.
귀하의 주문에 대한 선적이 지연되고 있어 사과드립니다.
   •• delay in the shipment of~ …의 선적 지연, 배송 지연

3 We apologize for the delay in delivery of the products you ordered from us.

저희 회사로부터 주문한 제품의 배송이 지연된 점에 대해 사과드립니다.

•• the products you ordered with us 우리 회사로부터 주문한 제품

4 Please be advised that delivery delays are expected due to the nationwide postal strike.

전국적인 우체국 파업으로 인해 배송이 지연될 수 있음을 알려드립니다.

•• Please be advised that~ …을 알려드립니다. …을 아시기 바랍니다

5 Due to the heavy rain over the past three days, we are experiencing a temporary shipping delay.

지난 3일 동안의 폭우로 인해, 일시적으로 배송이 지연되고 있습니다. (우리는 일시적으로 배송 지연을 겪고 있습니다.)

•• temporary shipping delay 일시적인 배송 지연

6 We are sorry to inform you that your order has not been shipped due to inclement weather conditions.

악천후로 인해 귀하의 주문이 발송되지 않았음을 알려드리게 되어 죄송합니다.

•• inclement 궂은, 좋지 못한

7 Due to the current high volume of orders, we are experiencing a temporary shipping delay. Please accept our apologies for any inconvenience this may cause.

현재 주문량의 폭주로 인해, 일시적으로 배송이 지연되고 있습니다. 이로 인해 야기되는 불편에 사과드립니다.

•• high volume of orders 많은 주문품, 주문 폭주

Voca Tips 〉〉 배송 지연에 관한 표현들

the late delivery of~ / the delay in the shipment of~ / the delay in delivery of~
…의 배송 지연

배송 지연이 발생하다, 배송 지연을 겪다는 표현은 동사 experience로 표현할 수 있다.

We are currently experiencing intermittent delivery delays.
현재 간헐적으로 배송이 지연되고 있습니다.

We are experiencing technical difficulties with the online application system.
우리는 온라인 신청 시스템에 기술적인 문제를 겪고 있습니다.

We are experiencing some technical issues with our e-mail system which may cause response delays from our customer service department.
우리 회사의 이메일 시스템에 문제가 발생하고 있기 때문에 업무 지원 센터로부터의 회신이 늦어질 수 있습니다.

![icon] **Mini Test** >> Translate into English.

1 배송 후 24 시간 이내 귀하의 주문을 받으실 것입니다.

You will receive _____.

2 귀하의 주문이 배송되면, 귀하께서는 이메일로 통보를 받으실 것입니다.

When your order has _____ you will

_____.

3 귀하의 주문을 오늘 배송했습니다, 따라서 귀하께서는 공휴일 제외 3일 이내에 주문을 받으실 것입니다.

We shipped _____ so you should __

_____.

4 예상치 못한 수요 증가로 인해, 현재 심한 배송 지연이 일어나고 있습니다.

Due to unexpectedly _____, we are currently _____

_____.

5 악천후로 인해, 오늘과 내일 미네소타 지역의 배송이 지연될 수 있다는 것을 예상해 주시기 바랍니다.

Due to _____, please expect _____

_____ in areas of Minnesota.

HINT

after shipment 배송 후
an email notification 이메일 통보
a severe shipping delay 심한 배송 지연

ANSWERS

1 You will receive your order within 24 hours after shipment.

2 When your order has been dispatched, you will receive an email notification.

3 We shipped your order today, so you should receive it within 3 working days.

4 Due to unexpectedly high demand, we are currently experiencing a severe shipping delay.

5 Due to bad weather conditions, please expect possible delivery delays today and tomorrow in areas of Minnesota.

Email Example

From	
To	
Subject	

Dear Miss Lisa Smith,

Thank you for your order. Your order number is SN18397JH. After we confirm your payment, we will ship it as soon as possible. A confirmation email will be sent to you. This will include a tracking number. We aim to dispatch all domestic orders within two working days. We would like you to know that your satisfaction is our goal. If you have any questions or concerns about your order, please do not hesitate to contact us.
We look forward to serving you again in the future.

Sincerely yours,

Richard Allen
Sales Manager

•• **order number** 주문 번호 **tracking number** (배송) 추적 번호 **your satisfaction is our goal** 귀하의 (고객님의) 만족이 저희의 목표입니다.

리사 스미스 양 귀하,

주문에 감사드립니다. 귀하의 주문 번호는SN18397JH 입니다. 귀하의 대금 지불을 확인한 후, 우리는 가능한 빨리 귀하의 주문을 배송할 것입니다. 배송 추적 번호와 함께 확인 메일이 귀하에게 보내질 것입니다. 우리는 국내의 모든 배송을 공휴일 제외 이틀 이내에 배송하고자 합니다. 고객의 만족이 저희의 목표임을 알아주셨으면 합니다. 귀하의 주문과 관련하여 질문이나 궁금한 점이 있으시면, 주저하지 마시고 저희에게 연락주십시오. 다음에 다시 거래할 수 있기를 기대하겠습니다.

안녕히 계십시오.

리차드 알렌
세일즈 매니저

Please cancel my order for~

…의 주문을 취소해 주시기 바랍니다

주문을 취소하고자 할 때 사용하는 표현이다. 가장 기본적인 구문은 ~cancel my order for~ 이다.
그외에 request나 order를 주어로 한 수동형의 문장도 가능하다.

Key Patterns

- **Please cancel the order~** …주문을 취소시켜 주세요

- **I would like to cancel my order for~** …에 대한 주문을 취소하고 싶습니다

- **I am writing to request that my order be canceled~**
  저의 주문을 취소해주기를 요청합니다

- **I wonder if I can cancel the order for~** …에 대한 주문을 취소할 수 있는지 알고 싶습니다

- **I accidentally placed a duplicate order. Please delete one~**
  무심결에 중복 주문을 했습니다. 하나를 삭제해주세요

Patterns Practices

1 Please cancel the order I placed yesterday.
어제 했던 주문을 취소시켜주십시오.

2 I would like to cancel the order for a digital camera which I placed
yesterday.
어제 했던 디지털 카메라에 대한 주문을 취소하고 싶습니다.

3 I am writing to request that my order be canceled and no goods sent to me.

저의 주문을 취소시키고 제품을 보내지 않기를 요청하기 위해 글을 씁니다.

•• order를 주어로 한 수동형 문장이다: I cancel my order. → My order should be canceled.

4 I wonder if I can cancel the order for the laptop computer that I placed two days ago.

이틀 전에 주문했던 노트북을 취소시킬 수 있는지 알고 싶습니다.

5 I placed an order for a laptop a week ago, but I have not received it yet. Please cancel my order.

일주일 전에 노트북을 주문했었는데 아직 받지 못했습니다. 주문을 취소시켜 주십시오.

6 I realized that I accidentally placed a duplicate order on your website. Please delete one of them.

귀하의 웹사이트에 실수로 주문을 중복해서 했습니다. 그중 하나를 지워주시기 바랍니다.

•• duplicate order 중복 주문 duplicate 복사하다, 복제하다
I placed a duplicate order = I placed two orders.

7 You have failed to ship the MP3 Player I ordered for a full week now. I would like to cancel the order immediately.

귀하는 저의 MP3 주문을 일주일이 지나도록 배송하지 않았습니다. 저의 주문을 즉시 취소하고 싶습니다.

Voca Tips

I wonder if~ …이 궁금하다, 알고 싶다, 걱정이다

I wonder if it is not too late.
너무 늦지 않았는지 걱정입니다.

I wonder if they will come to the party.
그들이 파티에 참석할지 궁금합니다.

I am wondering if you have time to review the report. 보고서를 검토해주실 시간이 있는지 궁금합니다.

fail to~ …하지 못하다

fail to keep one's word 약속을 지키지 않다

fail to meet expectations 기대에 부응하지 못하다

fail to meet the deadline 마감일을 맞추지 못하다

Unfortunately, we failed to achieve the goal.
불행히도, 우리는 그 목적을 달성하는데 실패했다.

never fail to~ 반드시 …하다

He never fails to finish his work on time. = He always finishes his work on time
그는 자기 일을 제시간에 끝내지 않은 적이 없다 = 그는 항상 자기 일을 제시간에 끝낸다.

She never fails to keep her word.
그녀는 약속을 꼭 지킨다.

PRACTICE 2

~request a refund of~

…에 대한 환불을 요청합니다

환불을 요청할 때 사용하는 표현이다. refund를 동사로 사용하거나, 혹은 명사로 사용하여 request a refund로 표현할 수 있다. 그외 '배상하다' 또는 '변제하다'는 의미의 reimburse가 있다.

Key Patterns

- I would like to receive my refund~ …환불 받고 싶습니다
- I would like to request a refund of~ …의 환불을 요청합니다
- ~ reimburse me for the amount~ …을 상환해 주십시오
- ~ issue me a full refund~ …을 전액 환불해주십시오
- ~ refund the amount remitted~ 송금했던 금액을 환불해주십시오

Patterns Practices

1 I would like to receive my refund **promptly.**
즉시 환불 받고 싶습니다.
•• **receive a refund** 환불 받다

2 Could you please refund **the money as soon as possible?**
가능한 빨리 돈을 환불해주시겠습니까?

3 I would like to request a refund of **the amount that I paid.**
제가 지불했던 금액에 대한 환불을 요청합니다.
•• **request a refund of~** …에 대한 환불을 요청하다

4 I would like to ask that you reimburse me for the amount that I paid.

제가 지불했던 금액을 제게 배상해주시기를 요청합니다.

> •• reimburse 배상하다, 변제하다   reimbursement 변제, 상환

5 I am returning the product to you and ask that you issue me a full refund.

귀하에게 제품을 반송하며 전액 환불을 요청합니다.

6 Having not received the product I ordered, I request that you refund the amount remitted with my order.

제가 주문한 제품을 받지 못했으므로, 주문과 함께 송금했던 금액을 환불해주실 것을 요청합니다.

> •• remit 송금하다   remittance 송금, 송금액

7 As there has been a breach of contract, I think I am entitled to a refund of the sum I paid to you.

계약 위반이 발생했으므로, 제가 귀하에게 지불한 금액을 환불 받을 수 있다고 생각합니다.

> •• a breach of contract 계약 위반   be entitled to~ …할 자격이 있다(Unit 26, Practice 2)

Voca Tips   》 refund 관련 표현들

claim for a refund / request a refund / demand a refund 환불을 요청하다	Payment will be remitted to you by check. 지불액은 귀하에게 수표로 송금될 것 입니다.
give a refund 환불해주다	
receive a refund 환불 받다	You are entitled to bring in up to $1,000 worth of duty free goods. 귀하는 1,000 달러어치의 면세품을 반입하실 수 있습니다.
remit 송금하다	
be entitled to~ …할 자격이 있다	The company will reimburse you for any expenses incurred during your business trips. 회사는 출장중 발생한 모든 비용을 귀하에게 상환해드릴 것입니다.
reimburse 배상하다, 변제하다	
incur 초래하다, 처하게되다	
full refund 전액 환불	

~send me a replacement of~

…의 교체품을 보내주십시오

반품 및 교환을 요구할 때 사용하는 표현이다. '교체품을 보내달라'는 의미로 send me a replacement로 표현하거나, 또는 동사 replace를 사용하여 replace A with B로 나타낼 수 있다. 정중함을 나타내기 위해 would like to~ / I hope that~ / I would appreciate it if~ 등의 표현과 함께 사용하는 것이 적절하다.

Key Patterns

- ~ send me a replacement~ …교체품을 보내주세요
- ~ replace the faulty item with a new one~ 손상된 제품을 새 제품으로 교체해주십시오
- ~ have a replacement shipped to me~ 교체품을 배송해주시기 바랍니다
- ~ arrange for the replacement~ 교체품을 보내주십시오 (교체품을 준비하다)

Patterns Practices

1 I am requesting that you send me a replacement.
제게 교체품을 보내주실 것을 요청합니다.
  •• replacement 교체, 대체

2 I want you to replace the faulty item with a new one.
손상된 제품을 새 제품으로 교체해주시기를 원합니다.
  •• replace A with B A를 B로 교체하다 faulty item 불량품

3 I would like to have a replacement shipped to me as soon as possible.
가능한 빨리 교체품이 배송되기를 바랍니다.

4 I am hoping that you may be able to send me a replacement product.
귀하께서 교체품을 제게 보내주실 수 있기를 희망합니다.

5 I would appreciate it if you could send me a replacement of the damaged goods.
손상된 제품에 대한 교체품을 보내주시면 감사하겠습니다.

6 I would like to have a replacement shipped to me and I will ship the faulty item back to you.
교체품을 제게 보내주시기를 바랍니다 그리고 저도 손상된 제품을 귀하에게 배송하겠습니다.

7 I would appreciate it if you would arrange for the replacement and advise me on how I should return the broken merchandise.
교체품을 보내주신다면 감사하겠습니다 그리고 손상된 상품을 어떻게 반송할지에 관한 조언도 해주시기 바랍니다.

• • **broken** 부서진, 손상된

Voca Tips

》 교체와 관련된 표현들	》 불량품에 관한 표현들
replace a tire 타이어를 갈다	**faulty item** 결함이 있는 제품
replace a filter 필터를 교체하다	**defective goods** 결함이 있는 제품
replace a loss 손실을 만회하다	**damaged goods** 손상된 상품
replace A with B A를 B로 교체하다	**broken merchandise** 손상된 상품
	rejected goods 불량품, 불합격품

Mini Test >> Translate into English.

1 저의 주문을 취소해주시고 전액 환불해주시기 바랍니다.

Please cancel _____ and _____ _____.

2 화요일에 했던 주문을 조금 변경하고 싶습니다.

I would like to make _____ _____.

3 결함이 있는 제품을 받았습니다. 교체품을 보내주시겠습니까?

I have received _____. Could you _____?

4 실수로 중복 주문을 한 것 같습니다. 그 중 하나를 취소시켜주세요.

I think I placed _____. Please _____.

5 교체품을 보내주시고 결함이 있는제품을 어떻게 돌려보내야 하는지 알려주세요.

Please arrange _____ and advise _____.

HINT

issue someone a full refund …에게 전액 환불해주다
make some changes to~ …을 조금 변경하다
arrange for a replacement 교체품을 보내다
advise someone on how~ …에 대한 방법을 알려주다

ANSWERS

1 Please cancel my order and issue me a full refund.
2 I would like to make some changes to my order, which I placed on Tuesday.
3 I have received a faulty item. Could you arrange for a replacement?
4 I think I placed a duplicate order by mistake. Please cancel one of them.
5 Please arrange for a replacement and advise me on how I should return the faulty item.

Email Example

From	
To	
Subject	

Dear Better Computer Ltd,

I am writing this email to cancel my order for a desktop computer and a cell phone that I placed via your website last Wednesday. According to your shipping policy, the goods were to be delivered within three days after purchase. Seven days have passed since I placed the order. However, I have received neither the items nor a notification as to why the goods have been delayed. Therefore, I wish to cancel the order to avoid further inconvenience. I also request that you credit my account with the full refund.
If you have any questions about this cancellation, please feel free to contact me. Thank you.

Kind regards,

John Willis

●● Seven days have passed since~ ···한지 7일이 지나다　neither A nor B A도 B도 아닌
I have received neither the items nor a notification as to why the goods have been delayed.
상품도 배송이 지연되는 이유에 대한 통지도 받지 못했습니다.

베터 컴퓨터사 귀하,

저는 지난 주 수요일 귀회사의 웹사이트를 통해 주문했던 데스크탑 컴퓨터와 휴대폰 주문을 취소하기 위해 이메일을 보냅니다. 귀사의 배송 규정에 의하면, 상품은 구매 후 3일 이내에 배송되어야 합니다. 제가 상품을 주문한 지 7일이 지났습니다. 그러나, 상품도 배송이 지연되는 이유에 관한 통지도 받지 못했습니다. 그러므로, 저는 더 이상의 불편을 피하기 위해 주문을 취소하기를 원합니다. 또한 저의 계좌로 전액 환불을 해주시기를 요청합니다.

이 주문 취소에 관한 의문이 있으시면 제게 연락해 주시기 바랍니다. 감사합니다.

안녕히 계십시오,

존 윌리스

13

가격 및 결제

UNIT 31 | 가격 제시 및 협상

구매하고자 하는 상품이나 용역에 대한 가격을 제시하거나 협상할 때 사용할 수 있는 표현들이다.

Practice ❶

This is the best price we can offer~
우리가 제안할 수 있는 최선의 가격입니다

Practice ❷

I wonder if you can match~
…에 가격을 맞출 수 있는지 알고 싶습니다

UNIT 32 | 요금 문의 및 결제

요금이나 가격에 관한 문의 또는 지불 방법에 관한 표현이다. 이 유형의 표현들은 특히 전치사 사용에 주의해야 한다.

Practice ❶

Please quote a price on~
…에 대한 가격을 알려주세요

Practice ❷

I would like to pay by (with)~
…로 지불하겠습니다

Practice ❸

~make checks payable to~
수표는 …앞으로 발행해주세요

Practice ❹

Your account is~ overdue
Your bill is~ in arrears
귀하의 계정은 …지급 기일이 지났습니다

PRACTICE 1

This is the best price we can offer~

이것이 우리가 제안할 수 있는 최선의 가격입니다

고객에게 가격을 제시할 때 사용하는 표현이다. best price는 판매자의 입장에서는 가장 높은 가격, 구매자에게는 가장 낮은 가격이다.

Key Patterns

● **This is the best price I can offer~** 제가 제안할 수 있는 최선의 가격입니다

● **The price we offer is very reasonable~** 저희가 제공하는 가격은 매우 합리적인 가격입니다

● **The prices we offer are most competitive~**
저희가 제공하는 가격은 가장 경쟁력이 있는 가격입니다 (다른 회사보다 낮은 가격으로 제공한다는 의미)

● **We don't have the option to negotiate a lower price**
더 낮은 가격으로 협상할 수 있는 여지는 없습니다

● **The goods are an excellent value for the money**
이 상품은 가격 대비 합당한 가치가 있습니다 (가격에 비해 상품 가치가 뛰어나다는 의미)

Patterns Practices

1 This is the best price I can offer you right now.
이 가격은 우리가 현재 제시할 수 있는 최선의 가격입니다.

2 The price quotation we offered you is very reasonable.
우리가 귀하에게 제시한 견적서는 매우 적정한 것 입니다.
•• **reasonable** (가격이) 합당한, 합리적인 *reasonable price 합리적인 가격

3 The prices we offer are most competitive and you will be amazed at our excellent after-sale service.

우리가 제공하는 가격은 매우 저렴합니다 그리고 우리의 뛰어난 애프터 서비스에 매우 만족하실 것입니다.

- •• competitive 경쟁력있는, 가격이 저렴한 *competitive price 경쟁력있는 가격 (타회사보다 낮은 가격)
  after-sale service 애프터 서비스, 판매 후 상품 관리

4 This is the best price that we can offer and we don't have any option to negotiate a lower price.

이것은 우리가 제시할 수 있는 최선의 가격이며 가격을 더 낮추기 위한 흥정의 여지는 없습니다.

- •• option to negotiate~ …을 협상할 수 있는 여지

5 You will soon agree that, at the prices quoted, the goods we are offering are an excellent value for the money.

귀하께서는 곧 우리 상품이 견적 가격에 매우 적절한 가치가 있다는 점에 동의하시게 될 것입니다.

- •• excellent value for the money 지불하는 금액에 비해 상품 가치가 우수한

6 You probably know that the price quote you received is very reasonable and may be the best deal possible on the market at the moment.

아실지 모르겠으나 귀하께서 받으신 견적은 매우 합리적인 가격이며 현재 시장에서 찾을 수 있는 가장 저렴한 가격입니다.

- •• can be the best deal possible in the market 시장에서 거래할 수 있는 가장 좋은 가격

7 This is possibly the best price you can find on the market. If you find a lower price within three days we'll match it.

아마도 이 가격은 귀하께서 시중에서 찾을 수 있는 최선의 가격일 것입니다. 만약 3일 이내 언제라도 더 낮은 가격을 찾으신다면 우리는 그 가격으로 맞추어 드릴 것입니다.

- •• match the price 가격을 맞추다 (차액을 지불해준다는 의미)

Voca Tips 》》 가격 협상과 관련된 유용한 표현들

quality product 품질이 좋은 상품
affordable prices 저렴한 가격
We always try to provide quality products at affordable prices with fast shipping.
우리는 언제나 품질 좋은 제품을 저렴한 가격에 신속히 제공해드리고자 노력합니다.

stick to~ …을 지키다, 고수하다
The price quote we offered is very reasonable and we would like to stick to it.
우리가 귀하에게 제시한 가격은 매우 합리적인 가격이며 우리는 그 가격을 지키고 싶습니다.

UNIT

31

: 가격제시 및 :
협상

I wonder if you can match~

…에 가격을 맞출 수 있는지 알고 싶습니다

가격을 협상할 때 사용할 수 있는 표현이다. 협상에 필요한 다양한 어휘들을 숙지해 두면 상황에 적절한 표현이 가능해진다.

🔤 Key Patterns

- ~ **if you can match our price** 우리 가격에 맞출 수 있는지…

- ~ **consider our price suggestions** 우리의 가격 제안을 고려해주십시오

- ~ **let us know your target price** 귀하의 목표가격이 얼마인지 알려주십시오

- ~ **bring down the price by~** 가격을 …로 낮추어 주십시오

🔤 Patterns Practices

1 **I am wondering** if you can match our price.
우리 가격에 맞출 수 있는지 알고 싶습니다.

2 **We would like you to** consider our price suggestions.
우리의 가격 제안을 고려해주시기 바랍니다.
  •• **price suggestions** 가격 제안

3 **We expect that you will** offer us a lower price as soon as possible.
가능한 빨리 더 낮은 가격으로 우리에게 제안해주시기를 바랍니다.
  •• **offer a lower price** 더 낮은 가격으로 제안하다

4 If you let us know your target price, we will check to see what we can do.

만약 목표 가격을 알려주시면 우리가 어떻게 할건지 검토하겠습니다.

•• **target price** 목표가격 (받아들일 수 있는 가격)

5 Please let me have your price quotes. Then, we will consider whether we can match them or not.

귀하께서 견적서를 내주시면 우리가 그 가격을 맞출 수 있는지를 검토하겠습니다.

6 We will place an order right away if you can bring down the price by a further 2 percent.

2%를 추가로 할인해 주신다면, 우리는 즉시 주문할 것입니다.

•• **bring down** 가격을 낮추다, 깎다 (discount, reduce)

7 If you cannot match our price, I am afraid that we will have to look at getting other suppliers.

만약 귀하께서 우리가 제안한 가격에 맞추지 못한다면, 우리는 다른 공급자를 찾아야 할 것입니다.

•• **get other suppliers** 다른 공급자를 구하다

Voca Tips 》〉 가격 협상과 관련된 유용한 표현들 2

narrow the gap between~ …간의 격차를 줄이다	**valid** 유효한
The gap between our price and yours seems quite wide. 우리와 귀하 간의 가격은 격차가 너무 심합니다.	Our price offer is valid until the end of the month. 우리가 제시한 가격 제안은 이번 달 말까지 유효합니다.
We have to compromise so as to narrow the gap between the prices. 우리는 가격의 차이를 좁히기 위해 절충을 해야 합니다.	

1 귀하께서 가격을 5% 할인해주실 수 있는지 알고 싶습니다.

I am wondering if you can _____ by 5 percent.

2 귀하께서 목표 가격을 알려주시면, 우리가 그 가격을 맞출 수 있는지 없는지를 검토하겠습니다.

If you let me know _____, then, we will consider if _____.

3 저는 이 가격이 현재 시장에서 귀하께서 찾을 수 있는 가장 좋은 가격이라는 것을 확신합니다.

I am quite sure that this will _____ _____ on the market at the moment.

4 만약 귀하께서 우리 가격에 맞출 수 없다면, 우리는 그 일을 위한 다른 공급자을 찾아야 합니다.

If you cannot _____, I'm afraid we have to look at _____ for the job.

5 우리가 귀하의 제안을 받아들이기 위해서는 귀하의 가격이 귀하의 최초 제안서에 산정된 가격보다 좋아야 합니다.

In order for us to _____, your price should _____ _____ than _____ in your initial proposal.

HINT

should be better ···더 나아야 한다
initial 처음의, 초기의

ANSWERS

1 I am wondering if you can bring down the price by 5 percent.
2 If you let me know your target price, then we will consider if we can match it or not.
3 I am quite sure that this will be the best price you can find on the market at the moment.
4 If you cannot match our prices, I'm afraid we will have to look at getting other suppliers for the job.
5 In order for us to accept your proposal, your price should be better than what you have quoted in your initial proposal.

Email Example

From

To

Subject

Dear Mr. Ron Taylor,

Thank you for sending us your price list and proposal. We reviewed them very carefully and found your quotations are a little higher than we anticipated. Therefore, we are wondering if you can bring down your price by 5 percent. If you can match our suggested prices, we will place an order right away. Otherwise, we will have to look at getting other suppliers. We look forward to hearing from you as soon as possible.

Sincerely yours,

Allan Carter
Purchasing Manager
Atlas Trading Ltd.

론 테일러 씨 귀하

귀하의 가격 리스트와 제안서를 보내주셔서 감사합니다
우리는 이들을 주의깊게 검토한 후 귀하의 가격 제안이 우리가 예상했던 것 보다 다소 높다고 판단했습니다.
그래서 우리는 귀하께서 가격을 5% 할인하는 것이 가능한지 알고 싶습니다. 만약 귀하께서 우리의 제안 가격에
맞출 수 있다면 즉시 주문할 것입니다. 그렇지 않다면, 우리는 다른 공급자를 찾아야 할 것입니다.
가능한 빨리 귀하의 대답을 듣고 싶습니다.

안녕히 계십시오,
알란 카트
구매 부장
아틀라스 무역회사

Please quote a price on~

…에 대한 가격을 알려주세요

가격을 문의할 때 사용하는 표현들이다. quote는 동사 또는 명사로 사용된다:
quote a price on~ …에 대한 가격을 산정하다, 가격을 알려주다
price quote 견적서 또는 예상 가격

Key Patterns

- **Please quote a price on~** …에 대한 가격을 알려주세요
- **Please send us your price list for~** …에 대한 가격 목록을 보내주세요
- **Please quote us your best prices for~** …에 대한 귀하의 최선의 가격을 산정해주세요
- **Could you please quote us prices for~?** …에 대한 가격을 산정해주시겠어요?
- **Please let us know about your pricing for~** …에 대한 귀하의 가격을 알려주시기 바랍니다

Patterns Practices

1 Please quote a price on **the following items.**
다음 항목에 대한 가격을 알려주십시오.

2 Please send us your price list for **the following goods.**
다음 상품들에 대한 가격 목록을 보내주십시오.

3 Please quote us your best prices for **the following merchandise.**
다음 상품들에 대한 가장 낮은 가격을 알려주십시오.

•• **quote** 견적을 내다, 가격을 매기다
best price는 구매자의 입장에서는 가장 낮은 가격, 판매자의 입장에서는 가장 높은 가격을 의미한다.

4 Could you please quote us prices for the orders that I placed yesterday?

제가 어제 주문한 것에 대한 가격을 산정해주시겠습니까?

5 Please email us a price quote for your products as soon as possible.

가능한 빨리 귀하의 제품에 대한 견적을 우리에게 이메일로 보내주세요.

6 Please quote us your prices for the following items with the deepest discount.

다음 제품에 대한 가장 높은 할인율이 적용된 가격을 우리에게 산정해주십시오.

•• with the deepest discount 가장 높은 할인율

7 Please let us know about your pricing and quality assurance for the following items.

다음 제품들에 대한 귀하의 가격과 품질 보증을 우리에게 알려주십시오.

•• quality assurance 품질 보증

Voca Tips 》 discount와 관련된 표현들

discount rate 할인율
cash discount 현금 할인
bulk discount 대량 구매시의 할인

seasonal discount 계절 할인
at a discount 할인하여

PRACTICE 2

I would like to pay by (with)~

…로 지불하겠습니다

지불하는 방법에 관한 표현이다. 구매한 물건이나 지불 대상은 전치사 for를, 지불 방법은 by 또는 with를 사용한다. 일시불은 in a lump sum, 할부는 an instalment plan으로 표현한다.

Key Patterns

● I would like to pay by (with)~ …로 지불하고 싶습니다

● I would like to pay in a lump sum~ …일시불로 지불하고 싶습니다

● I would like to pay on an instalment plan~ …할부로 지불하고 싶습니다

● Payment will be made through a bank transfer~ 은행 송금으로 지불될 것입니다

Patterns Practices

1 I would like to pay by debit or credit card.
현금 카드나 신용 카드로 지불하겠습니다.
●● debit card 직불 카드   credit card 신용 카드

2 I would like to pay for this purchase with my credit card.
이 구매품은 저의 신용카드로 지불하고 싶습니다.

3 I prefer to make monthly payments for this purchase.
저는 이 구입품을 할부로 지불하고 싶습니다.
●● monthly payment 할부

4 I would like to pay for **the air conditioner** in a lump sum.

에어컨 대금은 일시불로 지불하겠습니다.

• • lump sum 일시불

5 I would like to pay for **the purchase** on an installment plan.

이 구입품은 할부로 지불하고 싶습니다.

• • installment plan 할부, 분할 납부

6 I want to make a payment using **my internet banking service.**

인터넷 뱅킹으로 지불하기를 원합니다.

7 Payment will be made through a bank transfer **within 3 days of our confirmation of the delivery.**

배송이 확인되면 3일 이내에 은행 송금을 통해 지불될 것입니다.

• • through [by] a bank transfer 은행 송금을 통해

Voca Tips   〉〉 대금 지급에 관한 표현 1

make monthly payments 할부로 지불하다
installment plan 할부, 분할 납부
pay in a lump sum (pay in full) 일시불로 지불하다
We offer an interest free installment plan for up to six months.
우리는 6 개월 무이자 할부 판매를 제공합니다.

You can choose between a lump sum payment and monthly payments.
일시불이나 할부 중에서 선택하실 수 있습니다.

With an interest-only mortgage, your monthly payments will be more affordable.
이자만 지불하는 주택 융자를 선택한다면, 귀하의 월간 지불금액이 훨씬 낮아질 것입니다.

~make checks payable to~

수표는 …앞으로 발행해주세요

....

상대방에게 지불을 요청할 때 사용하는 표현들이다. 수표의 수취인 기록이나 신용 카드 사용에 관한
내용들이다.

🔂 Key Patterns

● **We accept~** …은 사용할 수 있습니다 (우리는 …을 받습니다)

● **Please make checks payable to~** 수표는 …앞으로 발행해주세요

● **You can make payments using~** …을 사용해서 지불하실 수 있습니다

● **You need to have your card details on hand~**
귀하의 카드 정보를 소지하고 있어야 합니다.

🔲 Patterns Practices

1 We do not accept any credit cards.
우리는 신용카드는 받지 않습니다.

2 We only accept cash to keep our costs down.
우리는 가격을 낮추기 위해 현금만 받습니다.

3 Please make checks payable to Thomas Travel.
수표는 토마스 여행사 앞으로 발행해주세요.
●● checks payable to~ …에게 지불 보증된 수표

4 You can make payments using **your debit or credit card.**

현금 카드 또는 신용 카드를 사용해서 지불할 수 있습니다.

5 You need to have your card details on hand **to make a payment.**

지불하시려면, 귀하의 카드 정보를 갖고 있어야 합니다.

•• **on hand** 손 닿는 곳에, 가까이

6 Please make your check or money order payable to **NDS Software Ltd.**

귀하의 수표나 우편환은 NDS 소프트웨어 주식회사 앞으로 발행해주세요.

7 We accept all major credit and debit cards, **including Visa, Maestro, and American Express.**

우리는 비자, 마에스트로, 그리고 아메리칸 익스프레스를 포함한 모든 주요 신용 및 현금 카드를 받습니다.

Voca Tips 〉〉 대금 지급에 관한 표현 2

pay 내다, 납부하다, 지불하다	**payment** 지불, 대금 납입
pay in~ 로 지불하다	**make a payment** 지불하다, 결제하다
pay in cash 현금으로 지불하다	**make a down payment** 계약금을 치르다
pay in traveler's checks 여행자 수표로 지불하다	**due date for a payment** 납부 기일
pay in full 전액을 지불하다	**terms of payment** 지불 조건
pay in advance 금액을 먼저 지불하다	**payment guarantee** 지급 보증
pay in installments 분납으로 지불하다	**full payment / payment in full** 전액 지급

PRACTICE 4

Your account is~ overdue
Your bill is~ in arrears

귀하의 계정은 …지급 기일이 지났습니다

………………………………………………………………………………………

메일의 수신인에게 대금이 지불 되지 않았거나 납부 기한이 지났음을 알리는 표현이다. 주요 단어로는 outstanding(지급되지 않은), due(…예정된), overdue(기간이 지난), 그리고 in arrears(연체된) 등이 있다. *bill, account 청구서, 계산서

🔲 Key Patterns

- **The invoice remains in need of~** 청구서가 아직 지불되지 않았습니다

- **Your account is now due~** …까지 지불되어야 합니다

- **Your account is~ overdue** 귀하의 계정은 지불 기한이 지났습니다

- **Your bill is~ in arrears** 귀하의 계산서가 …연체되었습니다

📥 Patterns Practices

1 The above invoice remains in need of **payment**.
다음 청구서가 아직 지불이 완료되지 않았습니다.

2 This is a reminder that your account is now due for payment.
귀하의 계산서가 지불되어야 한다는 것을 알려드립니다.

3 We would like to remind you that your payment has been overdue for two months.
귀하의 지불이 2개월 동안 연체되었음을 알려드리고자 합니다.

4 The payments on your loan are in arrears by four months.

귀하의 대출 상환금이 4개월 연체되었습니다.

• • **be in arrears by~** (기간) …동안 연체되다

5 This email is to inform you that your bill payment is two months in arrears.

귀하의 대금 지급이 2개월 연체되었음을 알려드립니다.

6 We would like to bring to your attention that you have an outstanding account with us that is three weeks overdue.

귀하의 대금 지급 기일이 3주가 지났다는 것을 알려드립니다.

• • **bring to your attention that~** …에 주의하시기 바랍니다

7 We note from our records that your account is now 60 days overdue. A statement of outstanding invoices is attached for your records.

기록에 의하면 귀하의 지급 기일이 60일이 지났습니다. 귀하의 기록보관을 위해 미지급 세부 내역을 첨부합니다.

Voca Tips

due 예정된, 하기로 된, 지불해야 하는

Your second instalment is due on 1 November.
두 번째 할부금은 11월 1일에 지불해야 합니다.

Your report is due next Wednesday.
귀하의 보고서는 다음 주 수요일까지 제출해야 합니다.

overdue 지불 기간이 지난

overdue loan 연체 대출금 = delinquent loan

overdue interest 연체 이자 = default interest

overdue notice 연체 통보   overdue premium 연체 보험료

arrear 연체된

in arrears 연체된 (in area of = behind)

credit card arrears 신용카드 연체

interest in area 연체 이자

default / delinquent 체납된

default 채무 불이행, 체납하다

be in default 채무 불이행 상태이다

default on payment 체납하다

default on~ …을 이행하지 않다

delinquent in~ …을 체납한   delinquent list 체납 명부

Mini Test >> Translate into English.

1 저는 디지털 피아노 한 대를 할부로 지불하고 싶습니다.

I would like to _____ on _____.

2 지불은 할부 또는 일시불로 하실 수 있습니다.

You can make _____ either _____ or

_____.

3 다음 품목들을 각각 20 개씩 주문할 경우의 가격을 견적해 주시기 바랍니다.

Please _____ for _____

_____.

4 귀하의 주택 담보 대출 납부액이 3개월 동안 연체되었음을 알려드립니다.

I would like to _____ that _____

_____.

5 수표나 전신환은 스마트 전자 회사 앞으로 발행하시고 아래의 주소로 우편으로 보내십시오.

Please make _____ to Smart Electronics

Ltd. and send it via _____.

HINT

each of the following items 다음 품목들을 각각
mortgage payment 주택 담보 대출 납부액
via postal mail 우편으로
the address shown below 아래 보이는 주소

ANSWERS

1 I would like to pay for a digital piano on an installment plan.

2 You can make the payments either in installments or by a lump sum.

3 Please quote us prices for orders of twenty units of each of the following items.

4 I would like to remind you that your mortgage payment has been overdue for three months.

5 Please make the check or money order payable to Smart Electronics Ltd. and send it via postal mail to the address shown below.

Email Example

From	
To	
Subject	

Dear Juno Solar Energy,

We are a major department store chain in Singapore and would like to know about your solar products.
Could you please send us complete information about your products including prices, availability, delivery, and discounts? We would also appreciate it if you could let us know something about their unique characteristics.
Please get back to us with all required information as soon as possible. Thank you very much.

Best regards,

Chen Wang
Purchasing Manager
Orion Department Group

●● solar products 태양열 제품

주노 솔라 에너지 귀하

우리는 싱가포르의 주요 백화점 체인입니다. 우리는 귀회사의 태양열 제품에 관해 알고 싶습니다. 귀하께서는 가격과 구입 가능 여부, 배송 및 가격 할인을 포함한 귀사 제품의 전 목록을 우리에게 보내주실 수 있습니까?
또한 제품들의 품질에 관해서도 알려주실 수 있으면 감사하겠습니다. 필요한 정보를 가능한 빨리 저희에게 보내주시기 바랍니다. 감사합니다
안녕히 계십시오.

첸 왕
구매부장
오리온 백화점 그룹

14

불만, 사과 및 배상

UNIT33 | 불만

구입한 제품이나 서비스에 관한 불만 사항을 토로하거나, 이에 대한 해결을 요구하는 표현들이다.

Practice ❶
~complain of~ ...에 대해 불만이 있습니다
~lodge a complaint about~
…에 관해 불만을 제기합니다

Practice ❷
~ express my dissatisfaction with~
…에 대한 불만을 표합니다

Practice ❸
Your immediate attention to~ is appreciated
…을 신속히 처리해 주시면 감사하겠습니다

Practice ❹
~do not meet our standards
…은 우리 기준에 부합하지 않습니다

UNIT 34 | 사과 및 배상

제품 결함이나 서비스 불만 사항에 대한 사과 및 배상과 관련된 표현들이다. 가장 기본적인 표현은 We are sorry~ 또는 We apologize~이다. 그외 regret이나 accept my apology와 같은 변형된 표현도 사용할 수 있다.

Practice ❶
We apologize for~
…에 대해 사과드립니다

Practice ❷
Please accept my apology for~
…에 대해 사과드립니다 (사과를 받아주시기 바랍니다)

Practice ❸
We will provide you~
…을 제공하겠습니다

~complain of~ ...에 대해 불만이 있습니다

~lodge a complaint about~

...에 대해 항의하고자 합니다

제품이나 서비스에 관해 불만 사항을 말하고자 할 때 사용하는 표현이다. 기본 표현은 complain of 또는 complain about이다. 또는 문어체 표현으로 lodge a complaint를 사용 할 수 있다.

Key Patterns

● ~ complain of (about / against)~

~ have a complaint about~

...에 관해 불만이 있습니다

● ~ lodge (file) a complaint about...

~ submit a formal complaint about~

...에 대해 항의하고자 합니다

Patterns Practices

1 I am writing to complain about the meal we had in your restaurant yesterday.

귀하의 식당에서 어제 먹었던 음식에 대한 불만을 말하고자 합니다.

2 I am writing to complain about the product I bought from your store a week ago.

일주일 전 귀하의 가게에서 구입한 제품에 관해 불만을 말하고자 합니다.

3 I have a complaint about **the mobile phone I ordered from your online store.**

귀하의 온라인 가게에서 주문했던 휴대폰에 관해 불만이 있습니다.

4 I want to lodge a complaint about **the poor service I received from your company.**

귀 회사보부터 받은 나쁜 시비스에 대해 불만을 제기하고자 합니다.

• • **poor service** 열악한 서비스

5 I would like to submit a formal complaint about **the poor quality of service I received in your hotel on February 21st.**

저는 2월 21일 귀 호텔에서 받았던 형편없는 서비스에 관해 공식적으로 불만을 제기하고자 합니다.

• • **poor quality of service** 질이 낮은 서비스

6 I am writing to complain about **my family's recent holiday, which I booked through your company at the beginning of July.**

저는 7월 초 귀하의 회사를 통해 예약했던 저희 가족의 최근 휴가에 관해 불만을 말하고자 합니다.

7 I would like to lodge a complaint regarding **the bad service I received from one of your staff when I visited your store on the 26th of September.**

9월 26일 귀하의 상점을 방문했을 때 직원 중 한 사람으로 부터 받았던 나쁜 서비스에 관해 불만을 제기하고자 합니다.

Voca Tips

lodge a complaint against~ ···에 관한 불만을 공식적으로 제기하다는 의미로 make an official complaint about~ 과 같다.

lodge a complaint against a person ~ 에게 항의하다

lodge a complaint with the court 법원에 고소하다

I would like to lodge a complaint against your company's security staff.
저는 귀 회사의 보안 장치에 불만을 제기하고자 합니다.

~express my dissatisfaction with~

…에 대한 불만을 표합니다

··

불만 또는 불평할 때 사용할 수 있는 표현이다. 전치사 with 또는 about을 사용할 수 있다.

Key Patterns

- ~ express my dissatisfaction with~ …에 대한 불만을 표합니다

- ~ express my disappointment with~ …에 대한 실망감을 표합니다

- ~ inform you that the product does not work properly~
  제품이 제대로 작동하지 않는다는 것을 알립니다

- ~ inform you that the products have not been shipped correctly~
  제품이 제대로 공급되지 않았음을 알립니다

Patterns Practices

1 I would like to express my dissatisfaction with your product.
귀하의 제품에 대한 불만족을 표하고자 합니다.
- dissatisfaction 불만족

2 I am writing to express my strong disappointment with your service.
귀하의 서비스에 대해 강한 실망감을 표하고자 메일을 보냅니다.
- disappointment 실망, 실망감

3 I am writing to express my dissatisfaction about the washing machine I bought from your store.

귀하의 가게에서 구입한 세탁기에 관한 불만을 표현하고자 메일을 보냅니다.

4 I am writing to inform you that the product we ordered from your store does not work properly.

귀하의 상점으로부터 주문한 제품이 제대로 작동하지 않는다는 것을 알리고자 합니다.

5 I am writing to express my dissatisfaction with the service I received during my recent stay in your hotel.

최근 귀 호텔에서 지내는 동안 제가 받았던 서비스의 질에 대한 불만을 표하고자 합니다.

6 I am writing to express my disappointment with the product I recently purchased and hope you can remedy the situation.

최근에 구입했던 귀하의 제품에 대한 실망감을 표하고자 하며, 귀하께서 이 상황을 개선시켜 주시기를 바랍니다.

•• **remedy the situation** 상황을 개선시키다

7 I am writing to inform you that the products we ordered from your company have not been shipped correctly.

귀 회사로부터 구입했던 제품들이 제대로 공급되지 않았음을 귀하에게 알리고자 합니다.

•• **be shipped correctly** 제대로 공급되다

Voca Tips

dissatisfaction at / about / on / over / with
…에 대한 불만

disappointment at / about / on / over / with
…에 대한 실망

두 단어 모두 at, about, on, over, with 등의 전치사를 사용할 수 있다.

The customer detailed his disappointment with the product and service of the company.
그 고객은 그회사의 제품과 서비스에 대한 실망을 나열했다.

The CEO expressed his disappointment at the company's performance during the first quarter of the year.
회장은 1/4 분기 동안의 회사 실적에 대해 실망감을 나타내었다.

Your immediate attention to~ is appreciated

…을 신속히 처리해 주시면 감사하겠습니다

불만 사항을 해결해달라는 요청 표현이다. …해주시면 고맙겠습니다는 의미로 기본 동사는 appreciate를 사용한다. 능동 또는 수동의 문장 형태 모두 가능하다. I would appreciate~ /~ will be appreciated~.

Key Patterns

● **Your immediate attention to this matter~** 이 문제에 관한 귀하의 신속한 처리를…

● **I hope you can remedy~** 귀하께서 …을 개선시킬 수 있기를 바랍니다

● **Your cooperation in this regard~** 이 문제에 관해 귀하의 협조가…

● **~ be resolved to our mutual satisfaction~** 상호 만족스럽게 신속히 해결될 수 있기를…

Patterns Practices

1 Your immediate attention to this matter **would be appreciated.**
이 문제를 즉시 처리해 주시면 감사하겠습니다.
●● **immediate attention** 즉각적인 관심

2 I hope you can remedy **this situation promptly.**
귀하께서 이 상황을 신속히 개선시킬 수 있기를 바랍니다.

3 Your cooperation in this regard **will be highly appreciated.**
이 문제에 관해 귀하께서 협조해주시면 대단히 감사하겠습니다.
●● **cooperation** 협력, 협조

4 I would appreciate your immediate attention to this matter.
이 문제를 즉시 처리해 주시면 감사하겠습니다.

5 Your urgent attention to this matter would be greatly appreciated.
이 문제에 대해 신속히 대응해주시면 대단히 고맙겠습니다.

6 We would appreciate your cooperation in resolving this matter as soon as possible.
가능한 빨리 이 문제를 해결하는데 협조해주시면 고맙겠습니다.

7 I hope that this issue can be resolved to our mutual satisfaction immediately.
이 문제가 상호 만족스럽게 신속히 해결될 수 있기를 희망합니다.
  •• mutual satisfaction 상호 만족 *a mutual agreement 상호 협정, 합의 (Unit 19, Practice 1)

Voca Tips

~ immediate attention to this matter 이 문제에 관한 즉각적인 관심. 즉 '이 문제를 즉시 처리해주시면'의 의미이다. Your prompt response to~ 로 표현할 수도 있다.

Your prompt response to this matter would be appreciated.
Your urgent attention to this matter would be appreciated.
이 문제를 즉시 처리해 주시면 감사하겠습니다.

* immediate의 동의어: urgent, prompt, rapid, instant, swift, speedy, instantaneous

mutual - common to or shared by two or more parties 상호간의, 서로의

mutual trust 상호 신뢰   mutual distrust 상호 불신

mutual respect 상호 존경

mutual benefit 상호 이익 (mutual interest)

mutual benefit society 상호 공제 조합

mutual enemy 공동의 적

mutual concession 상호 양보, 타협

PRACTICE 4

~do not meet our standards

…은 우리 기준에 부합하지 않습니다

구입한 상품이나 용역이 구매자가 요구하는 품질 요건이나 기준에 부합하지 않을 때 사용할 수 있는 표현이다. '부응하다'는 의미의 동사는 meet 대신 fulfil, satisfy, 또는 come up to 등을 사용할 수 있다. 기준 또는 자격 요건은 standard condition, criteria, qualification 등의 단어들로 표현한다.

🔲 Key Patterns

● ~ do not meet our requirements 우리 기준에 부응하지 않습니다

● ~ do not meet our quality standards 우리 품질 기준을 채우지 못합니다

● ~ do not satisfy our safety requirements 우리의 안전 규정을 만족시키지 못합니다

● ~ does not provide an acceptable standard of~ 허용 수준의 …을 제공하지 못합니다

🔲 Patterns Practices

1 The item you sent to us does not meet our requirements.
귀사에서 우리에게 보낸 제품은 우리 기준에 부응하지 않습니다.

2 The product we received does not meet our quality standards.
우리가 받은 제품은 우리 품질 기준을 채우지 못합니다.
●● fulfil quality standard 품질 기준을 만족시키다

3 Your product does not satisfy our health and safety requirements.
귀사의 제품은 우리의 건강과 안전 규정을 만족시키지 못합니다.

4 The components you sent to us do not meet our minimum specifications.

귀사에서 우리에게 보낸 부품은 우리의 최소 사양을 충족시키지 못합니다.

•• minimum specifications 최소 사양

5 I am returning your products because they do not satisfy our safety requirements.

귀하의 제품들은 우리의 안전 규정을 만족시키지 못하므로 돌려 보냅니다.

•• safety requirement 안전 규정

6 If you fail to provide an acceptable standard of service, the contract will be terminated.

귀하께서 허용 수준의 서비스를 제공하지 못한다면, 계약은 해지될 것입니다.

•• acceptable standard 허용 수준 terminate the contract 계약을 해지하다 → The contract will be terminated 계약이 해지되다

7 I regret to inform you that your services are not meeting the required standards of quality and safety.

애석하게도 귀하의 서비스는 요구되는 품질과 안전 기준에 부합하지 않습니다.

•• required standards of quality and safety 요구되는 품질과 안전 기준

Voca Tips

standard 표준, 기준	moral standards 도덕성, 도덕 기준
standard of living 생활 수준	a man of high moral standard 도덕성이 높은 사람
standard of morality 도덕성	standards of accuracy 정확도
	high standard of accuracy 높은 정확도

1 제가 받았던 나쁜 서비스에 대한 실망을 표하고자 합니다.

I am writing to express _____.

2 귀하의 상점에서 구입한 제품에 문제가 있다는 것을 알리기 위해 메일을 씁니다.

I am writing to inform you about _____

_____.

3 이 문제에 관해 가능한 빨리 응답을 주시면 감사하겠습니다.

I would appreciate _____

_____.

4 저는 우리가 신속하게 이 문제들을 상호 만족스럽게 해결할 수 있기를 바랍니다.

I hope that we can _____

_____.

5 우리와 함께 일하고 싶다면, 귀하가 제공하는 상품과 서비스가 모두 저희 품질 규정에 부합해야
합니다.

If you want _____ all products and services
you provide _____.

ANSWERS

1 I am writing to express my disappointment with the poor service I have received.

2 I am writing to inform you about a problem with a product that I purchased at your store.

3 I would appreciate your response to this matter as soon as possible.

4 I hope that we can resolve these issues to our mutual satisfaction immediately.

5 If you want to work with us, all products and services you provide have to meet our
quality requirements.

Email Example

From	
To	
Subject	

Dear Tess Cleaning Solution,

I regret to inform you that the quality of the cleaning services being provided by your staff is very disappointing. I know you are an established company with a good reputation in the market. Therefore, it is really unfortunate to see you have failed to provide good quality services. I agreed to a year long cleaning contract with your company last month. However, since your services are not meeting our required quality standards, I am not interested in continuing this arrangement and would request that you initiate my refund as soon as possible.

I hope to hear back from you regarding this matter. Please contact me at your earliest convenience.

Sincerely,
Green Anderson

●● an established company with a good reputation 명성이 좋은 인정 받는 회사   fail to provide good quality services~ 양질의 서비스를 제공하지 못하다   continuing this계속 진행하다   request that you initiate my refund 환불을 요청합니다

테스 클리닝 솔루션 귀하,

애석하게도 저는 귀사 직원들에 의해 제공된 청소 서비스의 질이 매우 실망스럽다는 것을 알립니다. 저는 귀사가 이 분야에서 평판이 좋은 인정받은 회사임을 알고 있습니다. 그렇기 때문에, 귀사가 만족스러운 품질의 서비스를 제공하지 못한데 대해 매우 실망스럽습니다. 저는 지난 달 귀사와 1년간의 청소 용역 계약을 맺었습니다. 그러나, 귀사의 서비스가 요구되는 품질 기준에 부합하지 않기 때문에, 저는 더 이상 계약을 진행하고 싶은 의향이 없으며, 귀사에서 가능한 빨리 환불해주실 것을 요청합니다.

이 문제에 관해 귀사의 의견을 듣기를 기다리겠습니다. 빠른 시일내에 제게 연락 주시기 바랍니다.

안녕히 계십시오,
그린 앤더슨

PRACTICE 1

We apologize for~

…에 대해 사과드립니다

제품 결함에 대한 사과 표현이다. be sorry, regret, apologize 등으로 나타낼 수 있으며 연결 어구는 전치사 명사 또는 that 관계절을 사용해서 표현할 수 있다.

🔢 Key Patterns

- ● We are sorry (that)~ …하게 되어 죄송합니다

- ● We regret (that)~ …하게 되어 유감입니다

- ● We apologize for~ …에 대해 사과드립니다

- ● We are sorry to hear that~ …하다니 죄송합니다

- ● We are sorry and apologize that~ …에 대해 죄송하며 사과드립니다

🔢 Patterns Practices

1 We are sorry the product arrived damaged.
제품이 손상된 상태로 배송되어 죄송합니다.
- •• arrive damaged 손상된 상태로 도착하다

2 We regret the laptop you purchased is causing you difficulties.
귀하께서 구입하신 노트북이 문제를 일으켜 죄송합니다.
- •• cause difficulties 문제를 일으키다, 갈등을 유발시키다

3 We apologize for the fact that you were given a damaged product last week.
지난 주 귀하에게 손상된 제품이 배송된 점에 대해 사과드립니다.

•• **be given~** ⋯을 받다

4 We are sorry to hear the product you ordered from our company is faulty.
저희 회사에서 주문하신 제품에 결함이 있다니 죄송합니다.

5 We are sorry and apologize that you experienced inconvenience due to a faulty product.
결함이 있는 제품으로 인해 불편을 끼쳐드려 죄송하며 사과드립니다.
•• **inconvenience** 불편 **faulty product** 불량품

6 We are truly sorry that the disc player you received did not meet our normal high standards.
귀하께서 받으신 디스크 플레이어가 정상적인 고품질 기준에 부합하지 않아 정말 죄송합니다.

7 I am sorry to hear that the photocopier you bought from us last week did not meet the high standards of our company.
귀하께서 지난 주 저희로부터 주문하신 복사기가 저희 회사의 고품질 기준에 부합하지 않는다는 말을 듣게 되어 죄송합니다.

Voca Tips

~ sorry to hear (that)~ ⋯하다니 죄송합니다
We are really sorry to hear that you haven't received your package yet.
소포를 아직 받지 못하셨다니 대단히 죄송합니다.

I am sorry to hear that you did not receive your package as promptly as you expected.
소포를 예정대로 신속히 받지 못하셨다니 죄송합니다.

be given~ ⋯을 받다, 주어지다
You will be given a full refund if a product arrives damaged or faulty.
만약 상품이 손상되거나 결함이 있다면 귀하는 전액 환불을 받으실 것입니다.

If the patient is very ill, these medications should be given immediately.
만약 그 환자가 매우 아프다면, 즉시 이약을 복용하게 해야 합니다. (이 약이 주어져야 합니다)

inconvenience를 사용한 표현
We are sorry about the inconvenience.
불편을 끼쳐드려 죄송합니다.

I hope this doesn't cause any inconvenience.
이것이 불편을 끼치지 않기를 바랍니다.

Please excuse us for causing you inconvenience.
불편을 끼쳐드린 점 용서를 바랍니다.

I am sorry for the inconvenience this may have caused. 이로 인해 야기된 불편에 사과드립니다

PRACTICE 2

Please accept my apology for~

…에 대해 사과드립니다 (사과를 받아주시기 바랍니다)

apologize의 명사형 apology를 이용한 사과 표현이다. 먼저 학습했던 be sorry 또는 apologize와 의미의 차이는 없으나 좀 더 격식을 차린 표현이다. '…에 대한 저의 사과를 받아주시기 바랍니다'의 표현으로 accept my apology for~ 또는 '…을 사과드립니다'는 의미로 offer an apology, extend apology, express apology, express my regret 등으로 표현한다.

Key Patterns

● My apologies for~

I want to express my regret for~

…에 대해 사과드립니다

● I offer my sincere apologies for~ …에 대해 진심으로 사과드립니다

● Please accept my apology for~ …에 대한 저의 사과를 받아주시기 바랍니다

● I would like to express my deepest regret for~ …에 대해 깊이 사과드립니다

Patterns Practices

1 My apologies for **any inconvenience caused by the delay.**

지연으로 인해 야기된 불편에 사과드립니다.

2 I want to express my regret for **the inferior service you received from our staff.**

저희 직원으로부터 만족스럽지 못한 서비스를 받았다니 죄송합니다.

•• inferior 열등한, 낮은

3 I offer my sincere apology for **the administrative error in dealing with your order.**

귀하의 주문을 처리하던 중 발생한 행정적 착오에 대해 깊이 사과드립니다

• • administrative error 행정상의 실수, 착오

4 Please accept my apology for **the inconvenience that you faced yesterday when you visited our store.**

어제 저의 가게를 방문하셨을 때 받으셨든 불편에 대한 저의 사과를 받아주시기 바랍니다.

• • face (상황에) 직면하다

5 I would like to express my deepest regret for **the rude treatment you received from one of our employees.**

귀하께서 우리 직원 중의 한 사람에게서 받은 무례한 행동에 대해 깊이 사죄드립니다.

6 Please accept our apology for **the bad service you received when you dined at our restaurant on Wednesday evening.**

수요일 저녁 저희 식당에서 식사하실 때 귀하께서 받으신 좋지 못한 서비스에 대한 저희의 사과를 받아 주시기 바랍니다.

• • dine at~ …에서 식사를 하다

7 Please accept our sincere apology for **the inconvenience your party experienced when you held an anniversary celebration at our hotel.**

저희 호텔에서 창사 기념행사를 열었을 때 귀하의 일행이 겪었든 불편에 대한 저희의 진심어린 사과를 받아주시기 바랍니다.

• • anniversary celebration 창사 기념 행사

Voca Tips

inferior 열등한, 품질이 낮은 ↔ superior 우수한
inferior product 열등품
inferior quality 저급한 품질
inferior court 하급 법원

hold a celebration 축하연을 열다, 기념 행사를 개최하다
We are going to hold a celebration for his promotion.
우리는 그의 승진 축하연을 열려고 합니다.

In honor of our 10th anniversary, we are planning a celebration this Saturday.
창사 10주년을 기념하여, 우리는 이번 주 토요일 기념행사를 계획하고 있습니다.

PRACTICE 3

We will provide you with~

…을 제공하겠습니다

제품 결함에 대한 교체나 배상을 하고자 할 때 사용하는 표현들이다. We will replace~ 또는 We will provide you with a replacement~ 의 기본 표현과 함께 여러 가지 다른 표현들도 학습한다.

Key Patterns

- **We will provide~** …을 제공하겠습니다
- **We will replace~** …을 교체해드리겠습니다
- **We would like to offer (issue)~** …을 제공하고자 합니다
- **As a token of our appreciation~** 감사의 표현으로…
- **To compensate you for the inconvenience~** 불편을 끼친데 대한 보상으로…

Patterns Practices

1 We will provide you with a replacement immediately.
즉시 교체품을 제공해드리겠습니다.

2 We will replace your entire order and have it shipped within 7 days.
귀하의 주문 전체를 교체해드릴 것이며 그것이 7일 이내에 배송되도록 하겠습니다.
- **have it shipped** (물품을) 배송시키다 * 여기서 have는 사역동사로 …하게 하다, 시키다는 의미

3 We can either provide you with a new product or give you a full refund.
귀하에게 새 제품을 제공하거나 또는 전액 환불을 해드릴 수 있습니다.

4 As a gesture of goodwill, we would like to offer you a gift voucher worth $25.

선의의 표시로, 25 달러 상당의 상품권을 제공해드리겠습니다.

•• **a gesture of goodwill** 선의의 표시   **gift voucher** 상품권

5 We will issue you a refund or a replacement item, whichever you request.

환불 또는 교체품 중, 요구하시는 것을 제공해드릴 것입니다.

6 We hereby enclose a free gift voucher as a token of our appreciation. This voucher entitles you to $50 towards any products in our store.

감사의 표시로 무료 상품권을 여기 동봉합니다. 이 상품권은 저희 가게의 어떤 상품이든 50 달러어치를 사실 수 있습니다.

•• **a token of our appreciation** 감사의 표시

7 To compensate you for the inconvenience we have caused, we are reducing the purchase price of your digital camera by an additional $20.

저희로 인해 야기된 불편에 대한 보상으로, 귀하의 디지털 카메라 구입가격을 20달러 더 할인해드립니다.

•• **compensate for~** ···에 대해 보상하다   **reduce the price** 가격을 할인하다

Voca Tips

as a token of~ ···의 표시로서
as a token of regret 유감의 표시로서
as a token of respect 존경의 표시로서
as a token of goodwill 호의의 표시로서

as a token of remembrance 기념으로
as a token of appreciation for~ ···에 대한 감사의 표시로

Grammar Tips

have + 목적어 + pp(과거 분사)

have는 사역동사이며 목적어와 동사는 수동의 관계로 목적어는 동작을 받는 대상이 된다.

I had a carpenter fix the roof. 나는 목수를 고용하여 지붕을 고쳤다.

목적어와 동사는 능동의 관계로 목적어가 동작의 주체가 된다.

I had the roof fixed (by a carpenter). 나는 지붕을 고치도록 시켰다.

I had my purse stolen. 지갑을 도난당했다.

I had the room cleaned. (사람을 시켜서) 방을 청소하도록 했다.

1 지난 주 귀하께서 받으신 열등한 서비스에 대한 사과를 받아 주시기 바랍니다.

Please accept _____

_____.

2 배송이 늦어져서 죄송합니다 그리고 이로 인해 야기된 불편에 대해 사과드립니다.

We are sorry for _____ and apologize for _____

_____.

3 귀하께서 저희 호텔에 머무실 때 경험하신 불편에 대한 저희의 사과를 받아 주시기 바랍니다.

Please accept _____

when you _____.

4 만약 어떤 이유든 구입품이 만족스럽지 않다면 우리는 환불이나 교체품을 보내드릴 것입니다.

If you are not _____, we

will _____.

5 이로 인해 야기된 불편에 사과드립니다 그리고 전액 환불 또는 교체품 중 원하시는 것을 보내드리겠습니다.

We apologize for _____ and

will _____.

HINT

an exchange / a replacement 교체품(Unit 30, Practice 3)
whichever you like / whichever you request / whichever you choose 무엇을 원하든지

ANSWERS

1 Please accept my apology for the inferior service you received last week.

2 We are sorry for the delivery delay and apologize for any inconvenience it may have caused.

3 Please accept our apology for the inconvenience you experienced when you were staying in our hotel.

4 If you are not happy with your purchase for any reason, we will give you a refund or send out a replacement.

5 We apologize for any inconvenience this may have caused and will issue you a full refund or a replacement, whichever you like.

Email Example

From	
To	
Subject	

Dear Mr. Smith,

We are terribly sorry that your smart phone arrived damaged.
Since the product is covered by our full refund policy, we can
either provide you with a new product or give you a full refund.
Please let us know your decision.
We look forward to hearing from you.

Sincerely yours,
Michael Black
Customer Service Manager
Best Key Electronics Ltd.

스미스 씨 귀하,

귀하의 스마트 폰이 손상된 상태로 도착한 것에 대해 정말 죄송합니다.
그 제품은 저희의 전액 보상 규정에 의해 보장을 받기 때문에, 귀하에게 새 제품을 보내거나 전액 환불을 해드릴
수 있습니다. 귀하의 결정을 알려주시기 바랍니다.
연락을 기다리겠습니다.

마이클 블랙
고객 관리 담당 매니저
베스트 키 전자 회사

15

취업 및 인사(HR)

UNIT 35 | 지원 및 채용

입사 지원에서부터 합격 통지, 취업 수락 및 거절 등 취업 과정의 전반에 걸친 표현을 연습한다.

Practice ❶
I am writing to apply for~
…에 지원하고자 이메일을 보냅니다 (입사 지원)

Practice ❷
We are pleased to offer you the position of~ 귀하에게 …직을 제공합니다 (채용 통지)

Practice ❸
Your application has not been successful~
귀하께서는 …에 선정되지 못했습니다 (채용 탈락)

Practice ❹
I am pleased to accept the position of~ …직 제안을 기쁘게 받아들입니다 (취업 수락)

Practice ❺
I regret to inform you that I cannot accept your offer~
애석하게도 귀사의 …제안을 받아들일 수 없음을 알려드립니다 (취업 거절)

UNIT 36 | 승진 및 인사 이동

Practice ❶
You have been promoted to~
…로 승진하였습니다 (승진)

Practice ❷
We have decided to transfer you to~
우리는 귀하를 …로 발령내기로 결정했습니다 (이동)

Practice ❸
You have been laid off~
귀하는 해고되었습니다 (해고)

The management decided to dismiss you from~
경영진은 귀하를 …에서 해고하기로 결정했습니다

Practice ❹
I will be retiring from my position~
저는 …직에서 은퇴할 것입니다 (퇴직)

We would like to announce that~ is now retiring from~
…가 …직에서 퇴직한다는 것을 발표합니다

I am writing to apply for~

···에 지원하고자 이메일을 보냅니다

구인 광고를 보고 지원하거나 지원에 관해 문의하는 표현이다. '지원하다'는 의미의 기본 표현은 apply for~ 이다. 문형의 단조로움을 피하고자 한다면 write in response to~, 또는 express interest in~ 등의 구문을 활용하는 것도 좋다.

Key Patterns

● I would like to apply for~ ···에 지원하고 싶습니다

● I am writing to apply for~ ···에 지원하고자 이메일을 보냅니다

● I am writing in response to~ ···을 보고 메일을 보냅니다

● I am submitting an application for~ ···에 지원하는 이메일입니다

● I am writing to express my interest in~ ···에 관심이 있어 메일을 보냅니다

Patterns Practices

1 I would like to apply for the graphic designer position advertised on your website.

귀사의 웹사이트에 광고된 그래픽 디자이너 직에 지원하고 싶습니다.

•• advertised on~ ···에 광고된

2 I am writing to apply for the general manager position that is currently available at your company.

귀회사에서 현재 빈자리가 있는 총지배인 직에 지원하기 위해 메일을 보냅니다.

•• currently available 현재 공석인

3 I am writing in response to the job posting I saw on your website for a research assistant.

귀하의 웹사이트에서 보조 연구원 구인 광고를 보고 메일을 보냅니다.

•• a job posting for~ ⋯을 찾는 구인 광고

4 I am submitting in application for the position of head cook at your restaurant, as advertised at jobsearch.com.

jobsearch.com에 광고된 귀식당의 주방장 직에 지원하고자 이메일을 보냅니다.

•• head cook 주방장 * Unit 35 practice 3 참조

5 I would like to apply for the position of traffic warden advertised in the New York Times on January 12th.

저는 1월 12일 New York Times에 광고된 주차 단속원 직에 지원하고 싶습니다.

•• traffic warden 주차 요원

6 I am writing to express my interest in the part time receptionist vacancy that was advertised on your website.

귀사의 웹사이트에 광고된 시간제 접수원 자리에 관심이 있어 메일을 보냅니다.

•• be interested in~ 또는 express my interest in~ 으로 취업 지원 의사를 나타낼 수 있다. * Unit 18 관심 표현 참고.

7 I would like to apply for the position of marketing manager, which was advertised on your website. As requested, I am enclosing a job application with my resume.

귀사의 웹사이트에 광고된 마케팅 매니저 자리에 지원하고 싶습니다. 요청하신대로 이력서와 함께 취업지원서를 첨부합니다.

•• apply for 지원하다   as requested 요청하신대로

Voca Tips

advertised on (in)~ ⋯에 광고된	in response to~ ⋯에 대응하여, ⋯에 답하여
advertised on the internet 인터넷 광고에 난	I am writing in response to your enquiry. 귀하의 문의에 대한 답장입니다.
advertised on television TV 광고에 난	
advertised on a bulletin board 게시판에 실린	I am sending my resume in response to your ad for a lorry driver.
advertised in newspapers 신문 광고에 난	대형 트럭 기사를 구한다는 귀하의 광고를 보고 저의 이력서를 보냅니다.

We are pleased to offer you the position of~

귀하에게 …직을 제공합니다 (…직을 제공할 수 있어 기쁩니다)

지원자에게 합격 사실을 알려주는 이메일이다. 주어는 회사명 또는 일인칭 대명사를 사용해서 표현할 수 있다. 합격 사실을 알리는 표현은 대부분 offer you the position of~ 구문을 바탕으로 would like to~ / be pleased to~ / be delighted to~ / be writing to~ 등의 표현과 연결시켜 사용한다

🔊 Key Patterns

- I am pleased to offer you~
  We are delighted to offer you~
  귀하에게 …직을 제안합니다 (…하게 된 것을 기쁘게 생각합니다)

- I am writing to confirm our offer of~   …직으로 확정되었음을 알립니다

- We are pleased to confirm you have been selected~
  귀하께서는 …로 선발이 확정되었음을 알립니다 (알리게 되어 기쁩니다)

📥 Patterns Practices

1 I would like to offer you the position of assistant editor with Media International.
귀하께서는 미디어 인터네셔널의 부편집인으로 선발되었음을 알려드립니다.
•• offer you the position of~ …의 직을 제안하다. …의 직으로 선발되다

2 We are pleased to offer you an assembly line worker position at our factory.
귀하에게 우리 공장의 조립 라인 근로자로 선발되었음을 알려드립니다.
•• assembly line 조립 라인

3 We are delighted to offer you **the sales representative position with Global Computer Ltd.**

글로벌 컴퓨터 회사의 영업 사원으로 선발되었음을 알려드리게 되어 기쁩니다.

•• sales representative 판매 사원, 영업 사원 *a sales associate 영업 사원 (Unit 18, Practice 3)

4 **Team Electronics, Inc.** is pleased to offer you the position of **web designer for our organization.**

팀 전자회사는 귀하에게 웹 디자이너 직을 제공하게 되어 기쁩니다.

5 We would like to formally extend an offer of **employment to you for our assistant accountant position.**

귀하께서는 우리 회사의 회계사 보조로 공식적으로 채용되었음을 알려드립니다.

6 I am delighted to offer you the position of **customer Services Assistant with Howard Castle Hotel. Your official start date will be September 12, at 8:30 a.m.**

귀하를 하워드 캐슬 호텔 고객 관리부 직원으로 채용합니다. 귀하의 근무 시작일은 9월 12일 오전 8시 30분입니다.

7 As a follow up to your recent interview, I am writing to confirm our offer of employment regarding **the engineering position you applied for, which will commence on October 1st at 9 a.m.**

귀하의 최근 인터뷰와 관련하여, 귀하께서 지원하신 기술직에 채용이 확정되었음을 알립니다. 근무는 10월 1일 오전 9시부터 입니다.

•• commence 시작하다

Voca Tips

commence 시작하다, 착수하다
동의어: start, begin, embark on, initiate, inaugurate, kick off, open
commencement 시작, 개시, 학위 수여식, 졸업식

The meeting is scheduled to commence at 9 a.m. tomorrow.
회의는 내일 아침 9시에 시작할 예정이다.

The project is expected to commence later this year.
그 프로젝트는 올해 말에 시작될 것으로 예상된다.

Your application has not been successful~

귀하께서는 …에 선정되지 못했습니다

지원이 성공적이지 못했음을 알리는 즉, 회사측이 입사 지원자에게 채용하지 않기로 결정했다는 통지를 하는 표현이다. 탈락 사실을 알리기에 앞서 지원해준 것에 감사한다는 표현을 하는 것이 일반적인 이메일 형식이다.

* 거절과 함께 사용되는 의례적인 표현들:
Thank you very much for your application for~ …직에 지원해주셔서 감사합니다
I regret to inform you that~ …을 알리게 되어 애석합니다.

Key Patterns

- **You have not been selected for~** 귀하는 …에 선발되지 못했습니다

- **You have not been shortlisted~** 귀하는 …의 대상자 명단에 오르지 못했습니다

- **Your application has not been successful~** 귀하는 …신청에서 탈락했습니다

- **We cannot offer you employment with~** 우리는 귀하를 …고용하지 않기로 했습니다

- **We have decided not to go forward with your application~**
  우리는 귀하의 …지원을 더 이상 진행하지 않기로 결정했습니다

Patterns Practices

1 I regret to inform you that you have not been selected for the job.
애석하게도 귀하께서는 채용이 되지 못했습니다.

2 I regret to inform you that you have not been shortlisted on this occasion.

애석하게도 귀하께서는 대상자 명단에서 탈락했습니다.

• • shortlist 명단에 들다, 명단에 오르다 on this occasion 이번에, 이번 기회에 (at this time과 비슷한 의미)

3 Unfortunately, we cannot offer you employment with our company at this time.

불행히도, 이번에는 우리 회사가 귀하를 채용할 수 없습니다.

4 I regret to inform you that we have decided not to go forward with your application.

애석하게도 귀하의 신청을 더 이상 고려하지 않기로 결정했습니다.

• • go forward with …을 진행하다

5 After careful consideration, I regret to inform you that your application has not been successful at this time.

신중히 고려했지만, 애석하게도 금번 귀하의 지원은 성공적이지 못했음을 알려드립니다

6 After careful consideration, we regret to advise you that your application for the position of financial adviser has not been successful on this occasion.

신중히 고려했지만, 애석하게도 이번 귀하의 투자 고문직 지원은 성공적이지 못했음을 알려드립니다.

7 Thank you for your interest in our job posting for a sous chef. After careful review of your background, we have decided to pursue other candidates whose qualifications more closely match the requirements for this position.

우리 회사의 부 주방장 직에 관심을 보여주셔서 감사합니다. 귀하의 경력을 주의깊게 고려한 후, 우리는 이 직책에 더 적격인 다른 지원자들을 고려하기로 결정했습니다.

• • sous chef 부 주방장 chef 요리사 chef de cuisine / master chef / head chef 주방장 pursue other candidates 다른 지원자들을 고려하다 *pursue 추구하다, (논의 등을) 계속하다(Unit 20.Practice 2)

PRACTICE 4

I am pleased to accept the position of~

…직 제안을 기쁘게 받아들입니다

지원한 회사로부터 채용되었다는 통지를 받고 이를 수락한다는 표현이다. pleased, delighted, 또는 thank you 등의 감사나 기쁨을 나타내는 표현과 함께 사용하는 것이 일반적이다.

Key Patterns

- **Consider this email my formal acceptance~**
  귀사의 취업 제안을 받아들입니다 (이 이메일을 저의 승락으로 간주하시기 바랍니다)

- **I am very pleased to accept the position of~** …의 직에 대한 제안을 기쁘게 받아들입니다

- **I am writing to confirm my acceptance of~** …의 제안을 받아들입니다

- **I am delighted to accept your offer of~** 귀사의 …제안을 기쁜 마음으로 받아들입니다

- **Thank you for offering me the position of~** …직 제안을 해주셔서 감사합니다

Patterns Practices

1 Please consider this email my formal acceptance of **your offer.**
귀사의 제안을 받아들입니다. (직역: 이 이메일을 귀사의 제안에 대한 저의 승락으로 간주해주시기 바랍니다.)

2 I am very pleased to accept the position of **shipping assistant with your company.**
귀회사의 배송 담당직 제안을 기쁘게 받아들입니다.

3 I am writing to you to confirm my acceptance of **your offer of the assistant manager position at One Financial Services.**

귀하의 원 파이낸셜 서비스 부 매니저 직 제안을 받아들인다는 것을 확인드립니다.

4 I am delighted to accept your offer of **the marketing director position and look forward to beginning work with your company**

저는 귀하의 마케팅 디렉터직 제안을 기쁜 마음으로 받아들이며 귀 회사에서 일을 시작할 날을 기다리고 있겠습니다.

5 I would like to thank you for offering me the position of **associate designer with New Fashion Apparel Ltd. I am very pleased to be able to accept it.**

뉴 패션 어페럴 사의 부 다자이너 직 제안에 감사드립니다. 저는 기꺼이 그 제안을 받아들이겠습니다.

6 Thank you for offering me the PR Manager position with your company. I am very excited to work for your company and please accept this email as my formal acceptance of **the position.**

귀사의 광고 매니저 제안에 감사드립니다. 저는 귀사에서 일하는 기대에 차 있습니다. 이 이메일을 제안에 대한 저의 공식적인 승인으로 간주해주시기 바랍니다.

7 Thank you for offering me the electrician position with Lite Home Ltd. I am pleased to accept this offer and will be ready to begin work at the end of March as you have asked.

라이트 홈 회사의 전기 기술자직을 제안해주신데 감사드립니다. 저는 기쁜 마음으로 이 제안을 받아들이며 요청하신대로 3월 말에 근무를 시작하겠습니다.

Voca Tips 》》 직업의 예

architect 건축가 guard / security 경비원 civil servant 공무원 counselor 상담원	lawyer 변호사 secretary 비서 photographer 사진사 designer 디자이너, 설계사
carpenter 목수 plumber 배관공 reporter 기자 librarian 도서관 사서	

I regret to inform you that I cannot accept your offer~

애석하게도 귀회사의 …취업 제안을 받아들일 수 없음을 알려드립니다

여러 회사에 중복 지원한 후 복수의 합격 통지를 받고 한 곳을 포기해야 하는 경우에 사용할 수 있는 표현이다. 앞에서 연습했던 표현들과 마찬가지로 감사 또는 미안함을 나타내는 표현과 함께 사용할 것을 권한다.

🔟 Key Patterns

- I regret to inform you that I cannot accept your offer~
  애석하게도 귀사의 제안을 받아들일 수 없음을 알립니다

- I am writing to inform you that I must decline your offer~
  귀사의 제안을 거절함을 알려드립니다

- I am writing to inform you that I am withdrawing my application for~
  …에 대한 저의 지원을 취소하고자 합니다

🔟 Patterns Practices

1 I regret to inform you that I cannot accept your offer of employment.
애석하게도 귀사의 취업 제안을 받아들일 수 없습니다.

2 I regret that I am not able to accept your offer. I have just accepted a position with another company.
애석하게도 귀사의 제안을 받아들일 수 없습니다. 저는 다른 회사의 제안을 받아들였습니다.

3 Thank you for offering me the maintenance crew position. After careful consideration, I decided to accept an offer from another company.

정비원 직을 제안해주신데 감사드립니다. 신중한 고려 후, 저는 다른 회사의 제안을 받아들이기로 결정했습니다.

•• maintenance crew 정비 요원

4 I am informing you that I am unable to accept your offer, as since our interview I have been offered a similar position elsewhere, which I have already accepted.

저는 귀사의 제안을 받아들일 수 없음을 알려드립니다. 우리가 인터뷰 한 이후, 다른 회사에서 유사한 직종의 제안을 받았으며, 이미 수락을 했습니다.

•• be offered a similar position elsewhere 다른 회사로부터 유사한 직의 제안을 받다

5 I am writing to inform you that I must decline your offer. I have decided to accept another offer that is more in line with my long term goals.

저는 귀사의 제안을 거절해야 함을 알려드립니다. 저는 저의 장기간 목표와 더 적합한 다른 제안을 받아들이기로 결정했습니다.

•• be more in line with~ …와 더 많이 연결된, 더 관련이 있는   long term goal 장기적 목표

6 Thank you for offering me the assistant manager position. After considering all opportunities available to me, I have decided to accept a position at another organization.

부 매니저 직을 제안해주셔서 감사합니다. 제게 가능한 모든 기회들을 고려한 후, 저는 다른 회사의 다른 직을 수락하기로 결정했습니다.

•• all opportunities available to me 나에게 열려있는 모든 기회들

7 I am writing to inform you that I am withdrawing my application for the sales assistant position with your company. I have received an offer from another company.

저는 귀사의 판매원직에 대한 저의 지원을 취소하기 위해 이메일을 보냅니다. 저는 다른 회사에 채용되었습니다.

•• withdraw 취소하다, 철회하다

Voca Tips

withdraw 취소하다, 철수하다, (은행에서) 돈을 인출하다	withdraw from politics 정계를 은퇴하다
withdrawal 취소, 철수	withdraw cash 현금을 인출하다
withdraw an offer 제안을 철회하다	withdrawal slip 예금 청구서
withdraw a charge 고소를 취하하다	withdrawal effect 금단 효과

Mini Test >> Translate into English.

1 귀하의 웹사이트에서 프로젝트 매니저 광고를 보고 메일을 보냅니다.

I am writing in _____ for a project manager I saw _____.

2 오늘 워싱턴 포스트지에 광고된 고객 관리 직에 지원하고자 합니다.

I would like to _____ customer services assistant as _____ the Washington Post today.

3 최근 논의에 이어서, 우리는 귀하에게 우리 회사의 프로그램 디자이너직을 제안합니다.

Following our recent discussions, we are delighted to _____ _____ our organization.

4 귀하의 최근 면접에 이어서, 우리 회사는 귀하에게 채용제안을 하기로 결정했다는 것을 알립니다.

As a follow up to your recent interview, I am _____ you that _____ of employment.

5 우리는 우리의 요구 조건에 더 적합한 다른 지원자들을 찾았기 때문에, 귀하는 이 직책의 인터뷰 과정에 선정되지 못했습니다,

You have not _____ for this position as we found another candidates' qualifications more closely _____.

ANSWERS

1 I am writing in response to the advertisement for a project manager I saw on your website.

2 I would like to apply for the position of customer services assistant as advertised in the Washington Post today.

3 Following our recent discussions, we are delighted to offer you the position of program designer with our organization.

4 As a follow up to your recent interview, I am pleased to inform you that our company would like to make you an offer of employment.

5 You have not been selected for an interview for this position as we found another candidate's qualifications more closely match our requirements.

Email Example

From	
To	
Subject	

Dear Mark Williams,

As a follow up to your recent interview, we are pleased to inform you that you have been selected to work with us. We are confident you will be able to make a significant contribution to the success of our customer service department. We expect your start date to be July 2nd at 9 a.m.

Again, congratulations and we look forward to being able to work with you.

Sincerely yours,
Oliver Powell
Human Resources Director
ABC Marketing Ltd.

마크 윌리엄 귀하

최근에 행한 인터뷰와 관련하여,우리는 귀하가 우리와 함께 일하도록 선정되었음을 알리게 되어 기쁩니다. 우리는 귀하가 우리 고객 관리부의 성공에 중요한 기여를 할 것이라고 확신합니다.
귀하의 근무 시작일은 7월 2일 오전 9시입니다. 다시 한 번 축하드리며 귀하와 함께 일할 수 있기를 기대합니다.

올리버 파월
인사부장
ABC 마케팅

You have been promoted to~

…로 승진하였습니다

승진을 알리는 표현이다. 승진한 당사자에게 보내는 축하 메일이거나 또는 다른 직원들에게 그가 승진한 사실를 알리는 공지 사항의 성격을 띤 메일일 수도 있다.

Key Patterns

- **You have been promoted to~** …로 승진하였습니다
- **You have been appointed to the position of~** …직에 임명되었습니다
- **We are very pleased to announce the promotion of~**
  …로 승진되었음을 알려드리게 되어 기쁩니다
- **The board of directors has appointed you to the position of~**
  이사회에서 귀하를 …직에 임명했습니다

Patterns Practices

1 It is my pleasure to inform you that you have been promoted to the position of marketing director.
귀하께서 마케팅 디렉터로 승진되었다는 것을 알려드리게 되어 기쁩니다.
• **promote** 승진시키다, 촉진시키다

2 We are delighted to inform you that you have been promoted to HR manager, effective from the beginning of next month.
다음 달부로 인사 부장으로 승진된다는 것을 알려드리게 되어 기쁩니다.
• **effective from~** …부터 유효한

3 This is to inform you that you have been promoted to the post of general manager from your current post of project manager.

현 프로젝트 매니저에서 총괄 매니저로 승진되었음을 알려드립니다.

4 We are very pleased to announce the promotion of Walter Brown to deputy manager in the customer service department.

월터 브라운 씨가 고객 관리부 차장으로 승진되었음을 발표합니다.

5 I am happy to inform everyone that Margaret Smith has been promoted to artistic director of the Playhouse Theater. The promotion will be effective from October 1st.

마가렛 스미스 씨가 플레이하우스 극장의 예술감독으로 승진했음을 알립니다. 승진은 10월 1일부터 효력을 발생합니다.

•• artistic director 예술 감독

6 I am writing to inform you that the board of directors has appointed you to the position of managing director at AST Electronics Ltd.

이사회에서 귀하를 AST전자회사의 상무 이사로 임명했음을 알려드립니다.

•• appoint 임명하다. 지명하다 managing director 상무 이사

7 I am delighted to inform you that you have been appointed to the position of team leader in charge of project development, and we wish you a successful mission.

귀하께서 개발 프로젝트를 책임지는 팀장으로 임명되었음을 알려 드리며 성공적인 임무 수행을 기원합니다.

Voca Tips

effective(from) 효력이 발생하는

The minimum wage will increase from $8 per hour to $9 per hour effective July 1st.
최저 임금은 8달러에서 9달러로 증가하며 효력은 7월 1일부터 발생합니다.

We have decided to transfer you to~

우리는 귀하를 …로 발령내기로 결정했습니다

직원의 전근이나 이동 또는 회사, 사무실 등의 이전에 관한 표현들을 다루어 보자. 개인의 전근이나 이동은 transfer를 회사 또는 사무실 이전은 move를 사용하는 것이 일반적이다. 전근 또는 이직하는 당사자가 주어가 된다면 leave로 표현할 수 있다.

Key Patterns

- **We have decided to transfer you to~** 귀하를 …로 발령내기로 결정했습니다

- **You will be transferred to~** 귀하는 …로 파견될 것입니다

- **The management has decided to transfer you to~**
  경영진은 귀하를 …로 파견하기로 결정했습니다

- **Our head office is moving into~** 우리 본사는 …로 이전합니다

Patterns Practices

1 This is to inform you that we have decided to transfer you to our New York office branch.
우리는 귀하를 뉴욕 지사로 파견하기로 결정했음을 알립니다.
- • transfer 옮기다, 전근시키다, 파견하다

2 This is to inform you that you will be transferred to the marketing department as assistant manager.
귀하는 마케팅부의 차장으로 발령이 났음을 알립니다.

3 This is to inform you that the management has decided to transfer you to the Dubai branch, effective from October 15th.

경영진은 귀하를 10월 15일자로 두바이 지사로 발령하기로 결정했음을 알립니다.

4 I am writing this email to confirm that you are being transferred from the Seoul office to the Beijing office, effective from May 1st.

귀하께서는 5월 1일자로 서울 사무소에서 베이징 사무소로 발령났음을 알리기 위해 이 이메일을 보냅니다.

5 After meeting with your team leader last week, we have decided to grant your request for a transfer to our HR department.

지난 주 귀하의 팀장과의 면담 후, 우리는 귀하의 요청에 따라 귀하를 인사과로 발령내기로 결정했습니다.

6 We are delighted to announce that our head office is moving into new office premises located on Prince Street.

본사 사무실이 프린스가에 위치한 새 오피스 건물로 이전함을 알려드립니다.

•• premises 건물이 딸린 부지, 지역

7 This email is to inform you that due to the recent growth in our business we have decided to move into a new facility with a much more space in the Chapel Field Mall.

이 이메일은 최근 사업의 성장으로 인해 우리는 채플 필드 상가에 있는 더 넓은 공간이 있는 새로운 시설로 이전하기로 결정했음을 알리기 위한 것입니다.

•• move into a new facility with~ …이 있는 새로운 시설로 옮기다

Voca Tips

appoint 임명하다, 지명하다
자동사 또는 타동사로서 '일 또는 책임 등을 맡기다,' '어떤 직책이나 지위에 임명하다'는 의미를 갖는다. 따라서 명사형 appointment는 업무 관련 약속 외에 어떤 직위나 직책에 임명 또는 지명한다는 의미가 있다.

appoint as~ …로 임명하다 / **appoint to~** …에 임명하다 / **be appointed to~** …에 임명되다
You are appointed to the managing director. 귀하는 상무 이사로 임명되었습니다.

You have been appointed as our head research. 귀하는 프로젝트를 착수하도록 임명되었습니다.

The board in charge of committee has appointed you to direct the project. 위원회는 귀하가 프로젝트를 지휘하도록 임명했습니다.

Tim has been appointed by the committee as a new board member. Tim은 위원회에 의해 이사회 신임 회원으로 임명되었다.

36

승진 및
인사이동

You have been laid off~

귀하는 해고되었습니다

The management decided to dismiss you from~

경영진은 귀하를 …에서 해고하기로 결정했습니다

고용 계약을 종료하거나 직원 해고를 통보하는 표현이다. 일반적으로 terminaiton of employment (계약 종료), dissmiss, lay off(해고하다) 등의 어휘들이 사용 빈도가 높다.

🔊 Key Patterns

- You have been laid off~ 귀하는 해고되었습니다

- You will be dismissed from the company~ 귀하는 회사로부터 해고될 것입니다

- This is a formal notice of the termination of your employment~
  이것은 귀하의 고용을 종료한다는 공식 통보입니다

- The management decided to dismiss you from employment~
  경영진은 귀하를 해고하기로 결정했습니다

- The decision has been made to terminate your employment with~
  귀하의 …와의 계약을 종료하기로 결정되었습니다

- The company will be decreasing the number of staff by~
  회사는 직원 수를 …만큼 감축할 것입니다

📥 Patterns Practices

1 We are sorry to inform you that you have been laid off.
애석하게도 귀하는 해고되었다는 것을 알립니다.
 •• lay off~ …을 해고하다

2 This email is to confirm that you will be dismissed from the company effective May 30th.

이 이메일은 귀하가 5월 30일자로 회사에서 해고된다는 것을 알리기 위한 것입니다.

•• dismiss~ from~ …를 …에서 해고하다

3 Unfortunately, this is formal notice of the termination of your employment.

불행하게도, 이 이메일은 귀하의 계약을 종료한다는 공식 통보입니다.

•• termination 종료

4 Since there has been an overlap of operations, we will have to lay off workers where there is redundancy of work.

그동안 역할이 겹쳐왔기 때문에 우리는 작업이 중복되는 곳의 직원들을 해고해야 합니다.

•• an overlap of operations 역할의 겹침, 작업의 겹침   redundancy of work 중복되는 작업

5 Because of the current economic downturn, we regret to inform you that Aztec Corporation will be decreasing the number of its staff by 10%.

현재의 경기 침체로 인해, 애석하게도 아즈텍사는 직원 수를 10% 감축할 것이라는 것을 여러분들에게 알립니다.

•• decrease~ by~ …를 …만큼 줄이다

6 We regret to inform you that the management has decided to dismiss you from employment. The decision has been made on the basis of your last six months performance as a trainee.

애석하게도 경영진은 귀하를 해고하기로 결정했음을 알립니다. 이 결정은 수습 사원으로서 지난 6개월동안 귀하의 실적에 근거한 것입니다.

•• on the basis of~ …에 근거하여   performance as a trainee 견습 사원으로서의 근무 실적

7 Due to the recent merger, we have to limit our work force. We will notify the affected employees by the end of the month. Laid-off employees will receive up to three months' severance pay based on the length of their employment.

최근의 합병으로 인해, 우리는 인력을 감축해야 합니다. 영향을 받게 되는 직원은 이번 달 말까지 연락을 받게될 것입니다. 정리 해고되는 직원은 근무 기간에 따라 3개월 분까지 퇴직금을 받을 것입니다.

•• severance pay 퇴직금, 해고 수당

UNIT

36

승진 및
인사이동

PRACTICE 4

I will be retiring from my position~ 저는 …직에서 퇴직할 것입니다

We would like to announce that~ is now retiring from~

…가 …직에서 퇴직한다는 것을 발표합니다

은퇴 당사자 또는 회사나 제 3자가 다른 직원에게 특정 인물의 은퇴사실을 공식적으로 알리는 표현들이다.

Key Patterns

● I will be retiring from my position~   저는 …직에서 퇴직할 것입니다

● I will retire as~   …직에서 은퇴합니다

● I am writing to announce my retirement from~   저의 …직에서의 퇴직을 발표합니다

● We would like to announce that~ is now retiring from~
  …가 …직에서 퇴직한다는 것을 발표합니다

Patterns Practices

1 I will be retiring from my position at the end of the week.
저는 이번 주말 저의 직위에서 퇴직합니다.

2 I am writing to let you know that I will retire as the CEO of MEC
Corporation next week.
저는 다음 주 MEC 사의 최고 경영자직에서 은퇴한다는 것을 알리기 위해 이메일을 보냅니다.

---

3 I am writing to announce my formal retirement from Hatch Library as a reference librarian, effective as of February 25th.

저는 2월 25일자로 참고도서 사서로서 해치 도서관에서 퇴직함을 공식적으로 발표하기 위해 이메일을 씁니다.

• announce a formal retirement 공식적인 은퇴를 발표하다

4 We are at once delighted and disheartened to announce that Mr. Steve Castle is retiring next week.

우리는 희비가 교차하는 마음으로 스티브 캐슬 씨가 다음 주 퇴직한다는 것을 알립니다.

• at once delighted and disheartened 기뻐면서도 실망스러운, 희비가 교차하는 = with mixed feelings

5 With mixed feelings, we announce that Mr. Matt Redford is now retiring from his position as the personnel director of our company.

희비가 교차하는 마음으로, 우리는 레드포드 씨가 우리 회사의 인사 부장직에서 은퇴한다는 것을 발표합니다.

6 We would like to announce that Mrs. Elizabeth Gardner is retiring in July. She has worked in the accounting department as a manager for 25 years.

우리는 엘리자베드 가드너 씨가 7월에 은퇴한다는 것을 알립니다. 그녀는 경리부의 매니저로서 25년 동안 근무했었습니다.

• accounting department 경리부

7 Congratulations on your upcoming retirement. It has been a pleasure working with you these past ten years.

귀하의 퇴직을 축하드립니다. 지난 10년 동안 귀하와 함께 일할 수 있어 즐거웠습니다.

• It has been a pleasure working with~ …와 함께 일해서 즐거웠다

1 저는 10월 5일자 부로 인사 부장직에서 은퇴함을 공식적으로 알립니다.

I am writing to _____ as HR director, _____ of October 5th.

2 GPS 국제 무역회사 부사장으로서의 귀하의 새 직책에 진심으로 축하드립니다.

I extend my _____ to you on_____ _____ at GPS International Trade.

3 이 이메일은 저희가 사업처를 더 넓고 접근이 용이한 새로운 장소로 이전했음을 알리기 위함입니다.

This letter is to inform you that we have moved our business to _____.

4 이 이메일은 감원 조치로 인해 귀하에 대한 BLT 식품회사의 고용이 종료되었다는 결정이 내려졌음을 알리기 위한 것입니다.

This email is to confirm that _____ _____ with BLT Food Company because of redundancy.

5 이 이메일은 귀하의 계약을 종료한다는 공식 통보입니다. 귀하는 2개월 분의 퇴직 수당을 받을 자격이 있습니다. 이 수당은 이번 주말에 전액 지불될 것입니다.

This is _____. You are entitled to _____, which will be paid to you by this weekend.

ANSWERS

1 I am writing to announce my formal retirement as HR director, effective as of October 5th.

2 I extend my hearty congratulations to you on your new appointment as vice president at GPS International Trade.

3 This letter is to inform you that we have moved our business to a new location with a much larger space and easier accessibility.

4 This email is to confirm that a decision has been made to terminate your employment with BLT Food Company because of redundancy.

5 This is formal notice of the termination of your employment. You are entitled to two months' severance pay, which will be paid to you by this weekend.

From	
To	
Subject	

Dear All,

I am writing to let you know that I will be retiring from my position as personnel director this month.

I would like to thank every one of you for helping to create such a pleasant work environment over the last 35 years.

I wish all of you continued success in your careers. Thank you again for the support and kindness you have shown to me over the years. I will miss all of you and wish you all happiness.

With best regards,
William S. Meyers
Personnel Director
Sun Hydro Group Ltd.

전 직원 귀하,

저는 이번 달에 인사부장으로서의 저의 직위에서 은퇴함을 알리기 위해 이메일을 보냅니다. 저는 지난 35년 동안 쾌적한 작업 환경을 만들 수 있게 도와주신 것에 대하여 여러분 모두에게 감사를 드리고 싶습니다. 저는 여러분이 하시는 일이 성공적이기를 바랍니다. 지난 기간 동안 보여주신 지지와 친절에 다시 한 번 감사드립니다. 여러분들이 그리울 것입니다 그리고 행운이 함께 하길 기원합니다.

안녕히 계십시오,

윌리암 S. 메이어
인사 부장
선 하이드로 그룹

16

업무

UNIT 37 | 업무 처리

진행 중인 업무에 관해 보고하거나 또는 진행을 확인하고자 할 때 사용하는 표현들이다. 업무 진행과 관련된 여러 표현들을 숙지해두면 필요할 때 유용하게 쓸 수 있다.

Practice ❶
I am working on~
We are in the process of~
…을 진행하고 있는 중입니다 (업무 진행)

Practice ❷
I would like to check~
…을 확인하고자 합니다 (업무 확인)

Practice ❸
The work is scheduled to be completed by~
업무는 …까지 완성시키기로 계획되어 있습니다(업무 마감)

UNIT 38 | 업무 차질 및 부재

업무가 계획대로 진행되지 않을 경우, 기간 연장이나 도움을 요청하는 표현들이다. 담당자가 출타 중이라 업무가 원활히 진행되지 않는 경우의 표현도 여기서 다루기로 한다.

Practice ❶
Can you extend the deadline on~?
…에 대한 마감기한을 연장시켜 주시겠어요?(업무지연)

Practice ❷
We are currently experiencing~
우리는 현재 …에 봉착해있습니다 (문제 발생)

Practice ❸
Could you help me with~?
…을 도와주시겠습니까? (도움 요청)

Practice ❹
I would be grateful if you could help~
…을 도와주시면 감사하겠습니다

I will be away until~
저는 …까지 출타 중일 것입니다(부재, 출타)

37
: 업무처리 :

I am working on~
We are in the process of~

…을 진행하고 있는 중입니다

현재 진행 중인 업무에 관해 언급하거나 설명해야 할 필요가 있을 때 사용하는 표현들이다.

Key Patterns

● **I am working on~**   저는 …을 진행 중입니다

● **We have been working on~ for~**   우리는 …동안 …을 진행해왔습니다

● **We are in the process of~**   우리는 …하는 과정에 있습니다

● **The work is under way~**   …이 진행 중입니다

Patterns Practices

1   I am working on **making a schedule for the meeting.**
회의 일정을 작성하고 있는 중입니다.
●● make a schedule 일정을 짜다, 계획표를 짜다 cf. be scheduled to~ …할 계획이다 (Unit 7, Practice 1)

2   We have been working on **this project for almost ten months.**
우리는 거의 10개월 동안 이 프로젝트 작업을 해 왔습니다.
●● for almost ten months 거의 10 개월 동안

3   We are in the process of **considering your suggestions.**
우리는 귀하의 제안 사항들을 검토하고 있는 중입니다.
●● in the process of~ …을 하는 과정 중인   *in process 진행 중인, 추진 중인 (Unit 28, Practice 2)

4 We are in the process of reviewing all the applications submitted.

우리는 제출된 모든 지원서들을 검토하고 있는 중입니다.

•• review applications 지원서를 검토하다

5 We are in the process of resolving all the issues related to unsettled transactions.

우리는 미납된 거래와 연관된 모든 문제들을 처리하고 있는 중입니다.

•• unsettled 해결되지 않은, 납부가 되지 않은   transaction 거래

6 We are currently in the process of investigating how to improve the distribution system.

우리는 현재 유통 체계를 개선시킬 수 있는 방안에 대한 조사를 진행하고 있습니다

7 The construction work is currently under way and due to be completed by the end of the month.

건설 공사가 현재 진행 중이며 이달 말에 완성될 예정입니다.

•• under way 진행 중인

Voca Tips

in the course to~ ···하는 중에
over the course of time 시간이 지나면
The quality of the product will gradually
deteriorate over the course of time.
시간이 지나면서 그 제품의 품질은 점차 떨어질 것이다.

under~ ···하고 있는 중인
Your proposals are currently under review.
귀하의 제안서는 현재 검토 중에 있습니다.
The building is still under construction.
그 건물은 아직 건축 중입니다.

PRACTICE 2

I would like to check~

…을 확인하고자 합니다

업무 진행 상황을 점검하거나 확인 또는 확답을 받고자할 때 사용할 수 있는 표현들이다. 주로 점검하다 또는 확인하다는 의미의 동사 check, confirm, clarify, 또는 ensure 등이 사용된다.

Key Patterns

- I would like to check~ …을 확인하고자 합니다
- I would like to confirm~ …을 확정하고자 합니다
- We would like to clarify~ …을 명확하게 하고싶습니다
- We want to ensure that / if~ …을 (인지) 확실히 하고 싶습니다

Patterns Practices

1 I would like to check the balance in my bank account.
저의 은행 계좌 잔고를 확인하고 싶습니다.
•• **balance** (은행) 잔고

2 I would like to check if everything is coming along on schedule.
모든 상황이 예정대로 진행되고 있는지 확인하고 싶습니다.
•• **come along on schedule** 예정대로 진행되다

3 I would like to confirm a few details of our agreement before we sign it.
계약서에 서명하기 전 계약의 세부 사항을 확인하고 싶습니다.

4 We would like to clarify a few things about **the terms and conditions of the plan.**

그 계획의 계약 조건에 관한 몇 가지 사항을 명확하게 해두고 싶습니다.

5 I want to ensure that **all the necessary details have been completed and the form is signed and dated.**

저는 모든 필요 사항늘이 작성되있으며 양식시에 서명과 날짜가 기록되었는지 확인하기를 원합니다.

6 I want to ensure that **it is technically and economically viable for us to continue with this business.**

저는 우리가 이 업무를 계속하는 것이 기술적 그리고 경제적으로 실행 가능한지 확인하고 싶습니다.

•• **viable** 실행가능한, 성공할 수 있는

7 I want to check if **all the information we have regarding dates, subjects and costs for the conference is correct and up to date.**

저는 그 컨퍼런스의 날짜, 주제 및 비용에 관한 모든 정보가 정확하고 가장 최근의 것인지 확인하기를 원합니다.

•• **up to date** 최신의, 최신 정보에 의한

Voca Tips

ensure 보장하다, 반드시 하게 하다 = make sure	**en**은 접두사 또는 접미사로 사용되어 …하게 하다는 의미를 갖는다.
ensure security 안전을 보장하다	**encase** 감싸다, 둘러싸다
ensure safety 안전을 확보하다	**encircle** 둘러싸다, 포위하다
ensure privacy 사생활을 보장하다	**encourage** 용기를 주다
ensure accuracy 정확성을 보장하다	**enlarge** 확장하다
	darken 어둡게 하다
	lessen 줄이다, 더 적게 만들다
	frighten 무섭게 하다

PRACTICE 3

The work is scheduled to be completed by~

업무는 ···까지 완성시키기로 계획되어 있습니다

업무 마감일 또는 작업 종료일에 관한 표현이다. 업무나 작업을 마치는 것은 finish, complete 등의 동사를 사용하고 서류 제출은 hand in이나 turn in으로, 마감기간을 맞추는 것은 comply with 또는 meet the deadline으로 표현한다.

🔲 Key Patterns

- **We have to finish~** ···을 마쳐야 합니다
- **We have to hand in~** ···을 제출해야 합니다
- **The work is scheduled to be completed by~** 작업은 ···까지 완성하기로 계획되어 있습니다
- **The work must be completed and turned in by~** 작업은 ···까지 완성시켜 제출해야 합니다
- **~ comply with the deadline /~ meet the deadline** 마감기한을 맞추다

📥 Patterns Practices

1 We have to finish **the project before 5 p.m. Tuesday.**
우리는 그 프로젝트를 화요일 오후 5시 이전에 마쳐야 합니다.

2 The work is scheduled to **be completed by the end of the week.**
작업은 이번 주말까지 완성시키기로 예정되어 있습니다.

3 We have to hand in **the project proposal before 3 p.m. on Wednesday.**
우리는 기획안을 수요일 오후 3시 이전에 제출해야 합니다.
 ●● **hand in** 제출하다

4 Please note that all assignments must be completed and turned in by Friday.

모든 과제는 금요일 까지 완성시켜 제출해야 합니다.

5 You have to finish all your pending jobs no later than March 12th.

현재 진행 중인 모든 작업은 3월 12일 이전에 끝내야 합니다.

** **pending** 미결인, 계류중인 **cf pending~** ···가 있을 때까지. (Unit 20. Practice 1)

6 Please note that your proposal will not be considered if it does not comply with the deadline.

귀하의 제안서는 마감 기한을 맞추지 않으면 고려되지 않는다는 것을 주의하시기 바랍니다.

7 We probably need to work two hours of overtime every day over the next two weeks to meet the deadline.

우리는 마감일을 맞추기 위해서는 앞으로 2주 동안 매일 2시간씩 초과 근무를 해야 할지도 모릅니다.

Voca Tips 》 초과 근무와 관련된 표현들

overtime / extra duties 초과 근무 overtime hours 시간외 근무 overtime pay / overtime allowance / overtime payment 초과 근무 수당 work overtime 초과 근무하다	We have to work overtime this week to meet the demand for our products. 우리 제품에 대한 수요를 맞추기 위해 이번 주는 초과근무를 해야 합니다.

1 귀하가 프로젝트에 대한 경과 보고서를 작성했는지 확인하고 싶습니다.

I would like to _____ if you have written _____

_____.

2 우리는 마감 기일을 맞추려면 임시 직원을 고용해야 될 것입니다.

We will have to _____, if we want to _____

_____.

3 모든 작업은 이번 주말까지 완성시켜야 합니다.

All the work has to _____.

4 우리가 선택한 시스템이 시간 및 금전적인 면에서 비용 효율적으로 작동하는지 점검할 필요가 있습니다.

We need to determine if the system we chose is _____

_____ both in terms of _____.

5 우리는 현재 기계적 결함의 원인과 가능한 해결책을 조사하고 있는 중입니다.

We are currently in the process of _____

____ the mechanical failure and possible solutions.

HINT

hire some temporary help 임시적을 고용하다
cost effective 비용 효율적인
in terms of time and money 시간과 금전적인 면에서
investigate the cause of~ …의 원인을 조사하다

ANSWERS

1 I would like to check and see if you have written a progress report on the project.
2 We will have to hire some temporary help, if we want to meet the deadline.
3 All the work has to be completed before the end of the week.
4 We need to determine if the system we chose is working cost effectively both in terms of time and money.
5 We are currently in the process of investigating the cause of the mechanical failure and possible solutions.

Email Example

From	
To	
Subject	

Dear all,

I am writing to inform you that we are currently in the process of selecting one contractor who will be responsible for the external refurbishment work of our factory building. We hope to finish this process within the first two weeks of the month and start the work by the end of the month at the latest. Seven contractors are being evaluated at the moment and one of them will be chosen for the work.

Please note that the main entrance will be closed during the refurbishing process and all staff are advised to use the back door until the work is completed.

I apologize in advance for any inconvenience this may cause.

Sincerely,

Mark Ralph
Maintenance Director

●● contractor 계약자, 도급업자   external refurbishment work 외부 수리 공사   apologize in advance for~ …에 대해 미리 사과드립니다

전 직원 귀하,

우리는 현재 공장 건물 외부 수리 공사를 맡을 도급회사를 선정하고 있는 과정임을 알리기 위해 이메일을 보냅니다. 우리는 선정 작업을 이달 첫 두 주 이내에 마치고 늦어도 이번 달 말에는 공사를 시작하기를 희망하고 있습니다. 현재 7개의 회사가 입찰에 참가하고 있으며 이들 중에서 한 회사가 공사를 맡도록 선정될 것입니다. 수리 공사가 진행되는 기간에는 중앙 입구는 폐쇄될 것입니다 그리고 전 직원들은 공사가 완료될 때까지 뒷문을 사용하시기를 권합니다.

이로 인해 야기되는 불편에 미리 사과드립니다.

안녕히 계십시오,
마크 랄프
관리 이사

Can you extend the deadline on~?

…에 대한 마감 기한을 연장시켜 주시겠어요?

마감 기일을 맞출 수 없는 경우, 기간 연장을 청하는 표현과 함께 마감 기일을 지키지 못한 이유에 관한 설명이 필요하다.

Key Patterns

- **Can I get an extension on~?** …에 대한 마감 기한을 연장할 수 있나요?
- **Can you extend the deadline on~?** …에 대한 마감 기한을 연장시켜 주시겠어요?
- **The schedule was delayed due to~** …로 인해 일정이 지연되었습니다
- **We may not be able to meet the deadline because~**
  …한 이유로 마감 기한을 맞출 수 없을지도 모릅니다
- **The work is falling behind schedule due to~** …로 인해 작업이 예정보다 늦어지고 있습니다

Patterns Practices

1 Can I get an extension on **the due date for the sales report?**
판매 보고서 마감 기한을 연장할 수 있을까요?
•• **due date for~** …의 마감 기한

2 Can you extend the deadline on **the investment proposal for another week?**
투자 제안서 마감 기한을 일주일 더 연장해 주실 수 있는지요?
•• **Would you grant an extension on~?**으로 표현해도 좋다.

3 Would it be possible to have an extension of the deadline for a couple of days?

마감 기한을 2~3일 더 연장하는 것이 가능할까요?

4 I regret to inform you that the schedule was delayed due to unforeseen circumstances.

죄송하지만 예기치 못한 상황으로 인해 일정이 지연되었음을 알려 드립니다.

5 I regret to inform you that we may not be able to meet the production deadline because of a walkout at the factory.

애석하게도 공장 파업 때문에 생산 마감 기일을 맞출 수 없을지도 모른다는 것을 알려드립니다.

- • production deadline 생산 마감일   walkout 작업 중단, 파업

6 I am sorry to inform you that production is falling behind schedule due to mechanical failures.

기계 고장으로 인해 생산이 예정보다 늦어지고 있음을 알려드리게 되어 죄송합니다.

- • fall behind 늦어지다   mechanical failures 기술적 결함, 기계 고장

7 The final investment decision has been delayed due to conflicting opinions among the board members.

최종 투자 결정은 이사진들의 견해 차이로 인해 지연되었습니다.

- • 상대방이 마감 기한을 놓친 것에 대해 상기시키고자 할 때는 다음과 같이 표현할 수 있다.

    You are way behind schedule. The project should have been completed by last Friday.
    일정보다 많이 지연되고 있습니다. 그 프로젝트는 지난 금요일까지 완성되었어야 했습니다.

Voca Tips

fail v. 실패하다, 탈락하다	failure n. 실패
fail in business 사업에 실패하다	a failure to perform one's duty 직무 태만
fail in one's duty 의무를 게을리하다	corporate failure 파산, 기업 도산
fail one's trust 배신하다	crop failure 흉작 ground failure 지반 붕괴
fail out of college 대학을 중퇴하다	* cf. fail to~ …하지 못하다 / never fail to~ 반드시 …하다
	(Unit 30, Practice 1)

We are currently experiencing~

우리는 현재 …에 봉착해있습니다 (…을 겪고 있습니다)

업무를 진행하는 과정에서 어떤 어려움이나 난관에 봉착해있다는 표현이다. 문제점은 issue, problem, 또는 difficulty 등의 단어로 나타낼 수 있다.

📅 Key Patterns

- We are currently experiencing~ 우리는 현재 …을 겪고 있습니다
- We are having problems with~ 우리는 …에 문제가 있습니다
- We are having difficulties in~ 우리는 …하는데 어려움을 겪고 있습니다
- The problem is related to~ 문제는 …와 관련되어 있습니다
- The main problem lies in~ 가장 큰 문제는 …입니다

📥 Patterns Practices

1 We are currently experiencing some technical issues.
우리는 현재 기술적인 문제에 봉착해있습니다.
•• technical issues 기술적인 문제점들

2 We are having trouble finding a new supplier with lower prices.
우리는 낮은 가격의 새로운 공급 회사를 찾는데 어려움이 있습니다.
•• have trouble~ ing …하는데 어려움을 겪다

3 We are having problems with **our internal communication system.**

우리는 내부 통신망에 문제가 생겼습니다.

•• **have problems with~** ⋯에 문제가 생기다

4 We are having difficulty in **recruiting and retaining skilled workers at the factory.**

우리는 공장에서 숙련공을 채용하고 확보하는데 어려움을 겪고 있습니다.

•• **recruit** 모집하다 **skilled worker** 숙련공 *recruit와 관련된 표현 참조 Unit 11, Practice 3

5 We are experiencing some technical problems with **the utility service at our building.**

우리는 우리 건물에서 공공 서비스를 제공하는데 기술적인 난관을 겪고있습니다.

•• **utility service** 공공 서비스

6 It appears to me that the problem is related to **the wide disparity between supply and demand.**

저의 견해로는 문제는 수요와 공급의 심한 불균형과 연관되어 있는것으로 보입니다.

•• **the wide disparity between supply and demand** 수요와 공급의 심한 불균형

7 The main problem lies in **the fact that the factory is not running efficiently because most of its facilities are old.**

가장 큰 문제는 공장의 시설 대부분이 낙후해서 공장이 효율적으로 운용되지 못하고 있다는 사실입니다.

•• **run efficiently** 효율적으로 운용하다

Voca Tips

utility 유용성, 다목적, 공익	**utility company** 공공 기업
utility service 공공 서비스	**utility value** 실용 가치
utility bill 공공 요금 (전기, 가스, 수도 등)	**utility vehicle** 다용도 소형 트럭

PRACTICE 3

Could you help me with~?

…을 도와주시겠습니까?

I would be grateful if you could help~

…을 도와주시면 감사하겠습니다

메일의 수신인에게 업무상의 도움을 요청하는 표현이다. 정중한 표현을 위해 would나 could를 사용할 수 있으며 간접 의문문의 형태인 I would be grateful if you could~도 유용한 표현이다.

Key Patterns

- Could / Would you help with~? …을 도와 주시겠습니까?

- I hope you can come up with~ …을 제안해주시길 바랍니다

- I would be grateful if you could~
  I would appreciate it if you could~
  …해 주시면 감사하겠습니다

Patterns Practices

1 Could you help with **my sales report?**
판매 보고서 작성을 도와 주실 수 있는지요?

2 Would you help me **obtain more information relevant to these issues?**
이 문제들과 연관된 정보를 좀 더 구할 수 있게 도와주시겠습니까?
•• **relevant to~** …와 관련된

3 I hope you can come up with some ideas to resolve the issue.

이 문제를 해결하기 위한 아이디어를 제안해 주시기 바랍니다.

•• come up with~ …을 찾아내다. 제안하다

4 I would be very grateful if you could help me with this problem.

이 문제를 도와주시면 매우 감사하겠습니다.

5 I would appreciate it if you could send me further details about the agreements.

그 합의에 관한 세부 사항들을 좀 더 제게 보내주시면 감사하겠습니다.

6 I would be grateful if you could look into this matter and let me know what action you propose to take.

이 문제를 살펴보시고 어떤 행동을 취해야 할지 제게 제안해주시면 감사하겠습니다.

•• what action to take 어떤 행동을 취해야 할지

7 I would appreciate it if you could give me some advice concerning the business opportunities in East Asia.

귀하께서 중동에서의 사업 가능성과 관련한 충고를 제게 주신다면 감사하겠습니다.

PRACTICE 4

I will be away until~

저는 …까지 출타 중일 것입니다

일정 기간 동안 출타 중이라는 표현이다. 주로 업무를 진행할 수 없다거나 대신 …에게 연락하기 바
란다는 표현과 함께 사용된다. 출타의 이유나 정확한 기간을 명시해주거나 대신 업무를 볼 사람의 연
락처를 알려주는 것이 일반적이다.

🔲 Key Patterns

● **I will be away until** …까지는 출타 중일 것입니다

● **I will be leaving at~** …에 떠날 것입니다

● **I am on leave until~** …까지는 휴가입니다

● **I am out of office for~ until~** …때문에 …까지는 사무실에 없습니다.

🔲 Patterns Practices

1 I will be away until **Wednesday of next week.**

저는 다음 주 수요일까지는 출타 중일 것입니다.

•• **be away until~** …까지 떠나있다, 자리를 비우다

2 I will be away on business **next week and will be back by Friday.**

저는 다음 주 업무상 출장을 떠나며 금요일에 돌아 올 것입니다.

•• **be away on business** 업무로 자리를 비우다, 출장가다
cf. go on a business trip 출장가다, 업무상의 일로 여행하다 (unit 7 practice 1) *두 구문의 근본적인 의미는 동일하지만 go on
a trip 은 여행을 가는 동작에 중점을 두는데 반해, be away는 현재 출타 중이라는 상태에 중점을 두는 표현.

3 I will be leaving at **11 a.m. today and will be back in the office before 5 p.m.**

저는 오늘 오전 11 시에 떠나서 오후 5시에 사무실로 돌아 올 것입니다.

4 I am on leave until **August 21st. If your email is urgent, please contact my assistant, Jimmy Bowden.**

저는 8월 21일까지는 휴가입니다. 만약 급한 용건의 이메일이라면, 저의 비서 지미 보든에게 연락하십시오.

•• **on leave** 휴가로

5 I will be out of the office on **Wednesday and Thursday, but I will be available on Friday afternoon.**

저는 수요일과 목요일은 사무실에 없을 것입니다. 그러나 금요일 오후에는 자리에 있을 것입니다.

6 I am out of the office for **medical reasons until May 12th. If you need anything while I am away, please contact Mr. McCall on 1234567.**

저는 건강상의 이유로 5월 12일까지는 사무실에 없을 것입니다. 만약 제가 없는 동안 필요한 것이 있다면 1234567 번으로 맥콜 씨에게 연락하십시오.

7 I will be out of the office from **May 3rd through May 7th on business** with no access to email. If your enquiry is urgent, please contact my colleague, Andrew Garner.

저는 5월 3일부터 5월 7일까지 사무실에 없을 것이며 이메일 연락을 할 수 없습니다. 급한 용무가 있으시다면 저의 동료 앤드류 가너에게 연락하십시오.

Voca Tips

leave v. 떠나다, 남기다	**leave** n. 휴가, 허가
leave something out …을 배제시키다	**sick leave** 병가 *be on sick leave 병가 중이다
leave something aside …을 제쳐놓다	**maternity leave** 출산 휴가
leave someone alone …를 혼자 있게 내버려 두다	**long leave** 장기 휴가
leave undone 방치하다	**annual leave** 연간 휴가
	sabbatical leave 안식년 (sabbatical year)

Mini Test >> Translate into English.

1 폭우와 강풍으로 인해 건설 공사가 예정보다 최소한 2 주일은 늦어졌습니다.

The construction work has _____ at least two weeks
_____ due to heavy rain and strong winds.

2 마감 기일까지 작업을 마치지 못해 죄송합니다. 현재 인도에서 원자재를 수입하는데 어려움을 겪고 있습니다.

I apologize for not having been able to _____.
We are currently _____ in importing raw
materials from India.

3 가장 큰 문제는 새 시설 투자 없이는 우리 제품의 품질을 개선시킬 수 없다는 사실입니다.

The main problem _____ the fact that we cannot _____
_____ without investing in new facilities.

4 귀하께서는 그 작업을 깔끔하게 처리해 줄 수 있는 사람을 제안해 주시기 바랍니다.

I hope you can _____
who can take care of the job properly.

5 저는 화요일부터 출타 중이며 금요일 돌아올 때까지 저의 이메일을 읽지 못할 것입니다.

I will _____ beginning on Tuesday and I will
not be reading my emails until _____.

HINT import raw materials 원자재를 수입하다   finish the work by the deadline 마감기일까지 작업을 마치다
invest in new facilities 새 설비에 투자하다   take care of the job properly 작업을 깔끔하게 처리하다

ANSWERS
1 The construction work has been delayed by at least two weeks due to heavy rain and strong winds.
2 I apologize for not having been able to finish the work by the deadline. We are currently having some difficulties in importing raw materials from India.
3 The main problem lies in the fact that we cannot improve our product quality without investing in new facilities.
4 I hope you can come up with someone who can take care of the job properly.
5 I will be out of the office beginning on Tuesday and I will not be reading my emails until my return on Friday.

Email Example

From	
To	
Subject	

Dear Mr. William,

I am currently out of the office and will be back on July 13th. If a matter comes up that needs urgent attention, please contact Kyle Dowson at 071234 543267, or email kdowson@businessemail. com.
I am sorry for any inconvenience caused.

Kind regards,

Catie Curtis

●● **need urgent attention** 긴급한 주의가 필요하다, 긴급히 처리해야 하다

윌리엄 씨 귀하,

저는 현재 출타 중이며 (사무실에 없으며) 7월 13일에 돌아올 것입니다. 만약 급히 처리해야할 용무가 있으시다면 전화 071234 543267 또는 이메일 kdowson@businessemail.com으로카일 도슨 양에게 연락하십시오.
불편을 끼쳐 죄송합니다.

안녕히 계십시오

캐티 커티스

17

책임 및 유의사항

UNIT 39 | 책임

업무 담당 및 책임 소재를 밝히는 표현들이다. 업무 담당은 in charge of~이며 책임 소재를 밝힐 때는 be responsible for~로 표현한다. 잘못 또는 비난 등에 대한 책임을 진다는 표현은 take the blame for~ 구문을 사용하는 것이 적절하다.

Practice ❶
~be in charge of~
…을 담당하고 있습니다

Practice ❷
~ be responsible for~
~ have responsibility for~
…에 대한 책임을 지고 있습니다

Practice ❸
~be to blame for~
…에 대한 책임이 있습니다

UNIT 40 | 유의 사항

중요한 사항에 대해 주의를 환기시키는 표현들이다. 규칙, 일정, 또는 중요한 정보 등에 대해 반복 확인을 요구하는 구문으로 remember, keep in mind, 그리고 make sure를 기본 어휘로 한다.

Practice ❶
Please remember~
…을 기억하세요

Practice ❷
Please keep in mind~
…을 명심하세요

Practice ❸
Please make sure (that)~
…을 확인하세요

~be in charge of~

…을 담당하고 있습니다

기본적으로 …을 담당하다, 관장하다는 be in charge of~ 로 표현한다. 변형된 형태로 동작의 의미가 있는 take charge of~ (책임을 떠맡다), 상태의 지속을 나타내는 remain in charge of~ (책임을 지고 있다) 등을 사용할 수 있다.

Key Patterns

- **be in charge of~** …을 책임을 지고 있다

- **take charge of~** …의 책임을 맡다

- **put in charge of~** …에 대한 책임을 맡기다

- **remain in charge of~** …을 계속해서 책임을 지다

Patterns Practices

1 Who is in charge of logistics?

누가 물류 업무를 책임지고 있나요?

•• **logistics** 물류, 수송 *logistics company 물류회사, 택배회사(unit 19, Practice 1)

2 I am in charge of the sales department.

저는 영업부를 담당하고 있습니다.

3 I want to contact the person who will take charge of the product launch.

제품 출시를 담당하시는 분과 연락하고 싶습니다.

•• **product launch** 제품 출시

4 I heard you will be put in charge of the planning department.

저는 귀하께서 기획부를 책임지게 될 것이라고 들었습니다.

5 I would like you to take charge of training newly hired employees.

귀하가 신규 채용된 직원 연수를 책임지기를 원합니다.

• take charge of~ …에 대한 책임을 맡게되다

6 You have been put in charge of organizing the next board meeting.

귀하는 다음 이사회를 준비하는 책임을 맡게 되었습니다.

• put~ in charge of~ …에게 …에 대한 책임을 맡기다 *be in charge of~ …을 담당하다. 책임을 맡다 (Unit 2, Practice 1)

7 Mrs. Thomson will remain in charge of the project until it is completed.

톰슨 여사는 그 프로젝트가 완성될 때까지 계속 책임을 맡게 될 것입니다.

8 Mr. William is the person who will take charge of the personnel department starting next month.

다음 달부터 인사과를 책임지게 될 사람은 윌리엄씨 입니다.

• personnel department 인사과

Voca Tips

take charge of~ 책임이 시작됨을 의미하며, remain in charge of~ 책임이 전부터 지속되어 오고 있음을 나타낸다.

Mr. Robinson will take charge of doing safety check in the building.

로빈슨 씨가 건물의 안전 점검 책임을 맡게 될 것입니다.

The HR manager remains in charge of staff training.

인사 부장이 직원 연수 업무를 맡고 있습니다.

He was put in charge of the investigation.

그는 그 조사의 책임을 맡게 되었다.

We should put Alex in charge of the product launch.

우리는 Alex에게 제품 출시 책임을 맡겨야 합니다.

The board of directors decided to put Mr. Cook in charge of product advertising.

이사회는 Mr. Cook에게 제품 광고 책임을 맡기기로 결정했습니다.

UNIT

39

책임

~be responsible for~
~have responsibility for~

…에 대한 책임을 지고 있습니다

responsible 또는 responsibility로 책임과 연관된 다양한 표현을 할 수 있다:
be responsible for~ …에 대한 책임이 있다 / feel responsible for~ …에 대한 책임을 느끼다 / take
(have) responsibility for~ …에 대한 책임을 지다.

Key Patterns

- **be responsible for~**
  have responsibility for~
  …에 대한 책임을 지다 (상태)

- **take responsibility for~** …에 대한 책임을 떠맡다 (행위)

Patterns Practices

1 Who is responsible for **customer service?**
누가 고객 관리 책임을 맡고 있나요?

2 I am responsible for **the education of new employees.**
저는 신입 사원 교육을 책임지고 있습니다.
- education of new employees 신입 사원 교육

3 Sara is responsible for **organizing the entire project.**
새라 양이 그 계획 전체를 준비하는 책임을 맡고 있습니다.
- organize a project 프로젝트를 준비하다

4 You will have responsibility for **sales and marketing in this region.**

당신은 이 지역의 판매 및 마케팅에 대한 책임을 지게 될 것입니다.

• • have responsibility for~ …에 대한 책임을 지다 region 지방, 지역

5 We need to take responsibility for **the current situation to a certain extent.**

현재이 상황에 대해 우리 모두가 어느 정도 책임을 져야 할 필요가 있습니다.

• • to a certain extent 어느 정도

6 The HR manager has overall responsibility for **recruitment and selection of employees.**

직원 모집 및 선발에 관해서는 전적으로 인사 부장이 책임을 지고 있습니다.

• • recruitment 모집, 채용 recruit 모집하다, 뽑다 recruitment and selection 모집 및 선발
* recruit 모집하다, 뽑다 (Unit 38, Practice 2), recruitment process 채용 과정 (Unit 11, Practice 3)

7 The maintenance department has responsibility for **all repairs and maintenance of the building.**

그 건물의 모든 수리나 유지에 대해서는 관리부에서 책임을 지고 있습니다.

Voca Tips

take responsibility for~ / feel responsible for~ / be responsible for~
…에 대한 책임을 지다 / 느끼다 / 있다

I will take responsibility for what has happened.
발생한 일에 대해서는 제가 책임을 지겠습니다.

We feel very responsible for what has happened.
우리는 발생한 일에 대해 깊은 책임감을 느낍니다.

To a certain extent, both of us are responsible for this tragic situation.
이 비극적 상황에 대해 어느 정도는 우리 둘 다 책임이 있습니다.

be to blame for~ …에 대한 책임이 있습니다

cause~ …의 원인이 됩니다

blame for는 사건이나 사고 또는 잘못에 대한 책임 소재를 밝히는 표현이다.
원인을 의미하는 cause는 명사 또는 동사로 사용될 수 있다: 원인이 되다 / 야기시키다
What is the cause of the problem? 그 문제의 원인은 무엇입니까? (명사)
Most road traffic accidents are caused by carelessness. 대개의 도로 교통사고는 부주의 탓이다.
(동사)

Key Patterns

● ~ be to blame for~ …에 대한 책임이 있습니다

● ~ take the blame for~ …에 대해 책임을 지겠습니다

● ~ share the blame for~ …에 대해 공동 책임이 있습니다

● ~ caused severe disruption to~ …에 심각한 혼란을 초래했습니다

Patterns Practices

1 We will take the blame for the accident.
우리는 그 사고에 관해 책임을 질 것입니다.

2 We all share the blame for not meeting the deadline.
우리는 모두 공동으로 마감일을 맞추지 못한 책임이 있습니다.

3 In any case, we cannot take the blame for actions that are not our own.
어떤 경우든, 우리는 우리가 하지 않은 행위에 대한 책임을 질 수 없습니다.

•• actions that are not our own 우리가 하지 않은 행위

4 The storm caused severe disruption to postal deliveries in the south-west region.

폭우가 남서부 지역의 우편 배달에 심각한 혼란을 초래했습니다.

•• severe disruption 심각한 혼란   south-west region 남서부 지역

5 It appears that high prices is partly to blame for the poor sales results.

높은 가격이 판매 실적 부진에 대한 부분적 책임이 있어 보입니다.

•• poor sales results 판매 실적 부진

6 Please be advised that carelessness is most often to blame for accidents in the workplace.

부주의가 현장에서의 사고에 대한 가장 빈번한 책임이 있다는 것을 알립니다.

•• in the workplace (작업) 현장에서

7 Please be advised that the hurricane is likely to cause widespread disruptions to the delivery service.

폭풍이 배송 서비스에 광범위한 차질을 일으킬 가능성이 있다는 것을 알려 드립니다.

Voca Tips

blame for~ 에 대해 비난하다
be to blame for~ …에 대한 책임이 있다
take the blame for~ …에 대하여 책임을 지다
share the blame for~ …에 대한 책임을 나누어 가지다
bear the blame for~ …에 대한 비난을 받다, 감수하다

be likely to~ …할 것 같다 / …할 가능성이 있다
It is likely to be very cold this weekend.
이번 주말은 매우 추울 것 같습니다.

The construction work is likely to be completed by the end of the year.
건설 공사는 올해 말쯤에 완성될 것 같다.

The partnership between the two companies is unlikely to happen any time soon.
이 두 회사 간의 동업은 빠른 시일 내에 일어날 것같아 보이지 않는다.

1 그 회사는 그 사고에 관해 어떤 책임을 지는 것을 거절했습니다.

The company _____

_____.

2 그 사건에 책임을 느끼고, 그 최고 경영자는 자신의 직위에서 사임했습니다.

Feeling _____ the CEO decided to

_____.

3 우리는 모두 현재의 상황에 대해 전적으로 책임이 있다는 것을 인정해야 합니다.

We all have to admit _____

_____.

4 우리는 질 낮은 서비스를 제공한 것에 대한 책임을 지며 귀하께 전액 환불해 드리겠습니다.

We will take _____

and give _____.

5 오늘 밤 폭설이 예상되며 북동부 해안 지역의 배송을 지연시킬 가능성이 있음을 알려 드립니다

Please be advised that the heavy snowfall

_____ and is likely to _____.

HINT
refuse to~ …을 거절하다
admit full responsibility for~ …에 대한 책임을 전적으로 인정하다
is likely to cause~ …을 초래할 가능성이 있다

ANSWERS
1 The company refused to take any responsibility for the accident.
2 Feeling responsible for the incident, the CEO decided to resign from his position.
3 We all have to admit full responsibility for the current situation.
4 We will take the blame for the poor quality service and give you a full refund.
5 Please be advised that a heavy snowfall is expected tonight and is likely to cause delivery delay in the North East coast.

From	
To	
Subject	

Dear Mr. Rick Davis,

Thank you for your e-mail regarding the inconvenience you experienced while using our services. It is our goal to transport passengers in the safest, most efficient, and most comfortable way possible.

However, there are some factors that can cause unexpected changes in our flight schedules, over which we have no control.

I understand your flight was delayed for three hours because of the heavy snow last week and you missed an important business meeting. Unfortunately, we can accept no responsibility for flight delays caused by inclement weather conditions and are unable to honor your request for a refund.

However, you are one of our valued customers. Therefore, as a gesture of goodwill, we decided to give you a 25% discount voucher for your next flight. Once again we apologize for the inconvenience you encountered. I hope that we can have the opportunity to serve you again in the future.

Sincerely yours,
Lauren Archer
Customer Care Department
Magpie Airways

릭 데이브스 씨 귀하

저희 서비스를 이용하는 동안 귀하께서 경험하신 불편과 관련된 문의에 감사드립니다. 저희의 목표는 가능한 가장 안전하고, 효율적이며, 안락하게 승객들을 모시는 것입니다. 그러나 비행 일정을 예기치 못하게 변경시키는 저희가 통제할 수 없는 요인들이 있습니다.

저희는 귀하의 항공기가 폭설로 인하여 세 시간 동안 지연되어 귀하께서 중요한 사업상의 회의에 참석하지 못하셨다는 것을 이해합니다. 불행히도 저희는 악천후에 의해 야기된 비행 지연에 대해 책임을 질 수 없습니다 그래서 귀하의 환불 요청을 받아들일 수 없습니다.

그러나 귀하께서는 저희의 중요한 고객 중 한 분이십니다. 그러므로 호의의 표시로서, 저희는 귀하의 다음 비행에 사용할 수 있는 25% 할인 쿠폰을 드리기로 결정했습니다. 다시 한 번 귀하께서 경험하신 불편에 사과드립니다. 미래에 다시 한 번 귀하를 고객으로 모실 기회가 있기를 바랍니다.

안녕히 계십시오,
로렌 아처 고객 서비스부 맥파이 항공

40

유의사항

Please remember~

…을 기억하세요

중요한 사항에 대해 강조하는 표현이다. 명심하다는 remember, 또는 수동형으로 It should be remembered 로 나타낼 수 있다.

* Unit 12, Practice 4의 Please note that~의 표현도 Please remember that~과 유사한 의미를 갖는다.

Key Patterns

● **Please remember to~** …할 것을 기억하세요

● **Please remember that~** …를 기억하세요

● **It should be remembered that~** …을 기억해야 합니다

Patterns Practices

1 Please remember to **observe the following rules.**
다음 규칙들을 준수할 것을 명심하세요.

2 We should remember that **the meeting starts at 9 o'clock sharp.**
회의는 9시 정각에 시작한다는 것을 명심해주세요.

3 I hope you remember that **this is only meant to be a temporary solution.**
이것은 임시 방편에 불과하다는 사실을 명심하세요.

●● temporary solution 임시 방편, 일시적 해결책

4 Please remember that our office hours are 9:00 a.m. to 5:00 p.m., Monday to Friday.

근무 시간은 월요일에서 금요일까지 오전 9시에서 오후 5시까지라는 것을 명심하세요.

•• **office hours** 근무 시간

5 Please don't forget that the decision cannot be delayed any longer.

결정을 내리는 시간이 더 이상 지체되어서는 안된다는 것을 명심하세요

6 Please remember that parcel delivery in some areas can be delayed by heavy snow like we had yesterday.

어제 내린 폭설로 인해 일부 지역의 소포 배달이 지연될 수 있다는 것을 명심하세요.

7 It should also be remembered that this project can go forward only with the consent of the committee.

이 프로젝트는 이사회의 승인이 있어야 진행될 수 있다는 점을 명심해야 합니다.

•• **go forward** 진행시키다, 진척시키다

Voca Tips

observe a rule 규칙을 지키다, 준수하다(obey 또는 follow를 동사로 사용할 수 있음)

You have a choice whether to follow the rules or not.
귀하는 그 규칙들을 따를지 말지 선택하실 수 있습니다.

You always have to obey the rules whether you like them or not.
귀하는 그 규칙들이 좋건 싫건 항상 준수해야 합니다.

go forward 진행시키다, 진척시키다

In order to go forward with this project, we need a more detailed plan.
이 프로젝트를 진척시키기 위해서, 우리는 보다 더 상세한 계획이 필요합니다.

Please keep in mind~

…을 명심하세요

명심하다, 유념하다는 의미로 remember, be mindful, call to mind, take into consideration 등
과 동의어이다. keep in mind 또는 bear in mind 어느 쪽이든 의미의 차이는 없다.

Key Patterns

- **~ to keep in mind** 유념해야 할…

- **~ keep in mind that~**
  ~ bear in mind that~
  …을 유념하다, 명심하다, 마음에 간직하다

Patterns Practices

1 Here are a few things to keep in mind.
여기 몇 가지 유념해야 할 사항들이 있습니다.

2 I want you to keep a few things in mind.
귀하께서 몇 가지 사항들을 유념했으면 합니다.

3 Please keep in mind that there is always heavy traffic in the morning.
아침에는 언제나 교통이 혼잡하다는 것을 유념하세요.
•• **heavy traffic** 교통 혼잡

4 Please keep in mind that the project should be finished in two weeks.
그 프로젝트는 2주일 안에 끝내야 한다는 사실을 유념하세요.

5 Please bear in mind that you have to invite only the people who want to attend.

참석하기를 원하는 사람들만 초대해야 한다는 것을 유념하세요.

6 Please keep in mind that it could take up to 2 or 3 weeks to process your application.

귀하의 신청서를 처리하는데 2주에서 3주가 걸릴 수 있다는 것을 유념하세요.

•• take up to~ …까지 걸리다

7 Please bear in mind that there are several documents that you should bring to the interview.

인터뷰 장소에 가져와야 할 몇 가지 서류가 있다는 것을 유념하세요.

Voca Tips 》 교통 혼잡을 나타내는 표현

heavy traffic / traffic jam / traffic congestion
traffic snarl / traffic bottleneck
take up to~ (시간 또는 기간이) …까지 걸리다
It could take up to several months to get the necessary information.
필요한 정보를 얻기 위해서는 수개월이 걸릴 수도 있습니다.

You should bear in mind that the project could take up to several years to complete.
그 프로젝트는 완성하기까지 여러 해가 걸릴 수도 있다는 것을 명심해야 합니다.

Please make sure (that)~

…을 확인하세요

확인하다, 확실하게 하다는 의미이며 목적어로 부정사 to, 또는 관계사 that으로 연결된 절을 받는다.

Key Patterns

- ~ make sure it is correct 정확한지 확인하세요

- ~ make sure you read~ …을 읽었는지 확인하세요

- ~ make sure you have~ …을 가지고 있는지 확인하세요

- ~ make sure you understand~ …을 이해하는지 확인하세요

Patterns Practices

1 Please make sure your account information is correct.
귀하의 계좌 정보가 정확한지 확인하세요.

2 Please make sure you read all the information carefully.
모든 정보를 주의깊게 읽었는지 확인하세요.

3 Please make sure you have all your presentation materials on file.
귀하의 프리젠테이션 자료들을 모두 파일에 저장했는지 확인하세요.
- • have[keep] something on file 파일에 저장하다, 보관하다

4 Please make sure you fully understand the terms and conditions of the contract.

계약 조건들을 완전히 이해했는지 확인하세요.

5 Please make sure (that) you read the application form thoroughly before submitting it.

지원서를 제출하기 전 그것을 자세히 읽었는지 확인하세요.

•• read thoroughly 철저히 읽다. 자세히 읽다

6 Please make sure (that) the terms and conditions of the contract have been changed as you requested.

계약 조건이 귀하가 요청한대로 변경되었는지 확인하세요.

7 Please make sure (that) you read and fully understand the terms and conditions of your employment.

귀하의 고용 계약 조건들을 읽고 완전히 이해했는지 확인하세요.

Voca Tips

submit 제출하다

동의어: hand in, present, put forward, tender

If you are interested in the job, please submit your application by email before the end of the month.

만약 이 직업에 관심이 있다면 이달 말 이전까지 이메일로 신청서를 제출하세요.

Have you handed in your proposal?
당신은 제안서를 제출했나요?

Grammar Tips

That 절 대신 부정사 to를 사용해서 표현할 수도 있다.

Please make sure that you send your application to the head office no later than July 25th.

Please make sure to send your application to the head office no later than July 25th.

7월 25일 전까지 귀하의 신청서를 본사에 보내는 것을 잊지 마세요.

Mini Test >> Translate into English.

1 우리는 다음 제품들의 반송이나 교환을 받지 않는다는 점을 유념하시기 바랍니다.

Please bear in mind that _____

_____.

2 귀하의 인터뷰 시간 약 10 분 전에 도착해야한다는 것을 명심하시기 바랍니다.

Please keep in mind that _____

_____.

3 우리 사무실은 다음 주 월요일과 화요일에 문을 닫는다는 것을 기억해주시기 바랍니다.

Please remember that _____

_____.

4 이 자료들은 미확정적이며 언제라도 변경될 수 있다는 점에 주의해주시기 바랍니다.

Please note that _____

_____.

5 귀하께서 발표에 필요한 모든 자료들을 가지고 가는지 확인해 주시기 바랍니다.

Please make sure that _____

_____.

HINT

provisional 미확정적인, 임시의
bring something with someone …을 가지고 오다 (몸에 지니고)
all materials needed for~ …에 필요한 모든 자료

ANSWERS

1 Please bear in mind that we do not permit the return or exchange of the following products.

2 Please keep in mind that you should arrive about 10 minutes early for your interview.

3 Please remember that our office will be closed on Monday and Tuesday next week.

4 Please note that these data are provisional and they are subject to change at any time.

5 Please make sure that you bring all materials needed for the presentation with you.

Email Example

From	
To	
Subject	

Dear All,

You are receiving this message as a reminder of the upcoming conference meeting scheduled for October 15th at 9 A.M. in Washington, DC. The detailed agenda is attached for your review. Please make sure you have all your presentation materials on file. We advise you to arrive at least 15 minutes early as you are required to complete a registration form before the meeting.
If you have questions, or need to discuss anything related to the meeting, please call or email me.
We look forward to seeing you at the event.
Thanks and best regards,

Yan Mei Wang
Conference Coordinator

●● reminder 상기시키는 것, 생각나게 하는 것

안녕하십니까,

10월 15일 오전 9시 워싱턴에서 예정된 다가오는 컨퍼런스 미팅을 상기시키기 위해 이 메시지를 보냅니다. 검토하실 수 있도록 세부 안건을 첨부합니다. 귀하의 모든 발표 자료들을 파일로 보관하고 계신지 확인하시기 바랍니다. 회의 전 등록 양식을 작성해야 하므로 최소 회의 15분 전에 도착하실 것을 권고드립니다. 회의와 연관하여 의문이나 논의할 사항이 있으시면 제게 전화 또는 이메일로 연락하시기 바랍니다
회의장에서 만나뵙기를 기대합니다
감사합니다,

얀 메이 왕
컨퍼런스 코디네이터

18

축하, 위로 및 맺음말

UNIT 41 | 축하, 감사 및 위로

상대방에게 축하, 감사, 또는 위로할 때 사용하는 표현들이다. 기본 어휘는 축하할 때는 congratulations, 감사 표현은 thank you나 gratitude로, 애석함이나 위로의 감정을 나타내고자 할 때는 sorry 또는 condolence를 사용한다.

Practice ❶
Congratulations on~
…을 축하합니다

Practice ❷
~express my gratitude~
…에 대해 감사를 표합니다

Practice ❸
I am so sorry to hear~
…라는 소식에 안타깝습니다

Practice ❹
Please accept my deep condolences on~
…에 대해 깊은 조의를 표합니다

UNIT 42 | 맺음말

이메일의 마지막에 언급하는 표현들이다. 메일의 내용에 따라 적절한 표현을 선택하여 공식처럼 적용시킬 수 있다.

Practice ❶
~contact us if~
…하시다면 저희에게 연락하세요

Practice ❷
~look forward to~
…을 기대합니다

Practice ❸
~give my regards to~
…에게 안부 전해 주세요

Congratulations on~

···을 축하합니다

축하 표현은 congratulation on~ 을 기본으로 accept 또는 wish 등의 동사와 함께 사용할 수 있다.

Key Patterns

- Congratulations on~ ···을 축하합니다
- ~ wish you congratulations on~ ···을 축하합니다
- ~ extend my congratulations on~ ···을 축하드립니다
- ~ have my heartfelt congratulations on~
  ~ accept my heartiest congratulation on~
  ···을 진심으로 축하드립니다

Patterns Practices

1 Congratulations on your graduation.
졸업을 축하합니다.

2 Congratulations on celebrating your company's 15th anniversary.
귀 사의 15주년 기념 행사를 축하합니다.

3 Please accept my hearty congratulations on your wedding.
귀하의 결혼을 진심으로 축하드립니다.

4 I want to wish you congratulations on the completion of your project.

귀하의 프로젝트를 완성시킨 것을 축하합니다.

•• on the completion of~ …을 완성한 것에 대한

5 I am delighted to hear that you graduated and extend my heartiest congratulations.

귀하가 졸업했다는 소식을 듣고 기뻤으며 진심으로 축하를 보냅니다.

6 I would like to extend my genuine congratulations on your golden wedding anniversary.

귀하의 금혼식에 진심으로 축하를 보내고자 합니다.

7 You have my heartfelt congratulations on your appointment as the seventh president of Saint Michael's University.

귀하께서 세인트 마이클 대학의 일곱 번째 총장으로 임명된 것을 진심으로 축하드립니다.

•• heartfelt = hearty 따뜻한, 진심어린

Voca Tips

hearty 진심의, 성심의
hearty welcome 진심어린 환영
hearty support 열렬한 지지
hearty appetite 왕성한 식욕
hearty agreement 진심어린 동의

genuine 진짜의, 진품의
genuine grief 진정한 슬픔
genuine signature 친필 서명
genuine effort 진정한 노력
genuine concern 진정한 배려

anniversary 기념일
a wedding anniversary 결혼 기념일
a silver wedding anniversary 결혼 25주년 (은혼식)
a ruby wedding 결혼 40주년
a golden wedding anniversary 결혼 50주년 (금혼식)
a diamond wedding anniversary 결혼 60 또는 75주년

PRACTICE 2

~express my gratitude~

…에 대해 감사를 표합니다

감사를 표하는 가장 간단한 구문은 thank you for~이다. 격식을 차린 formal하고 정중한 감사의 표현은 ~express my gratitude 또는 ~express my appreciation 등으로 나타낼 수 있다.

Key Patterns

- Thank you for~ …에 감사드립니다

- express my gratitude to~
  express my appreciation for~
  …에 감사를 표합니다

- take this opportunity to thank you for~ …에 대한 감사의 뜻을 전하고자 합니다

- accept my thanks and appreciation for~ …에 대한 저의 감사의 뜻을 받아 주시기 바랍니다

Patterns Practices

1 Thank you for your help and support.
도움과 지지에 감사드립니다.

2 Thank you for your interest in working with us.
저희와 함께 일하고자 하는 관심에 감사드립니다.

3 I would like to express my gratitude to you for taking care of the issue.
이 문제를 해결해주신 귀하께 감사를 표합니다.

•• express my gratitude to~ for~ …에 대해서 …에게 감사를 표하다

4 I would like to express my appreciation for **your prompt and outstanding customer service.**

귀하의 즉각적이고 우수한 고객 서비스에 감사를 표하고 싶습니다.
- • prompt and outstanding customer service 신속하고 우수한 고객 서비스

5 Let me take this opportunity to thank you for **all your support over the past three years.**

이 기회를 빌려 지난 3년 동안 귀하의 모든 도움에 대한 감사의 뜻을 전하고자 합니다.
- • take an opportunity to thank you for~ …에 대해 감사할 수 있는 기회를 갖다

6 I would like to express my gratitude to you for **having invited me to take part in the fundraising event.**

저를 이 기금 행사에 참석하도록 초대해주신 것에 대한 감사의 뜻을 귀하에게 전하고 싶습니다.
- • fundraising event 모금 행사

7 Please accept my thanks and appreciation for **the timely, competent and courteous service provided by your company.**

귀 회사에 의해 제공된 시기 적절하고 능숙하고 친절한 서비스에 대해 깊은 감사를 전합니다.
- • competent 능숙한   courteous 정중한

Voca Tips 》》 감사 표현

Thankfulness 감사	indebtedness 부채, 신세, 은혜
gratitude 사의, 고마움	recognition 인식, 승인
appreciation 식별, 인식, 감사	

PRACTICE 3

I am so sorry to hear~

…라는 소식에 안타깝습니다

사고, 부상 또는 질병 등과 같은 좋지 못한 상황이 발생한 데 대한 위로나 슬픔의 표현이다. I am sorry to hear~ 를 기본으로 쾌차를 바라거나 또는 상황이 호전되기를 바란다는 소망을 덧붙일 수 있다.

Key Patterns

- I am so sorry to hear of (about)~
  I am so sorry to hear that~
  …에 관한 소식을 들어 안타깝습니다

- share your grief~ …슬픔을 함께 나누다

- My deepest sympathy goes out to~ …에게 깊은 위로를 전합니다

Patterns Practices

1 I am so sorry to hear of your illness.
아프다는 소식을 들어 안타깝습니다.

2 I was so sorry to hear about your accident.
사고 소식을 들어 안타깝습니다.
•• hear of (about) 소식을 듣다 *hear from~ …로부터 연락(소식)을 받다 (Unit 11, Practice 2)

3 I am so sorry to hear that your father is struggling again in the hospital.
귀하의 아버님이 투병중이란 소식을 들어 안타깝습니다.

4 I was really sorry to hear **you are not well. I hope you feel better soon.**

편찮으시다는 소식을 들어 안타깝습니다. 곧 회복되시길 바랍니다.

•• **feel better** 나아지다, 회복되다

5 I am so thankful that **the accident wasn't more serious. I hope you get better soon.**

사고가 더 크지 않아 다행입니다. 곧 회복하시길 바랍니다.

6 I was terribly sorry to hear about **the accident. I share your grief and send you my sincerest sympathy.**

사고 소식을 듣게 되어 정말 안타깝습니다. 당신의 슬픔을 함께하며 진심으로 애도를 표합니다.

7 I was told yesterday of the accident. My deepest sympathy goes out to you and your family.

어제 그 사고 소식을 들었습니다. 귀하와 귀하의 가족에게 깊은 위로를 전합니다.

•• **be told of~** …에 관한 소식을 듣다

Voca Tips

be told of~ …에 관한 소식을 듣다

I was told of what the main topic for discussion at the next meeting will be.
저는 다음 회의의 토론 주제가 무엇인지 들었습니다.

No one should be told of our decision until tomorrow morning.
내일 아침까지는 누구에게도 우리 결정을 알려서는 안됩니다.

PRACTICE 4

Please accept my deep condolences on~

…에 대해 깊은 조의를 표합니다

··

사망소식이나 부고를 듣고 위로와 슬픔의 감정을 전달하는 표현이다.

Key Patterns

● ~ pass on my condolences to~ …에게 조의를 표합니다

● ~ accept my deepest condolences on~
  …(사고)에 대해 깊은 조의를 전합니다

  ~ extend our sincerest condolences to~
  …에게 진심으로 조의를 표합니다

● no words can adequately express …뭐라 표현할 말이 없습니다

● Our sympathies are with~ …에게 위로의 마음을 전합니다

Patterns Practices

1 Please pass on my condolences to your family.

귀하와 귀하의 가족들에게 애도를 표합니다.

- **pass on~ to~** …을 …에게 전하다 *pass to …에게 전달하다 (Unit 10, Practice 1)
  condolence 애도, 조의 *동의어로는 pity, compassion, sympathy, consolation 등이 있다. 사람에게는 to, 사건이나 상황은 on 을 사용한다

2 Please accept my deepest condolences on the tragic accident.

그 비극적 사고에 대해 깊은 조의를 표합니다.

- **condolences on the tragic accident** 비극적 사고에 대한 조의

3 We would like to extend our sincerest condolences to you.

우리는 귀하에게 깊은 조의를 표합니다.

4 There are no words we can use to adequately express our grief.

뭐라 위로의 말씀을 드려야 할지 모르겠습니다.

•• **no words we can use to express~** …을 표현한 말을 찾지 못하다

5 Our sympathies are with you and your family during this difficult time.

이 어려운 시기를 겪고 있는 귀하와 귀하의 가족들에게 위로의 마음을 표합니다

•• **during this difficult time** 어려운 시기 동안에

6 I was terribly sorry to hear about your father's sudden passing. I would like to express my sorrow and condolences to you and your family.

귀하의 부친께서 갑자기 돌아가셨다는 소식을 듣고 놀랐습니다. 귀하와 귀하의 가족에게 저의 슬픔과 조의를 표합니다.

•• **sudden passing** 갑작스러운 사망, 서거

7 Please accept our heartfelt condolences on the loss of your loved one. Our thoughts are with you and your family at this most difficult time.

사랑하는 사람을 잃은 것에 대해 깊은 조의를 표합니다. 이 어려운 시기를 잘 이겨내시기 바랍니다.

•• **Our thoughts are with you** 우리가 항상 당신을 생각하고 있다: 힘든 시간을 잘 견뎌내기를 당부하는 표현

Voca Tips

pass

전하다, 건네주다:

Would you pass the salt please?
소금 좀 건네주시겠어요?

지나가다, 통과하다:

This motorway passes through a long tunnel.
이 고속도로는 긴 터널을 지나간다.

죽다, 사라지다 (away, out, over):

His father passed away ten years ago.
그의 부친은 10년 전에 돌아가셨다.

pass into oblivion 잊혀지다 (fall into oblivion)

The incident was something that passed into oblivion long time ago.
그것은 오래전에 잊혀졌던 사건이다.

pass on to~ …로 전하다, 옮기다

Let us pass on to the main part of the discussion.
토론의 본론으로 넘어갑시다.

1 이 기회를 빌어 여러분 모두의 협조와 지지에 감사드립니다.

I would like to take _____

_____.

2 지난 몇 개월 동안 귀하의 모든 도움에 깊은 감사를 드립니다.

I would like to express _____

_____.

3 올 해 귀 회사가 50 주년 기념 행사를 갖게 된 것을 축하드립니다.

We would like to extend _____

_____.

4 귀하께서 편찮으시다는 소식을 들어 정말 안타깝습니다. 곧 쾌차하시길 바랍니다.

I am really sorry to hear that _____

and I do hope that _____.

5 귀하께서 회사를 떠나신다는 소식을 들어 서운합니다. 미래 소망하시는 일에 최고의 행운이 깃들

기를 기원합니다.

I am sorry to hear that _____

and wish you _____.

ANSWERS

1 I would like to take this opportunity to thank you all for your cooperation and support.
2 I would like to express my thanks and appreciation for all your help over the past several months.
3 We would like to extend our congratulations on celebrating your company's 50th anniversary this year.
4 I am really sorry to hear that you are unwell and I hope that you get better soon.
5 I am sorry to hear that you are leaving the company and wish you all the best of luck in your future endeavours.

Email Example

From

To

Subject

Dear Richard,

I am delighted to inform you that you have been promoted to managing director. This decision was approved by the board members last Wednesday. Therefore, you will soon receive a formal job offer with a new contract of employment. Provided you accept the offer, your appointment will come into effect on October 1st. You have done a very good job for many years, and deserve the recognition and the increased responsibility. I would like to take this opportunity to congratulate you on this achievement and wish you all the best in the future.

Sincerely,

John Lewis
Executive Vice President
Aztec International Group

●● be approved by~ …에 의해 승인을 받다   formal offer 공식적인 제안   Provided you accept the offer → if you accept the offer 만약 귀하께서 이 제안을 받아들인다면   come into effect 효력을 발생하다 (be effective / take effect)   deserve the recognition 이와 같은 인정을 받을 자격이 있다

리차드 씨 귀하,

저는 귀하께서 상무 이사로 승진했다는 것을 알리게 되어 기쁩니다. 이 결정은 지난 수요일 이사진들에 의해 승인 받았습니다. 따라서 귀사는 곧 새로운 고용 계약과 함께 공식적인 제안을 받게 될 것입니다. 귀하께서 이 제안을 받아들이신다면, 귀하의 직책은 10월 1일부터 효력을 발생하게 될 것입니다.
귀하께서는 지난 수 년 동안 업무 실적이 뛰어났으며 이번 승진과 함께 중책을 맡으실 충분한 자격이 있습니다.
저는 이 기회를 빌어 귀하의 승진을 축하드리며 미래의 행운을 기원합니다.

안녕히 계십시오,

존 루이스
부사장
아즈텍 인터내셔널 그룹

~contact us if~

···하시다면 저희에게 연락하세요

상대방에게 더 필요한 것이 있을 때 연락을 하라는 의미로 메일의 마지막 부분에 쓰는 표현이다. 도움이나 정보 또는 의문 사항 모두에 적용시킬 수 있다.

Key Patterns

- **Please contact us if~** ···하시다면 저희에게 연락하세요

- **Please do not hesitate to contact us~** 주저하지 마시고 저희에게 연락하시기 바랍니다

- **If you require any further information~** 만약 더 필요한 정보가 있으시면···

- **Should you need any further information~** 만약 정보가 더 필요하시면···

Patterns Practices

1 Please contact us if you have any questions.
의문이 있으시면 우리에게 연락하세요.

2 Please contact us if we can help in any way.
어떤 형태로든 우리가 도움이 될 수 있다면 연락하세요.
• • **in any way** 어떤 형태로든지

3 Please contact me again if you need any more information.
더 이상의 정보가 필요하시면 제게 다시 연락하세요.

4 If you have any questions, please don't hesitate to contact us.

만약 질문이 있으시다면 주저하지 마시고 우리에게 연락하세요.

●● **don't hesitate to~** 주저하지 말고 …하세요

5 If you need any help, please feel free to contact us

도움이 필요하시면 언제든 연락주세요.

6 If you require any further information, feel free to contact me.

만약 정보가 더 필요하시면, 주저하지 마시고 저에게 연락하세요.

●● **feel free to~** 꺼리낌없이 …하다

7 If I can be of any further assistance, please contact me again.

제가 더 도움이 될 수 있다면, 다시 저에게 연락주세요.

8 Should you need any further information, please do not hesitate to contact me.

더 많은 정보가 필요하시면, 주저하시지 말고 제게 연락주세요.

9 If I can be of any further assistance, please do not hesitate to ask.

제가 더 도움이 될 수 있다면 주저하지 마시고 요구하십시오.

Voca Tips

can be of~ …이 된다면

I hope I can be of assistance to you in some way.
어떤 형태로건 귀하에게 도움이 될 수 있기를 바랍니다.

Please let us know if we can be of any further assistance.
우리가 더 도움을 줄 수 있다면 알려주시기 바랍니다.

~look forward to~

…을 기대합니다

답장을 기다리거나 만나게 될 것을 기대한다는 표현으로 이메일의 마지막에 표현하는 의례적 인사말 중의 하나이다.

Key Patterns

- **I look forward to hearing from you~** 귀하로부터 소식을 듣게 되기를 기대합니다

- **We look forward to welcoming you~** 귀하를 맞이하기를 기대합니다

- **I look forward to having an opportunity to speak with you~**
  귀하와 대화를 나눌 수 있는 기회를 기대합니다

- **We are looking forward to doing business with you~**
  귀하와 함께 사업을 할 수 있게 되기를 기대합니다

Patterns Practices

1 I look forward to hearing from you.
연락을 기다리겠습니다.

2 I am looking forward to seeing you soon.
곧 만나게 될 것을 기대합니다.

3 I am looking forward to seeing you next Thursday.
다음 주 목요일에 만나게 될 것을 기대합니다.

4 We look forward to welcoming you **as our customer.**
고객으로 모실 수 있게 될 것을 기대합니다.

5 I look forward to having **an opportunity to speak with you personally.**
직접 만나서 대화할 기회가 있기를 기대합니다
•• **speak personally** 직접 만나서 대화하다

6 We are looking forward to doing **business with you as soon as possible.**
가능한 빨리 귀하와 사업을 할 수 있게 되기를 기대합니다.

7 We are looking forward to **a successful working relationship in the future.**
우리는 미래에 성공적인 협력 관계를 갖게 되기를 기대합니다.

8 We look forward to **our continued partnership with your company.**
우리는 귀 회사와 계속적인 협력 관계를 기대합니다.

9 We look forward to **strengthening our successful partnership in the future.**
우리는 미래 우리의 성공적인 협력 관계를 강화할 수 있기를 기대합니다.
•• **strengthen** 강화하다, 강력해지다

10 We look forward to **establishing a long-term business relationship with your company.**
귀 회사와 장기간 사업적 관계를 맺을 수 있게 되기를 기대합니다.

Voca Tips

a business relationship 사업 관계

a long-term business relationship 장기간의 사업적 관계

a profitable business relationship 수익성 있는 사업적 관계

We have had a very good business relationship with the company for a long time.
우리는 그 회사와 오랫동안 좋은 사업 관계를 유지해오고 있습니다.

We look forward to starting a profitable business relationship with you.
우리는 귀회사와 수익성 있는 사업적 관계를 맺기를 기대합니다.

Mutual trust is a significant key to building long term business relationships.
상호 신뢰는 장기간의 사업적 관계를 형성하기 위한 중요한 열쇠입니다.

UNIT

42

맺음말

~give my regards to~

…에게 안부 전해 주세요

업무상 또는 사적인 메일을 끝낼 때 사용하는 다양한 종류의 맺음말이다. 상황에 맞는 표현을 그대로 사용하면 된다.

Key Patterns

- Take care~ 잘지내
- Please give my regards to~ …에게 안부 전해주세요
- Thank you in advance for~ …에 대해 미리 감사드립니다
- We would really appreciate your help~ 귀하의 도움에 진심으로 감사드립니다

Patterns Practices

1 Take care.
잘지내.

2 Must go now.
그만 쓸게

3 Please give my regards to Mr. Thompson.
톰슨 씨에게 안부 전해주세요.

4 Be sure to give my best regards to your family.
가족들에게 안부 꼭 전해주세요.
•• * 1~4는 가까운 사람들과의 사적인 이메일에 사용할 수 있는 표현

5 I hope I have answered your questions.

질문에 대한 답변이 되었기를 바랍니다.

6 I hope I have been of assistance to you.

귀하에게 도움이 되었기를 바랍니다.

•• *나의 메일이 도움이 되었기를 바란다는 의미로 예문 5와 같은 유형에 속한다.

7 Thank you in advance for your assistance in this matter.

이 문제에 관한 도움에 미리 감사드립니다.

•• *메일을 받는 상대방에게 어떤 부탁이나 조언을 구한 경우의 메일을 맺을 때 사용할 수 있다. 예상되는 수고에 대해 미리 감사를 나타내고자 할 때 사용할 수 있는 표현이다.

8 We would really appreciate your help in this matter.

이 문제를 도와주시면 정말 감사하겠습니다.

9 Please let us know whether these arrangements suit you.

이와같은 계획들이 귀하의 마음에 맞는지 알려주시기 바랍니다

•• suit 맞다. 편리하다. 적합하다

SUPPLEMENTS

Supplements 1

1. 시간, 날짜 표현 및 약어
2. 영미 철자법 차이
3. 이메일 또는 텍스트 메시지에 사용하는 약어

✉ 1. 시간, 날짜 표현 및 약어

1 시간

가장 간편한 방법으로 시간과 분을 순서대로 기록하면 된다. 몇 분 전 또는 몇 분이 지난으로 표현하고자 할 때는 전치사 to와 past를 사용한다. 15분은 fifteen 대신 a quarter로 나타낼 수 있다.

> 3:10 – three ten / ten past three
> 2:30 – two thirty / half past two
> 7:20 – seven twenty / twenty past seven
> 5:45 – a quarter to six / five forty five
> 8:50 – eight fifty / ten to nine

2 날짜

미국식은 달을 먼저 쓴 다음 날짜를 쓰고 영국식은 날짜를 먼저 쓴 다음 달을 기록한다.

> **미국식** : May 15, 2015 / May 15th, 2015
> **영국식** : 15 May, 2015 / 15th May, 2015

3 달 (약어)

달이나 요일의 경우 철자가 틀리지 않도록 주의한다. 비즈니스 이메일인 경우 자칫 상대방에게 신중하지 못한 사람이라는 인상을 줄 수 있다. 약어를 사용할 때는 단어의 끝에 반드시 마침표를 찍어야 한다.

January (Jan.)	May (May.)	September (Sep.)
February (Feb.)	June (Jun.)	October (Oct.)
March (Mar.)	July (Jul.)	November (Nov.)
April (Apr.)	August (Aug.)	December (Dec.)

4 요일

Monday (Mon.)
Tuesday (Tue.)
Wednesday (Wed.)
Thursday (Thu.)
Friday (Fri.)
Saturday (Sat.)
Sunday (Sun.)

✉ 2. 영미 철자법 차이

1 –our / –or

영국식과 미국식 영어에 spelling 차이에서 가장 두드러지게 나타나는 현상이다.

British	American
colour	color
flavour	flavor 맛, 풍미, 취향
humour	humor
labour	labor
neighbour	neighbor

2 –ize 또는 – ise / –ize

영국식 영어에서 ize 또는 ise로 끝나는 단어는 미국식 영어에서는 언제나 ize로 표현된다.

British	American
apologize 또는 apologise	apologize
organize 또는 organise	organize
recognize 또는 recognise	recognize

* 영국에서는 – ize와 – ise가 혼용되지만 주로 – ise를 많이 사용한다.

3 - re / -er

British	American
centre	center
fibre	fiber 섬유, 섬유질
litre	liter
theatre 또는 theater	theater

4 - ogue / -og

British	American
dialogue	dialog
analogue	analog
prologue	prolog 서문, 도입부

5 - ence / -ense

British	American
defence	defense
licence	license
offence	offense

6 -yse / -yze

British	American
analyse	analyze
paralyse	paralyze 마비시키다, 무력하게 만들다

7 -ㅔ / -ㅓ

'모음 + l'로 끝나는 단어가 모음으로 시작하는 어미와 연결될 때, 영국 영어에서는 ll이 된다.

British	American
fuelled	fueled
travelled	traveled
traveller	traveler

✉ 3. 이메일 또는 텍스트 메시지에 사용하는 약어

이메일이나 텍스트 메시지를 보낼 때 사용하는 약어들이다. 가깝고 친한 상대에게 사용하며 격식을 필요로 하는 비즈니스 이메일에는 적합하지 않은 표현들이다.

2 – to 또는 too

4 – for

AKA – also known as 또 다른 말로

ASAP – as soon as possible 가능한 빨리

B – be

B4 – before

BFN – by for now 그럼 안녕

BTY – by the way 그런데

FYI – for your information 참고로

FYR – for your reference 참고로

GR8 – great

HTH – hope that helps 도움이 되길 바래

IC – I see 알겠어, 그렇군

IMO – in my opinion 내 생각에는

L8R – later 나중에 봐

LOL – laughing out loud 하하하, 너무 웃겨

LOL – lots of love 이메일이나 텍스트 메시지의 마
지막에 하는 인사말

MYOB – mind your own business 네 일이나
신경써

OTOH – on the other hand 한편으로는

OMG – oh my god 이런, 세상에

PLS – please

SRY – sorry 미안해

THNQ – thank you 고마워

thx – thanks 고마워

TTYL – talk to you later 나중에 이야기하자

Supplements 2

Unit 01 시작과 끝맺음 인사

Practice 1 • Dear~ (본문 22p)

Dear~
… 귀하
Hello
Hi
To whom it may concern
관계자 귀하

Practice 2 • Sincerely yours (24p)

Sincerely yours
Best regards / Kind regards
Respectfully yours

Unit 02 소개

Practice 1 • My name is~ 제 이름은 …입니다 (26p)

My name is~
저의 이름은 … 입니다
I am~
저는 … 입니다
I work for~
저는 … 에서 일하고 있습니다
I am in charge of~
저는 … 업무를 담당하고 있습니다
My name is~ working at~
저는 … 에 근무하고 있는 … 입니다

Practice 2 • I am (currently)~ 저는 (현재) …입니다

(28p)

I am~

저는 … 입니다 (지위 또는 직책)

I am currently~

저는 현재 … 입니다 (업무)

I am at~

저는 … 에 있습니다 (회사 또는 부서)

I am in~

저는 … 입니다 (학교, 학년, 직장)

Practice 3 • I got this email address from~ …로부터 이메일 주소를 받았습니다

(30p)

I got your email address from~

저는 귀하의 이메일을 … 로 부터 알게 되었습니다

~gave me your email address

… 가 제게 귀하의 이메일 주소를 알려 주었습니다

~ directed me towards this email address

… 가 이 이메일을 제게 알려주었습니다

I found your email address on ~

저는 귀하의 이메일을 … 에서 찾았습니다

Practice 4 • I was referred to you by~ …로부터 귀하를 소개 받았습니다

(32p)

~ referred me to you

… 가 제게 귀하를 소개했습니다

I was referred to you by~

… 로 부터 귀하를 소개 받았습니다

I was referred to you by~ who~

… 인 … 로 부터 귀하를 소개 받았습니다 (소개한 사람에 관한 구체적인 설명이 필요한 경우)

~ referred me to you for information on ~

… 가 귀하에게 … 에 관한 정보를 알아 보라고 했습니다.

Practice 5 • **We met at~** …에서 만난 적이 있습니다

(34p)

We met at~

우리는 … 에서 만났던 적이 있습니다

We met in~

우리는 … 에서 만났던 적이 있습니다

We met on a flight~ while~

우리는 … 하는 중 비행기에서 만났던 적이 있습니다

We spoke when~

우리는 대화를 나눈 적이 있습니다

We spoke over [on] the phone about~

우리는 … 에 관해 전화통화를 했었습니다

Practice 6 • **I would like to introduce~** …을 소개하고자 합니다

(36p)

I want to introduce you to~

저는 귀하에게 … 를 소개하고 싶습니다

I would like to introduce you to~

저는 귀하에게 … 를 소개하고자 합니다

Let me introduce you to~

귀하에게 … 를 소개하겠습니다

Allow me to introduce you to~

귀하에게 … 를 소개하고자 합니다

✉ **Chapter 02 | 회사 및 제품소개**

Unit 03 회사 소개

Practice 1 • **We are taking this opportunity to introduce~** 이 기회를 빌어 …을 소개합니다 (42p)

We are taking this opportunity to introduce~

이 기회를 빌어 … 을 소개합니다

We are pleased to introduce you to~

귀하께 … 을 소개하게 되어 기쁩니다

The purpose of this email is to introduce ~
이 메일의 목적은 ⋯ 을 소개하기 위한 것입니다

We are pleased to have this opportunity to introduce ~
이 기회를 빌어 ⋯ 을 소개할 수 있어 기쁩니다

Practice 2 • **We specialize in~** ⋯을 전문으로 하고 있습니다 (44p)

We produce~
⋯ 을 생산합니다

We manufacture~
⋯ 을 제조합니다

We specialize in~
⋯ 을 전문으로 합니다

We are specialists in~
⋯ 전문 회사입니다

We are a company that specializes in~
⋯ 을 전문으로 하는 회사입니다

Practice 3 • **We have been in the business for~** ⋯동안 사업을 해왔습니다 (46p)

We have been in~
우리는 ⋯ 분야에 종사해왔습니다

We have been in~ for~
우리는 ⋯ 동안 ⋯ 분야에 종사해 왔습니다

We have been... brand for~
우리는 ... 를 하는 회사입니다

We have been a company with~
우리는 ⋯ 의 업적을 가진 회사입니다 (⋯ 한 업적을 보유한)

제품 소개

Practice 1 • We are introducing~ ···제품을 소개합니다 (50p)

> We are now introducing~
> 우리는 이제 ··· (제품)을 소개합니다
>
> Our company is launching~
> 우리 회사는 ··· (제품)을 출시합니다
>
> We are pleased to introduce~
> 우리는 ··· (제품)을 소개하게 되어 기쁩니다
>
> It is with pride and pleasure we present~
> 우리는 자랑스럽게 그리고 기쁜 마음으로 ···(제품)을 소개합니다.

Practice 2 • We can supply~ ···을 공급할 수 있습니다
  Our product range includes~ 제품의 범위는 ···이 포함됩니다 (52p)

> We can supply~
> 우리는 ··· 을 공급할 수 있습니다
>
> We are able to source~
> 우리는 ··· 을 구할 수 있습니다 (공급자를 찾아서)
>
> Our product range includes~
> 우리 제품의 범위는 ··· 이 포함됩니다

Practice 3 • This product is available~ 이 제품은 ···에서 구입하실 수 있습니다 (54p)

> This product is available in~
> 이 제품은 ··· 에서 구하실 수 있습니다
>
> Our products are available to buy~
> 우리 제품은 ··· 로 구매 가능합니다
>
> Some items will not be available until~
> 일부 제품들은 ··· 까지 구하실 수 없습니다 (··· 이후에 구입 가능합니다)
>
> Our products are available for purchase over the Internet
> 우리 제품들은 인터넷으로 구매 가능합니다

Unit 05 초대

Practice 1 • **I would like to invite you~** ···에 초대하려 합니다 (60p)

> I want to invite you~
> 귀하를 에 초대하기를 원합니다
>
> We would like to invite you~
> 귀하를 ··· 에 초대하고 싶습니다
>
> I would like to ask you to attend~
> 귀하께서 ··· 에 참석해주실 것을 요청합니다
>
> I am writing to invite you to attend~
> 귀하께서 ··· 에 참석하시도록 초대하기 위해 메일을 보냅니다

Practice 2 • **Weare pleased to invite you to~** ···에 초대하게 되어서 기쁩니다 (62p)

> We are pleased to invite~
> ··· 에 초대하게 되어서 기쁩니다
>
> It will be my pleasure to have~
> ··· 하게 된다면 기쁘겠습니다
>
> We are pleased to invite you to speak at~
> ··· 에 연사로 초대할 수 있어 기쁩니다
>
> We are pleased to invite you to participate in~
> ··· 에 참여하도록 초대할 수 있게 되어 기쁩니다
>
> It would give me great pleasure if you would join~
> ··· 을 함께 할 수 있다면 매우 기쁠 것입니다

Practice 3 • **Please confirm your attendance by~** ···까지 참석여부를 알려주시기 바랍니다 (64p)

> Please confirm your attendance by~
> ··· 까지 참석 여부를 알려주시기 바랍니다
>
> Please let us know if you will be attending~
> ··· 참석하실 것인지 알려주시기 바랍니다
>
> I would like to receive your reply no later than~
> ··· 전까지 답을 해주시기 바랍니다

I would be grateful to receive your reply before~
··· 전까지 답을 해주시면 감사하겠습니다

Should you accept our invitation, please let us know~
저희의 초대를 수락하신다면, ··· 을 알려주시기 바랍니다

Unit 06 초대 승락 및 거절

Practice 1 • I accept your invitation to~ ···초대에 응하겠습니다 (68p)

I accept with pleasure your invitation to~
귀하의 ··· 초대를 기꺼이 받아들입니다

It will be my pleasure to come to~
··· 에 참석할 수 있어 기쁩니다

I am very pleased to accept your invitation to~
귀하의 ··· 초대에 응할 수 있어 매우 기쁩니다

I appreciate your invitation to~ and~
귀하의 ··· 초대에 감사드리며 ··· 하겠습니다

Practice 2 • I will not be able to attend~ ···에 참석할 수 없습니다 (70p)

I will not be able to attend~
··· 에 참석할 수 없을 것 같습니다

I regret to inform you that I will not be able to attend~
애석하지만 ··· 참석할 수 없음을 알립니다·

I appreciate your kind invitation~ but~
··· 초대에 감사드립니다 그러나 ···

Unit 07 출장 및 방문

Practice 1 • We are scheduled to visit~ …에 방문할 예정입니다 (방문 통지)   (76p)

I will be coming to~ … 에 갈 것입니다

I am scheduled to visit~ … 에 방문할 계획입니다

We are planning a trip to~ … 로 여행할 계획입니다

I am planning to make a trip to~ in (on)~ … (시간 및 날짜)에 … (장소) 로 여행할 계획입니다

Practice 2 • … arrange a meeting during my visit to~ (?)
저의 방문 기간 동안 만남을 주선해주시겠습니까? (방문 약속)   (78p)

Would it be possible to see you during my visit to~?
제가 … 에 방문하는 동안 귀하를 만나는 것이 가능할까요?

… arrange a meeting with me during my stay in~
제가 … 에 머무르는 동안 만남을 주선해주시기 (바랍니다)

… schedule an appointment with me when I visit to~
제가 … 를 방문하는 동안 약속을 계획하여 주시기 (바랍니다)

… make an appointment with me during my visit~
제가 … 에 방문하는 동안 약속을 정해주시기 (바랍니다)

Practice 3 • Please let me know when is convenient for~   (80p)
…편리한 시간을 알려주시기 바랍니다 (방문 일시)

Please let me know when it is convenient for~
… 에 편리한 때가 언제인지 알려주시기 바랍니다

Please let me know your most convenient time for~
… 에 귀하의 가장 편리한 시간을 알려주시기 바랍니다

Please tell me what time would be suitable for~
… 에 가장 적합한 시간이 언제인지 말씀해주시기 바랍니다

Could you tell me what day and time works best for~?
… 에 가장 적합한 날짜와 시간을 말씀해주시겠습니까?

Practice 4 • The purpose of my visit is to~ 저의 방문 목적은 …입니다 (방문 목적)　　(82p)

The purpose of my visit is to~
저의 방문 목적은 … 입니다

The purpose of my visit to~ is to~
제가 … 를 방문한 목적은 … 입니다 (전치사 to 장소 / 부정사 to 동사)

The main purpose of our visit to the city is to~
제가 이 도시를 방문한 주 목적은 … 입니다

The main purpose of the event here is to~
이 행사의 주 목적은 … 입니다

Unit 08 방문 일정 문의 및 마중

Practice 1 • I will come to meet you at~ …로 마중가겠습니다　　(86p)

Let me give you a ride to~
… 까지 태워 드리겠습니다

I will come to meet you at~
… 으로 귀하를 마중 나가겠습니다

Let me arrange for a car to pick you up~
… 차로 귀하를 모시러 가겠습니다

I will arrange to have someone meet you at~
사람을 시켜… 로 귀하를 마중나가게 하겠습니다

Practice 2 • When are you arriving~? 언제 …에 도착하십니까?　　(88p)

Please tell me when you are arriving~
언제 도착하는지 알려 주시기 바랍니다

Can you tell me where you are going to stay~?
… 어디에서 지낼 것인지 말씀해 주시겠습니까?

I would like to know how long you are planning to stay~
… 에는 얼마 동안 지낼 계획이신지 알고 싶습니다

Unit 09 문의

Practice 1 • **Please let me know if~** ···인지 알려 주십시오

Would you please tell me~? ···을 말씀해주시겠습니까? (94p)

Please let me know if~
··· 인지 알려 주십시오

Would you please tell me~?
제게 ··· 을 말씀해주시겠습니까?

Would you please tell me how much / many~?
(수가) 얼마나 많은지 말씀해주시겠습니까?

I'd like to know how much / many~
(양이) 얼마나 많은지 알고 싶습니다

I'd like to know what qualification~
어떤 자격인지 (어떤 자격이 필요한지) 알고 싶습니다

Practice 2 • **I am writing to inquire about~** ···에 관해 문의합니다 (96p)

I would like to enquire if~ ··· 인지 문의하고자 합니다
I would like to enquire about~ ··· 에 관해서 문의하고 싶습니다
I am writing to enquire if~ ··· 인지 문의하고자 메일을 보냅니다
I am writing to enquire whether~ ··· 인지 아닌지 문의하고자 메일을 보냅니다

Practice 3 • **Can you~?** ···해주실 수 있는지요?

I wonder if you can~ ···해주실 수 있는지 알고싶습니다 (98p)

Can you explain~? ··· 을 설명해 주실 수 있습니까?
Could you tell me~? 제게 ··· 을 말씀해주실 수 있습니까?
Could you provide me with~? 제게 ··· 을 제공해주실 수 있습니까?
I wonder if you could offer~ ··· 을 제공해주실 수 있는지 궁금합니다
I wonder where I can have~ ··· 을 어디서 구할 수 있는지 궁금합니다

Practice 1 • **Thank you for your enquiry~** ···을 문의해주셔서 감사합니다 (102p)

Thank you for your enquiry of~
··· 을 문의해주셔서 감사합니다

Thank you for your enquiry about~
··· 에 관한 문의에 감사드립니다

Thank you for your enquiry regarding~
··· 와 관련된 문의에 감사드립니다

Your enquiry has been passed to~
귀하의 문의는 ··· 에게 전달되었습니다

Practice 2 • **I am responding to~** ···에 대한 답장입니다 (104p)

I am responding to your email of~
귀하의 ··· 이메일에 대한 답장입니다

I am responding to your request for~
귀하의 ··· 요청에 대한 답장입니다

I am writing in response to~
··· 에 대한 답장으로 메일을 씁니다

I am emailing you in response to~
··· 에 대한 답장으로 귀하께 이메일을 보냅니다

Practice 3 • **With regard to your request~** 요청하신 내용과 관련하여··· (106p)

With regard to your enquiry, we are glad to~
귀하의 요청과 관련하여, 저는 기쁘게 ···

With regard to your query, I regret that~
귀하의 요청과 관련하여, 애석하게도 ···

In reply to your enquiry, we are pleased to~
귀하의 문의에 대한 답장으로, 우리는 기쁜 마음으로 ··· 합니다

In answer to your enquiry, I enclose~
귀하의 문의에 대한 답으로, ··· 을 첨부합니다

With regard to your inquiry about~ we would like to~
··· 에 관한 귀하의 문의와 관련하여, 우리는 ... 하고자 합니다

Practice 1 • We will get back to you~ 답신을 드리겠습니다 (110p)

We will get back to you~
답신을 드리겠습니다

I will find out~ and get back to you~
알아본 후 답장을 드리겠습니다

We will contact you~
연락드리겠습니다

We will contact you again if~
··· 한다면 다시 연락드리겠습니다

We will look into~ and get back to you~
조사한 후 답장을 드리겠습니다

Practice 2 • I will be in touch~ 연락드리겠습니다 (112p)

I will be in touch~
연락 드리겠습니다

I will be in touch with you again~
다시 귀하에게 연락 드리겠습니다

You will be hearing from us~
우리로부터 연락이 갈 것입니다

One of our staff will be in touch with you within~
우리 직원들 중 한 사람이 ··· 이내로 연락을 드릴 것입니다

Practice 3 • This is to confirm that we have received~ ···을 받은 것에 대한 확인 메일입니다 (114p)

This is to confirm that we have received~
우리가 ··· 을 받은 것에 대한 확인 메일입니다

We confirm that we have received~
우리가 ··· 을 받았다는 것을 확인드립니다

We have now received your mail and~
우리는 귀하의 메일을 받았으며 ···

This e-mail confirms our receipt of~
이 이메일은 우리가 ··· 을 받았다는 것을 확증하는 것입니다

Unit 12 정보 제공

Practice 1 • **I'd like to inform you~** ···을 알려드립니다 (120p)

I would like to inform you of~
··· 을 알려드립니다

I would like to notify you of~
··· 을 통지하고자 합니다

I am writing to inform you that~
··· 을 알려드리기 위해 메일을 보냅니다

Practice 2 • **I am pleased to inform you~** ···을 알리게 되어 기쁩니다 (122p)

We are pleased to inform you~
··· 을 알려드리게 되어 기쁩니다

We are pleased to report that~
··· 을 보고하게 되어 기쁩니다

We are delighted to announce that ~
우리는 기쁘게 ··· 을 발표합니다

We are proud to announce that~
우리는 ··· 을 발표하게 된 것을 자랑스럽게 여깁니다

Practice 3 • **We regret to inform you~** ···을 알리게 되어 유감입니다 (124p)

We regret to inform you~
··· 을 알리게 되어 유감입니다

I am sorry to inform you that~
애석하게도 ··· 을 알립니다

We are sorry to announce that~
유감스럽게도 ··· 을 발표합니다

Practice 4 • **Please note that~** …을 유의하시기 바랍니다 (126p)

Please note that~
… 을 유의하시기 바랍니다
You should note that~
… 을 유의해야 합니다
It should be noted that~
… 을 유의해야 합니다

Unit 13 자료 첨부

Practice 1 • **Please find the file attached** 파일을 보냅니다 (informal) (130p)

The file is attached~
파일이 첨부되었습니다
I am sending you herewith~
… 을 이 이메일과 함께 보냅니다
Please find the enclosed document~
첨부된 서류를 보시기 바랍니다
A detailed invoice is attached to~
청구서 상세 내역이 … 에 첨부되었습니다

Practice 2 • **I am herewith enclosing~** 파일을 첨부합니다 (formal) (132p)

Please refer to~
… 을 참고하시기 바랍니다
I have herewith attached~
… 을 다음과 같이 첨부했습니다
I am herewith enclosing~
… 을 다음과 같이 첨부합니다
The attached file contains~
첨부된 파일에는 … 이 포함되어 있습니다

Unit 14 제안하기

Practice 1 • I suggest~ …을 제안합니다 (138p)

We would suggest~
… 을 제안합니다

I suggest that~
… 을 제안합니다

I would like to suggest that~
… 을 제안하고자 합니다

Let me suggest~
… 을 제안하겠습니다

Practice 2 • It might be better~ …하는 것이 더 좋을 것입니다 (140p)

It might be better to~
… 하는 것이 더 좋겠습니다

It might be a good idea to~
… 하는 것이 더 좋은 생각인 것 같습니다

It would be a good idea to~
… 하는 것이 좋은 생각일 것입니다

It might be better for~ to~
… 가 … 을 하는 것이 더 좋겠습니다

Practice 3 • I propose / recommend~ …을 제안합니다 권합니다 (142p)

I propose to~
… 할 것을 제안합니다

I propose that~
… 을 제안합니다

I recommend that~
… 을 추천합니다

Unit 15 요청하기

Practice 1 • **I request~** …을 요청합니다 (146p)

I want to request~
… 을 요청하기를 원합니다

I would like to request~
… 을 요청하고 싶습니다

We would request that~
… 을 요청하겠습니다

We strongly request you to~
귀하께서 … 을 해주실 것을 강력히 요청합니다

Practice 2 • **Could you please~?** …해주시겠습니까?
I would appreciate it if you could~ …해 주시면 감사하겠습니다 (148p)

Could you send me~?
… 을 제게 보내주시겠습니까?

We would be grateful if you could approve~
… 을 승인해주시면 감사하겠습니다

I would be grateful if you could tell me~
… 을 말씀해주시면 감사하겠습니다

I would be grateful if you could give me~
… 을 제게 보내주시면 고맙겠습니다

Practice 3 • **We are looking for~** …을 찾고 있습니다 (150p)

We are looking for~
… 을 찾고 있습니다

We are looking for~ to~
… 할 … 을 찾고 있습니다 (사람 및 사물)

We are looking for~ who~
우리는 … 할 … 을 찾고 있습니다 (사람)

We need ~
… 이 필요합니다

Unit 16 요청에 대한 승락 및 거절

Practice 1 • **We are able to~** …해드릴 수 있습니다

We are willing to~ 기꺼이 …해드리겠습니다 (154p)

We are able to meet~ … 에 부응할 수 있습니다

We are able to provide~
… 을 제공해드릴 수 있습니다

We are willing to consider~
… 을 기꺼이 고려하겠습니다

We are willing to upgrade~
… 의 등급을 기꺼이 올려드리겠습니다

Practice 2 • **We accept~ / approve~ / grant~** …을 승인합니다 (156p)

I accept your offer~ 귀하의 … 제안을 받아들이겠습니다

Your request has been accepted~
귀하의 요청이 받아들여졌습니다

Your proposal has been approved~
귀하의 제안이 승인되었습니다

We have approved your application~
우리는 귀하의 신청을 승인했습니다

You have been selected to take part in~
귀하는… 에 참여할 수 있게 선정되었습니다

Practice 3 • **We are unable to~** …을 해드릴 수 없습니다 (158p)

We are unable to provide~ … 을 제공해드릴 수 없습니다

We are unable to accept your offer~ 귀하의 … 제안을 받아들일 수 없습니다

The data you requested is not available~
귀하께서 요청하신 자료는 구할 수 없습니다

Your proposal does not meet our requirements~
귀하의 제안은 저희의 조건을 충족시키지 못합니다

We cannot make any changes~ 우리는 … 을 변경할 수 없습니다

Unit 17 의견

Practice 1 • In my opinion~ 저의 견해로는 …

(164p)

I believe~
… 로 믿습니다

In my opinion~
제 견해로는 …

In my point of view~
저의 관점에서는 …

From my point of view~
저의 관점에서 보면…

As far as I am concerned ~
제 개인적 생각으로는 …, 개인적 관점으로는…

Practice 2 • It appears to me that~ …인 것처럼 보입니다

(166p)

It appears that~
… 로 보입니다

It appears to me that ~
제게는 … 로 보입니다

It looks as if~
마치 … 인 것처럼 보입니다

It looks to me as if~
제게는 마치 … 인 것처럼 보입니다

It seems to me that~
제게는 … 로 여겨집니다

Unit 18 관심 표현

Practice 1 • I am interested in~ ···에 관심이 있습니다, ···하고 싶습니다 (170p)

I am interested in~
··· 에 관심이 있습니다

I have an interest in~
··· 에 관심이 있습니다

We have a strong interest in~
··· 에 많은 관심이 있습니다

Practice 2 • I was impressed with~ ···에 감명받았습니다 (172p)

I was moved with~
··· 에 감명받았습니다

I was impressed with~
··· 에 감명받았습니다

We are attracted by~
··· 에 매혹되었습니다

We are fascinated by (with)~
··· 에 매료되었습니다

Practice 3 • We noticed that~ ···을 알게 되었습니다 (174p)

I noticed that~
··· 을 알게 되었습니다

I found that~
··· 을 발견했습니다

We realized that~
··· 을 깨달았습니다

I came to know that~
··· 을 알게 되었습니다

Unit 19 계획

Practice 1 • We are going to~ …하고자 합니다 (180p)

We are having~
을 할 것입니다

We are going to~
… 을 하고자 합니다

We expect that~
… 을 기대하고 있습니다

We anticipate that~
… 을 예상하고 있습니다

Practice 2 • We plan~ …을 계획하고 있습니다 (182p)

We plan~
… 을 계획하고 있습니다

We are planning~
… 을 계획하고 있습니다

We are planning to~
… 할 계획을 갖고 있습니다

We have in mind to~
… 을 염두에 두고 있습니다

Practice 3 • We are considering~ …을 고려하고 있습니다 (184p)

We will consider~
… 을 고려할 것입니다

We are considering~
… 을 고려하고 있습니다

We will take into account~
… 을 고려할 것입니다

We have to take into consideration~
… 을 고려해야 합니다

Practice 1 • We decided to~ …하기로 결정했습니다   (188p)

We decided to~
··· 을 하기로 결정했습니다

We made a decision on~
··· 에 대한 결정을 내렸습니다

We will make a decision on~
··· 에 대한 결정을 내릴 것입니다

We made up our minds to~
··· 을 하기로 결정을 내렸습니다

Practice 2 • We decided not to~ …하지 않기로 결정했습니다   (190p)

We decided not to~
··· 하지 않기로 결정했습니다

We have decided not to~
··· 하지 않기로 결정을 내렸습니다

We have decided against~
··· 에 반대하는 결정을 내렸습니다

Practice 3 • We came to the conclusion that~ …라는 결론에 도달했습니다   (192p)

We came to the conclusion that~
We reached the conclusion that~
We arrived at the conclusion that~
··· 라는 결론에 도달했습니다

Unit 21 장소 및 일정 변경

Practice 1 • The venue has been changed from~to~ 장소가 …에서 …로 변경되었습니다 (196p)

The venue for~ has been changed~
… 의 장소가 변경되었습니다

The place has been changed from~ to~
장소가 … 에서 … 로 변경되었습니다

The venue for~ has been moved from~ to~
… 의 장소가 … 에서 … 로 옮겨졌습니다

The office has been relocated to~ 사무실이 … 로 이전되었습니다

Practice 2 • The meeting has been delayed from~ to~
　　　　　　회의는 …에서 …로 늦추어졌습니다　　　　　　　　　　　　　　(198p)

The meeting has been changed from~ to~
회의가 … 에서 … 로 변경되었습니다

The meeting has been delayed from ~ to ~
회의가 … 에서 … 로 연기되었습니다

The date of ... has been postponed from~ to~
회의 날짜가 … 에서 … 로 연기되었습니다

The event has been postponed indefinitely ~
행사가 무기한 연기되었습니다

We changed the time for~ 우리는 … 의 시간을 변경했습니다

Practice 3 • The schedule has been moved forward from~ to~
　　　　　　일정이 …에서 …로 앞당겨졌습니다　　　　　　　　　　　　　(200p)

The meeting has been moved up~ 회의가 … 로 앞당겨졌습니다

The schedule has been moved forward by~ 일정이 … 만큼 앞당겨졌습니다

The date has been moved forward from~ to~ 날짜가 … 에서 … 로 앞당겨졌습니다

The meeting has been brought forward to~ 회의가 … 로 앞당겨졌습니다

The seminar will take place~ earlier than previously scheduled
세미나는 … 로 예정된 것보다 더 일찍 열릴 것입니다

회의 공지 및 의제

Practice 1 • We will hold a meeting~ …회의를 소집합니다 (206p)

We will hold a meeting~ … 회의를 소집합니다

We are going to hold a meeting to~ … 하기 위한 회의를 열고자 합니다

I have to call a sudden meeting because~ … 한 이유로 급히 회의를 소집해야 합니다

We look forward to meeting with you on~
… 에 관해 귀하와 만날 것을 기대하고 있습니다

A meeting is scheduled to be held~
회의는 … 열리기로 예정되어 있습니다

Practice 2 • The purpose of the meeting is to~ 회의의 목적은 …입니다
~will be discussed~ (회의에서는) …이 다루어질 것입니다 (208p)

The purpose of the meeting is to~ 회의의 목적은 … 입니다

We are going to discuss~ 우리는 … 을 논의할 것입니다

~ will be mentioned …이 언급될 것입니다

~ will be discussed … 이 논의될 것입니다

Practice 3 • I would appreciate your confirmation~
I would appreciate your acknowledgment~…참석 여부를 알려주시기 바랍니다 (210p)

Please let us have your confirmation~
… 참석 여부를 확인해주시기 바랍니다

I would appreciate your acknowledgment~
… 을 확인해주시면 감사하겠습니다

I would request your confirmation of attendance~
… 참석을 확인해주실 것을 요청합니다

I would appreciate an early notice in case~
… 한 경우 가능한 빨리 알려주시면 감사하겠습니다

Your early acknowledgement will be appreciated~
빨리 알려주시면 고맙겠습니다

Practice 1 • **I confirm that I will attend~** 제가 참석한다는 것을 확인드립니다

This is to confirm that I will be attending~ …에 참석할 것을 확인드립니다   (214p)

This is to confirm that I will be attending~

이것은 제가 … 에 참석한다는 것을 확인드리는 이메일입니다

I will be at the meeting~

저는 … 회의에 참석할 것입니다

I would like to confirm my attendance~

제가 참석한다는 것을 확인드리고자 합니다

Practice 2 • **I will not be available~** …에 참석할 수 없습니다   (216p)

I won't be able to join / attend ~

저는 … 에 참석할 수 없습니다

I am sorry that I am not available to attend ~

죄송하지만… 에 참석할 수 없습니다

I apologize for not being able to attend~

죄송하지만 … 에 참석할 수 없습니다

I apologize that I will not be available to attend~

… 에 참석할 수 없게 되어 죄송합니다

Unit 24 예약

Practice 1 • ~make a reservation for~ …을 예약합니다 (222p)

> I want to make a reservation for~
> … 을 예약하고 싶습니다
>
> I would like to make a reservation for~
> … 을 예약하고자 합니다
>
> I would like to reserve a table for~
> … 을 위해 테이블을 예약하고자 합니다
>
> I am writing to reserve tables at your restaurant for~
> 귀하의 식당에서 … 를 위한 테이블을 예약하기 위해 메일을 보냅니다

Practice 2 • I would like to purchase a ticket for~ …표를 구매하고자 합니다
  I would like to attend the conference~ …컨퍼런스에 참석하고자 합니다 (224p)

> I would like to buy tickets for~
> … 표를 사고 싶습니다
>
> I would like to purchase a ticket for~
> … 표를 구입하고 싶습니다
>
> I would like to attend the conference~
> I am going to attend the conference~
> … 컨퍼런스에 참석하고자 합니다

Practice 3 • ... book a meeting room for~ …을 위해 회의실을 예약합니다 (226p)

> I want to book a conference room for~
> … 을 위한 회의실을 예약하기를 원합니다
>
> I would like to reserve a meeting room in~
> … 에 있는 회의실을 예약하고 싶습니다
>
> We would like to book the main hall for~
> … 를 위해 대강당을 예약하고 싶습니다
>
> I am writing this email to reserve a conference room in~
> 회의실 예약을 위해 이메일을 보냅니다

예약 확인 및 확정

Practice 1 • **~confirm your reservation~** ···예약이 확정되었습니다 (230p)

I am writing to confirm your reservation at~
귀하의 ··· 예약이 확정되었음을 알려드립니다

We are pleased to confirm your reservation at~
귀하의 ··· 예약이 확정되었음을 알리게 되어 기쁩니다

We have the pleasure of confirming your reservation of~
귀하의 ··· 예약이 확정되었음을 기쁜 마음으로 알려드립니다

Practice 2 • **We cannot offer you~**

We do not have any available~ ···을 제공해드릴 수 없습니다 (232p)

We cannot offer you~
귀하께 ··· 을 제공해드릴 수 없습니다

We do not have any available~
더 이상 남아있는 ··· 이 없습니다

Our meeting room is fully booked~
저희 회의실은 모두 예약이 완료되었습니다

All rooms are fully booked ~ 모든 객실은 예약이 완료되었습니다

Unit 26 예약 취소

Practice 1 • **We have to cancel the meeting~** ···회의를 취소해야 합니다 (234p)

We have to cancel ~ ··· 을 취소해야 합니다

I will not be able to meet~
··· 만날 수가 없습니다

Our meeting has been cancelled~
우리 회의는 취소되었습니다

I am writing to inform you about the cancelation of~
··· 이 취소되었음을 알리고자 이메일을 보냅니다

Please cancel my reservation
예약을 취소해주시기 바랍니다

I have to cancel my reservation for~
··· 의 예약을 취소해야 합니다

We would like to cancel our reservation for~
··· 에 대한 예약을 취소하고 싶습니다

✉️ **Chapter 12 I 계약, 주문 및 배송**

Unit 27 계약

Practice 1 • **Please sign~** ···에 서명해주시기 바랍니다 (244p)

Please sign~
서명해주시기 바랍니다

Please complete and sign~
양식에 작성하신 후 서명하세요

Please fill out~ and return~
양식에 작성하신 후 반송해주세요

Please sign~ and send it back~ 서명하신 후 반송해주세요

Practice 2 • **We made an agreement~** ···계약을 체결했습니다, 협정을 맺었습니다 (246p)

We made an agreement~
우리는 ··· 협정을 맺었습니다

The agreement has been signed~
··· 계약에 서명했습니다

We have awarded the contract~
우리는 ··· 계약을 체결했습니다

A contract award is scheduled~
계약 체결은 ··· 로 예정되어 있습니다

My company signed a contract with~
우리 회사는 ··· 와 계약을 체결했습니다

Practice 3 • We agreed to extend the contract~ 계약을 연장하기로 합의하였습니다 (248p)

We agreed to extend the contract~
우리는 계약을 연장하기로 동의했습니다

We decided to renew the contract~
우리는 계약을 갱신하기로 결정했습니다

The agreement will be renewed ~
계약은 갱신될 것입니다

Your contract has been extended ~
귀하의 계약은 연장되었습니다

Practice 4 • The contract is due to expire~ 계약이 ···종료될 예정입니다 (250p)

The contract will expire~
계약은 ··· 종료될 것입니다

The contract is about to end ~
계약은 ··· 종료될 것입니다 (종료 시일이 임박했음을 암시)

This contract is due to expire~
계약이··· 종료될 예정입니다

Our contract will be terminated~
Our contract is coming to an end~ 계약은 ··· 종료될 것입니다

Unit 28 주문

Practice 1 • ~place an order of~ ···을 주문합니다 (254p)

Please send~
··· 을 보내주세요

We require~
··· 이 필요합니다

We would like to place an order of~
··· 을 주문하고 싶습니다

We would be grateful if you could deliver~
··· 을 보내주시면 감사하겠습니다

We would like to purchase~ ··· 을 구매하고 싶습니다

Practice 2 • **We received your order~** 귀하의 …주문을 받았습니다 (256p)

We received your order~
우리는 귀하의 … 주문을 받았습니다

Your order was received~
귀하의 주문이 수령되었습니다

This email confirms that we have received your order~
이 이메일은 우리가 귀하의 주문을 받았다는 것을 확인해드리는 것입니다

Your order has been submitted to us~
귀하의 주문이 우리에게 제출되었습니다

Your order has been received and is currently processing for~
귀하의 주문을 수령되었으며 현재 … 처리 중에 있습니다

Unit 29 배송

Practice 1 • **Your order has been shipped~** 귀하의 주문이 배송되었습니다 (260p)

Your order has been shipped~
귀하의 주문은 배송되었습니다

Your order has left our warehouse~
귀하의 주문은 우리 창고를 떠났습니다 (이미 배송되었다는 의미)

Your order is on its way to you~
귀하의 주문은 귀하에게로 배송되고 있는 중입니다

Your order has now cleared customs~
귀하의 주문은 통관 절차를 마쳤습니다

Your order has been dispatched from~
귀하의 주문은 … 에서 발송되었습니다

Practice 2 • **Your order will be delivered within~** 귀하의 주문은 …이내로 배달될 것입니다 (262p)

Your order will be delivered within~ 귀하의 주문은 … 이내로 배송될 것입니다

Your order will be normally dispatched within~ 귀하의 주문은 대개… 이내에 발송될 것입니다

You can expect to receive your order within~
귀하께서는 주문을 … 이내 것입니다 (받을 것으로 기대할 수 있다)

You will receive your merchandise within~ 귀하는 귀하의 상품을… 이내에 받으실 것입니다

Orders will take~ days to arrive~ 주문이 도착하기까지 … 일이 걸릴 것입니다

Practice 3 • **We apologize for the delay~** …이 지연되어 사과드립니다 (264p)

We are sorry for the late delivery of~
··· 배송이 늦어져 죄송합니다

We apologize for the delay in~
··· 의 지연에 사과드립니다

Delivery delays are expected due to~
··· 로 인한 배송 지연이 예상됩니다

We are experiencing a temporary shipping delay~
일시적으로 ··· 배송이 지연되고 있습니다

Your order has not been shipped due to~
··· 로 인해 귀하의 주문이 아직 발송되지 않았습니다

Unit 30 주문 취소, 환불 및 교환

Practice 1 • **Please cancel my order for~** …의 주문을 취소해 주시기 바랍니다 (268p)

Please cancel the order~
··· 주문을 취소시켜 주세요

I would like to cancel my order for~
··· 에 대한 주문을 취소하고 싶습니다

I am writing to request that my order be canceled~
저의 주문을 취소해주기를 요청합니다

I wonder if I can cancel the order for~
··· 에 대한 주문을 취소할 수 있는지 알고 싶습니다

I accidentally placed a duplicate order. Please delete one~
무심결에 중복 주문을 했습니다.하나를 삭제해주세요

Practice 2 • **~request a refund of~** …대한 환불을 요청합니다 (270p)

I would like to receive my refund~ ··· 환불 받고 싶습니다

I would like to request a refund of ~ ··· 의 환불을 요청합니다

... reimburse me for the amount~ ··· 을 상환해 주십시오

... issue me a full refund ~ ··· 을 전액 환불 해주십시오

... refund the amount remitted ~ 송금했던 금액을 환불해주십시오

Practice 3 • ~send me a replacement of~ ···의 교체품을 보내주십시오 (272p)

~ replace the faulty item with a new one~
손상된 제품을 새 제품으로 교체해주십시오

~ have a replacement shipped to me~
교체품을 배송해주시기 바랍니다

~ arrange for the replacement~
교체품을 보내주십시오 (교체품을 준비하다)

✉ Chapter 13 | 가격 및 결제

[Unit 31] 가격 제시 및 협상

Practice 1 • This is the best price we can offer~ 우리가 제안할 수 있는 최선의 가격입니다 (278p)

This is the best price I can offer~
제가 제안할 수 있는 최선의 가격입니다

The price we offer is very reasonable~
저희가 제공하는 가격은 매우 합리적인 가격입니다

The prices we offer are most competitive~
저희가 제공하는 가격은 가장 경쟁력이 있는 가격입니다 (다른 회사보다 낮은 가격으로 제공한다는 의미)

We don't have any option to negotiate a lower price
더 낮은 가격으로 협상할 수 있는 여지는 없습니다

The goods are an excellent value for the money
이 상품은 가격 대비 합당한 가치가 있습니다 (가격에 비해 상품 가치가 뛰어나다는 의미)

Practice 2 • I wonder if you can match~ ···에 가격을 맞출 수 있는지 알고 싶습니다 (280p)

~ if you can match our price 우리 가격에 맞출 수 있는지 ···

~ consider our price suggestions 우리의 가격 제안을 고려해주십시오

~ let us know your target price 귀하의 목표가격이 얼마인지 알려주십시오

~ bring down the price by~ 가격을 ··· 로 낮추어 주십시오

Practice 1 • Please quote a price on~ ···에 대한 가격을 알려주세요 (284p)

Please quote a price on~
··· 에 대한 가격을 알려주세요

Please send us your price list for~
··· 에 대한 가격 목록을 보내주세요

Please quote us your best prices for~
··· 에 대한 귀하의 최선의 가격을 산정해주세요

Could you please quote us prices for~?
··· 에 대한 가격을 산정해주시겠어요?

Please let us know about your pricing for~
··· 에 대한 귀하의 가격을 알려주시기 바랍니다

Practice 2 • I would like to pay by (with)~ ···로 지불하겠습니다 (286p)

I would like to pay by (with)~
··· 로 지불하고 싶습니다

I would like to pay in a lump sum~
··· 일시불로 지불하고 싶습니다

I would like to pay on an installment plan~
··· 할부로 지불하고 싶습니다

Payment will be made through a bank transfer~
은행 송금으로 지불될 것입니다

Practice 3 • ~make checks payable to~ 수표는 ···앞으로 발행해주세요 (288p)

We accept~ ··· 은 사용할 수 있습니다 (우리는 ··· 을 받습니다)

Please make checks payable to~
수표는 ··· 앞으로 발행해주세요

You can make payments using~
··· 을 사용해서 지불하실 수 있습니다

You need to have your card details on hand~
귀하의 카드 정보를 소지하고 있어야 합니다.

Practice 4 • Your account is~ overdue

Your bill is~ in arrears 귀하의 계정은 …지급 기일이 지났습니다 (290p)

The invoice remains outstanding~
청구서가 아직 지불되지 않았습니다

Your account is now due~
귀하의 계정은 … 까지 지불되어야 합니다

Your account is~ overdue
귀하의 계정은 지불 기한이 지났습니다

Your bill is~ in arrears 귀하의 계산서가 … 연체되었습니다

✉ Chapter 14 | 불만, 사과 및 배상

Unit 33 불만

Practice 1 • ~complain of~ …에 대해 불만이 있습니다

~lodge a complaint about~ …에 관해 불만을 제기합니다 (296p)

~ complain of (about / against) ~

~ have a complaint about~
… 에 관해 불만이 있습니다

~ lodge (file) a complaint about~

~ submit a formal complaint about~
… 에 대해 항의하고자 합니다

Practice 2 • ... express my dissatisfaction with~ …에 대한 불만을 표합니다 (298p)

~ express my dissatisfaction with~
… 에 대한 불만을 표합니다

~ express my disappointment with~
… 에 대한 실망감을 표합니다

~ inform you that the product does not work properly~
제품이 제대로 작동하지 않는다는 것을 알립니다

~ inform you that the products have not been shipped correctly~
제품이 제대로 공급되지 않았음을 알립니다

Practice 3 • **Your immediate attention to~ is appreciated**

···을 신속히 처리해 주시면 감사하겠습니다 (300p)

> Your immediate attention to this matter~
> 이 문제에 관한 귀하의 신속한 처리를 ···
>
> I hope you can remedy~
> 귀하께서 ··· 을 개선시킬 수 있기를 바랍니다
>
> Your cooperation in this regard~
> 이 문제에 관해 귀하의 협조가 ···
>
> ... be resolved to our mutual satisfaction ~
> 상호 만족스럽게 신속히 해결될 수 있기를 ···

Practice 4 • **~do not meet our standard**   ···은 우리 기준에 부합하지 않습니다 (302p)

> ~ do not meet our requirements
> 우리 기준에 부응하지 않습니다
>
> ~ do not meet our quality standards
> 우리 품질 기준을 채우지 못합니다
>
> ~ do not satisfy our safety requirements
> 우리의 안전 규정을 만족시키지 못합니다
>
> ~ does not provide an acceptable standard of ...
> 허용 수준의 ··· 을 제공하지 못합니다

Unit 34 사과 및 배상

Practice 1 • **We apologize for~**   ···에 대해 사과드립니다 (306p)

> We are sorry (that)~ ··· 하게 되어 죄송합니다
> We regret (that)~ ··· 하게 되어 유감입니다
> We apologize for~ ··· 에 대해 사과드립니다
> We are sorry to hear that~
> ··· 하다니 죄송합니다
>
> We are sorry and apologize that~
> ··· 에 대해 죄송하며 사과드립니다

Practice 2 • **Please accept my apology for~**

…에 대해 사과드립니다 (사과를 받아주시기 바랍니다)

My apologies for~

I want to express my regret for~
… 에 대해 사과드립니다

I offer my sincere apologies for~
… 에 대해 진심으로 사과드립니다

Please accept my apology for~
… 에 대한 저의 사과를 받아주시기 바랍니다

I would like to express my deepest regret for~
… 에 대해 깊이 사과드립니다

Practice 3 • **We will provide you~** …을 제공하겠습니다

(310p)

We will provide~
… 을 제공하겠습니다

We will replace~
… 을 교체해드리겠습니다

We would like to offer (issue)~
… 을 제공하고자 합니다

As a token of our appreciation~
감사의 표현으로 …

To compensate you for the inconvenience~
불편을 끼친 데 대한 보상으로

Unit 35 지원 및 채용

Practice 1 • **I am writing to apply for~** ···에 지원하고자 이메일을 보냅니다 (입사 지원)   (316p)

I would like to apply for~ ··· 에 지원하고 싶습니다

I am writing to apply for~ ··· 에 지원하고자 이메일을 보냅니다

I am writing in response to~ ··· 을 보고 메일을 보냅니다

I am submitting an application for~ ··· 에 지원하는 이메일입니다

I am writing to express my interest in ... ··· 에 관심이 있어 메일을 보냅니다

Practice 2 • **We are pleased to offer you the position of~**

귀하에게 ···직을 제공합니다 (채용 통지)   (318p)

I am pleased to offer you ~

We are delighted to offer you~

귀하에게 ··· 직을 제안합니다 (··· 하게 된 것을 기쁘게 생각합니다)

I am writing to confirm our offer of~ ··· 직으로 확정되었음을 알립니다

We are pleased to confirm you have been selected ~

귀하께서는··· 로 선발이 확정되었음을 알립니다 (알리게 되어 기쁩니다)

Practice 3 • **Your application has not been successful~**

귀하께서는 ···에 선정되지 못했습니다 (채용 탈락)   (320p)

You have not been selected for~

귀하는 ··· 에 선발되지 못했습니다

You have not been shortlisted ~

귀하는 ··· 의 대상자 명단에 오르지 못했습니다

Your application has not been successful~

귀하는 ··· 신청에서 탈락했습니다

We cannot offer you employment with~

우리는 귀하를 ··· 고용하지 않기로 했습니다

We have decided not to go forward with your application~

우리는 귀하의··· 지원을 더 이상 진행하지 않기로 결정했습니다

Practice 4 • I am pleased to accept the position of~
···직 제안을 기쁘게 받아들입니다 (취업 수락)　(322p)

Consider this email my formal acceptance~
귀사의 취업 제안을 받아들입니다 (이 이메일을 저의 승락으로 간주하시기 바랍니다)

I am very pleased to accept the position of~
··· 의 직에 대한 제안을 기쁘게 받아들입니다

I am writing to confirm my acceptance of~
··· 의 제안을 받아들입니다

I am delighted to accept your offer of~
귀사의 ··· 제안을 기쁜 마음으로 받아들입니다

Thank you for offering me the position of~
··· 직 제안을 해주셔서 감사합니다

Practice 5 • I regret to inform you that I cannot accept your offer~
애석하게도 귀사의 ···제안을 받아들일 수 없음을 알려드립니다 (취업 거절)　(324p)

I regret to inform you that I cannot accept your offer~
애석하게도 귀사의 제안을 받아들일 수 없음을 알립니다

I am writing to inform you that I must decline your offer~
귀사의 제안을 거절함을 알려드립니다

I am writing to inform you that I am withdrawing my application for~
··· 에 대한 저의 지원을 취소하고자 합니다

Unit 36 승진 및 인사 이동

Practice 1 • You have been promoted to~ ···로 승진하였습니다 (승진)　(328p)

You have been promoted to ~ ··· 로 승진하였습니다
You have been appointed to the position of~
··· 직에 임명되었습니다

We are very pleased to announce the promotion of~
··· 로 승진되었음을 알려드리게 되어 기쁩니다

The board of directors has appointed you to the position of~
이사회에서 귀하를 ··· 직에 임명했습니다

Practice 2 • We have decided to transfer you to~

우리는귀하를 …로 발령내기로 결정했습니다(이동)   (330p)

We have decided to transfer you to~ 귀하를 … 로 발령내기로 결정했습니다
You will be transferred to~ 귀하는 … 로 파견될 것입니다
The management has decided to transfer you to~
경영진은 귀하를 … 로 파견하기로 결정했습니다
Our head office is moving into~ 우리 본사는 … 로 이전합니다

Practice 3 • You have been laid off~ 귀하는 해고되었습니다 (해고)
The management decided to dismiss you from~

경영진은 귀하를 …에서 해고하기로 결정했습니다   (332p)

You have been laid off~ 귀하는 해고되었습니다
You will be dismissed from the company~
귀하는 회사로부터 해고될 것입니다
This is a formal notice of the termination of your employment~
이것은 귀하의 고용을 종료한다는 공식 통보입니다
The management decided to dismiss you from employment~
경영진은 귀하를 해고하기로 결정했습니다
The decision has been made to terminate your employment with~
귀하의 … 와의 계약을 종료하기로 결정되었습니다
The company will be decreasing the number of staff by~
회사는 직원 수를 … 만큼 감축할 것입니다

Practice 4 • I will be retiring from my position~ 저는 …직에서 은퇴할 것입니다 (퇴직)
We would like to announce that~ is now retiring from~

…가 …직에서 퇴직한다는 것을 발표합니다   (334p)

I will be retiring from my position~ 저는 … 직에서 퇴직할 것입니다
I will retire as~ … 직에서 은퇴합니다
I am writing to announce my retirement from~ 저의 … 직에서의 퇴직을 발표합니다
We would like to announce that ... is now retiring from~
… 가 … 직에서 퇴직한다는 것을 발표합니다

Unit 37 업무 처리

Practice 1 • I am working on~

We are in the process of~ …을 진행하고 있는 중입니다 (업무 진행) (340p)

I am working on~ 저는 … 을 진행 중입니다

We have been working on~ for~ 우리는 … 동안… 을 진행해왔습니다

We are in the process of~ 우리는 … 하는 과정에 있습니다

The work is under way~ … 이 진행 중입니다

Practice 2 • I would like to check~ …을 확인하고자 합니다 (업무 확인) (342p)

I would like to check~
… 을 확인하고자 합니다

I would like to confirm~
… 을 확정하고자 합니다

We would like to clarify~
… 을 명확하게 하고싶습니다

We want to ensure that / if~ … 을 (인지) 확실히 하고 싶습니다

Practice 3 • The work is scheduled to be completed by~

업무는 …까지 완성시키기로 계획되어 있습니다 (업무 마감) (344p)

We have to finish~
… 을 마쳐야 합니다

We have to hand in~
… 을 제출해야 합니다

The work is scheduled to be completed by~
작업은 … 까지 완성하기로 계획되어 있습니다

The work must be completed and turned in by
작업은 … 까지 완성시켜 제출해야 합니다

~ comply with the deadline /~ meet the deadline
마감기한을 맞추어야 합니다

Unit 38 업무 차질 및 부재

Practice 1 • **Can you extend the deadline on~?**
…에 대한 마감 기한을 연장시켜 주시겠어요? (업무 지연) (348p)

Can I get an extension on~?
… 에 대한 마감 기한을 연장할 수 있나요?

Can you extend the deadline on~?
… 에 대한 마감 기한을 연장시켜 주시겠어요?

The schedule was delayed due to~
… 로 인해 일정이 지연되었습니다

We may not be able to meet the deadline because~
… 한 이유로 마감 기한을 맞출 수 없을지도 모릅니다

The work is falling behind schedule due to~
… 로 인해 작업이 예정보다 늦어지고 있습니다

Practice 2 • **We are currently experiencing~** 우리는 현재 …에 봉착해있습니다(문제 발생) (350p)

We are currently experiencing~
우리는 현재 … 을 겪고 있습니다

We are having problems with~
우리는 … 에 문제가 있습니다

We are having difficulties in~
우리는 … 하는데 어려움을 겪고 있습니다

The problem is related to~
문제는 … 와 관련되어 있습니다

The main problem lies in~
가장 큰 문제는 … 입니다

Practice 3 • **Could you help me with~?** … 을 도와주시겠습니까? (도움 요청)
I would be grateful if you could help~ … 을 도와주시면 감사하겠습니다 (352p)

Could / Would you help with~? … 을 도와 주시겠습니까?

I hope you can come up with~ … 을 제안해주시길 바랍니다

I would be grateful if you could~

I would appreciate it if you could ~ … 해 주시면 감사하겠습니다

Practice 4 • I will be away until~ 저는 …까지 출타 중일 것입니다 (부재, 출타)　　　(354p)

I will be away until ~
… 까지는 출타 중일 것입니다

I will be leaving at~
… 에 떠날 것입니다

I am on leave until~
… 까지는 휴가입니다

I am out of office for~ until~
… 때문에 … 까지는 사무실에 없습니다.

✉ **Chapter 17 ㅣ 책임 및 유의 사항**

Unit 39 책임

Practice 1 • ~be in charge of~ …을 담당하고 있습니다　　　(360p)

be in charge of~
… 을 책임을 지고 있다

take charge of~
… 의 책임을 맡다

put in charge of~
… 에 대한 책임을 맡기다

remain in charge of~ … 을 계속해서 책임을 지다

Practice 2 • ~be responsible for~
　　　　　　~have responsibility for~ …에 대한 책임을 지고 있습니다　　　(362p)

be responsible for~
have responsibility for~
… 에 대한 책임을 지다 (상태)

take responsibility for~
… 에 대한 책임을 떠맡다 (행위)

Practice 3 • ~be to blame for~ …에 대한 책임이 있습니다

(364p)

... be to blame for~ … 에 대한 책임이 있습니다

... take the blame for ~ … 에 대해 책임을 지겠습니다

... share the blame for ~ … 에 대해 공동 책임이 있습니다

... caused severe disruption to~ … 에 심각한 혼란을 초래했습니다

Unit 40 유의 사항

Practice 1 • Please remember~ …을 기억하세요

(368p)

Please remember to~ … 할 것을 기억하세요

Please remember that~ … 를 기억하세요

It should be remembered that~ … 을 기억해야 합니다

Practice 2 • Please keep in mind~ …을 명심하세요

(370p)

~ to keep in mind 유념해야 할 …

~ keep in mind that~

~ bear in mind that~

… 을 유념 하다, 명심하다, 마음에 간직하다

Practice 3 • Please make sure (that)~ …을 확인하세요

(372p)

~ make sure it is correct

정확한지 확인하세요

~ make sure you read~

… 을 읽었는지 확인하세요

~ make sure you have~

… 을 가지고 있는지 확인하세요

~ make sure you understand~

… 을 이해하는지 확인하세요

Unit 41 축하, 감사 및 위로

Practice 1 • Congratulations on~ ···을 축하합니다 (378p)

Congratulations on~
··· 을 축하합니다

... wish you congratulations on~
··· 을 축하합니다

... extend my congratulations on~
··· 을 축하드립니다

... have my heartfelt congratulations on~

... accept my heartiest congratulation on~
··· 을 진심으로 축하드립니다

Practice 2 • ~express my gratitude~ ···에 대해 감사를 표합니다 (380p)

Thank you for~ ··· 에 감사드립니다

express my gratitude to~

express my appreciation for~
··· 에 감사를 표합니다

take this opportunity to thank you for~
··· 에 대한 감사의 뜻을 전하고자 합니다

accept my thanks and appreciation for~
··· 에 대한 저의 감사의 뜻을 받아 주시기 바랍니다

Practice 3 • I am so sorry to hear~ ···라는 소식에 안타깝습니다 (382p)

I am so sorry to hear of (about)~

I am so sorry to hear that~
··· 에 관한 소식을 들어 안타깝습니다

share your grief~
··· 슬픔을 함께 나누고 싶습니다

My deepest sympathy goes out to~
··· 에게 깊은 위로를 전합니다

Practice 4 • **Please accept my deep condolences on~** …에 대해 깊은 조의를 표합니다 (384p)

~ pass on my condolences to ~
… 에게 조의를 표합니다

~ accept my deepest condolences on~
… (사고)에 대해 깊은 조의를 전합니다

~ extend our sincerest condolences to~
… 에게 진심으로 조의를 표합니다

no words can adequately express~
… 무어라 표현할 말이 없습니다

Our sympathies are with~ … 에게 위로의 마음을 전합니다

Unit 42 맺음말

Practice 1 •~contact us if~ …하시다면 저희에게 연락하세요 (388p)

Please contact us if~
… 하시다면 저희에게 연락하세요

Please do not hesitate to contact us~
주저하지 마시고 저희에게 연락하시기 바랍니다

If you require any further information~
만약 더 필요한 정보가 있으시면 …

Should you need any further information ~
만약 정보가 더 필요하시면 …

Practice 2 • ~look forward to~ …을 기대합니다 (390p)

I look forward to hearing from you~
귀하로부터 소식을 듣게 되기를 기대합니다

We look forward to welcoming you~
귀하를 맞이하기를 기대합니다

I look forward to having an opportunity to speak with you~
귀하와 대화를 나눌 수 있는 기회를 기대합니다

We are looking forward to doing business with you~
귀하와 함께 사업을 할 수 있게 되기를 기대합니다

Practice 3 • **~give my regards to~** …에게 안부 전해 주세요 (392p)

Take care~
잘 지내

Please give my regards to~
… 에게 안부 전해 주세요

Thank you in advance for~
… 에 대해 미리 감사드립니다

We would really appreciate your help~
귀하의 도움에 진심으로 감사드립니다